독일형사판례연구 I

[사이버범죄]

독일형사판례연구 Ⅰ

[사이버범죄]

박희영 지음

머리말

　　법원의 재판은 국민에게 직접 영향을 미친다. 그런 만큼 재판의 결과인 판례에 대한 연구는 중요한 의미를 가진다. 그 동안 국내 판례는 평석의 형태로 상당히 깊이 있게 연구되어 왔으나, 법률규정의 상이함 등으로 외국 판례는 그러하지 못했다. 하지만 어느 사회이든지 그 사회를 지탱하고 유지하는 법적 기반은 거의 유사하다. 이러한 관점에서 외국 판례의 연구는 비교법 연구의 또 다른 영역을 제시한다.

　　그동안 법실무계에서는 일본이나 미국의 판례를 즐겨 인용해 온 것으로 알고 있다. 이에 비해서 대륙법계국가, 특히 독일 판례의 경우 연구자들이 많음에도 불구하고 상대적으로 인용되지 않았던 것으로 알고 있다. 판례는 구체적인 사례에 추상적인 법규정을 적용해 나가는 역동적인 과정을 제시한다. 특히 독일 판례의 경우 법학연구의 성과를 판례에 인용하고 구체적인 논증과정을 거쳐 결론을 도출해 내고 있다. 이러한 점에서 '실질적인 법조일원화'가 이루어지고 있는 셈이다. 판례가 다룬 사건들은 법학교육에 있어서 사례형성의 토대를 제공한다. 독일의 판례연구는 이러한 점에서 우리에게 시사하는 바가 적지 않다고 생각된다.

이러한 관점에서 2009년 초여름 독일 프라이부르크 대학교 법과대학 석·박사과정 대학원생을 중심으로 독일 판례를 연구하는 모임이 결성되었고, 그 연구성과물을 한국 법률포털사인 '로앤비'에 판례평석의 형태로 제공해 왔다. 이제 그 동안 축적해 온 성과물을 책으로 출판하려고 한다.

그 첫 번째 성과물은 『독일연방헌법재판소 판례연구 Ⅰ[정보기본권]』(한국학술정보(주) 2010년 12월 발행)이었고, 두 번째가 이번에 출간하는 『독일형사판례연구 Ⅰ[사이버범죄]』이다. 이 책은 2000년대 전후를 시작으로 지금까지 독일 법원에서 다룬 사이버범죄에 관한 판례를 선정하여 다룬다. 이 책을 통해서 사이버공간에서 제기되는 형사법적 문제를 독일법원이 어떻게 해결해 오고 있는가를 가늠해 볼 수 있을 것이다. 특히 유럽이사회의 '사이버범죄방지조약'과 유럽연합의 '정보시스템의 공격에 대한 기본결정' 등을 독일 국내법으로 전환한 관련 형사법 규정들이 현실에서 어떻게 반영되고 있는지를 살펴보는 것은 상당히 의미 있는 일이라 생각된다.

이 책은 우선 판례를 번역하여 내용을 재구성한 다음, 평석과 우리에게 주는 시사점으로 편성되어 있다. 이 책에서 다룬 판례는 비교법

연구가 필요한 법학계는 물론이고, 외국의 사례가 필요한 법실무계뿐만 아니라 관심 있는 법과대학(원)생이나 법학전문대학원생에게도 상당히 유익하리라 생각된다.

앞으로 이 책은 시리즈로 출간할 예정이다. 부족함이 많음에도 불구하고 앞으로의 심층적인 연구를 위한 토대를 제공하고자 감히 판례연구라는 시리즈를 시도하게 되었다. 이 책의 보완점과 비판점을 저자에게 보내 주면 앞으로 학문연구에 많은 도움이 될 것이라 생각한다.

끝으로 판례연구가 책으로 나오게 된 계기를 만들어 준 '로앤비'와 이의 출판을 흔쾌히 승낙해 준 '한국학술정부(주)'에 깊은 감사이 마음을 선한다.

2011년 2월
독일 프라이부르크 막스플랑크 국제형법연구소에서
박희영 씀

목차

인터넷 접속중개자의 형사책임

Verantwortlichkeit für Zugangsprovider −Fall CompuServe
LG München Ⅰ, Urteil vom 17.11.1999 −20 Ns 465 Js
173158/951[1]

Ⅰ. 판결요지

1. 미국 모회사인 인터넷 접속중개자 CompuServe사의 독일 자회사
대표이사는, 그가 만일 미국 모회사에 완전히 종속되어 있고 그
에게 정범성이 결여되어 있다면, (자신들이 접속을 중개하는) 인
터넷에서의 하드 포르노의 유포에 대한 공동정범이 될 수 없다.

2. 대표이사의 행위기여는, 그것이 행위결과의 원인이 되었고(인과
관계) 그에게 보증의무가 있는 경우에 한해서만 부작위에 의한

---

1) 판례소개로는 CR 2000, SS.117−119; NJW 2000, SS.1051−1052; MMR 2000, SS.171−172;
ZUM 2000, 247−250; K&R 2000, SS.193−195; DuD 2000, SS.365−368; RDV 2000m
SS.120−121. 원심법원의 평석으로는 Sieber, MMR 1998, SS.438−448; 본판결의 평석으로는
Moritz, CR 2000, SS.119−121; Barton, K&R 2000, S.195; Kühne, NJW 2000,
SS.1003−1004; Vassilaki, NStZ 2000, SS.535−536; Heghmanns, ZUM 2000, SS.463−466.
이 판례의 소개와 이와 관련한 평석들을 번역한 국내문헌으로는 김유형, 淫亂物 接續仲介에 대한 ISP
의 刑事責任, −關聯 獨逸 判例(LG München Ⅰ, 20Ns465Js173158/951) 및 그 評釋−, 인터넷
법률 제5호(2001.8), pp.158−184 참조.

방조로써 가벌적일 수 있다.

3. 대표이사가 전체 포럼을 모회사에 중개하고 있고 모회사에 차단과 삭제를 요청하는 것이라면, 고의가 결여되어 가벌성도 배제된다.

4. 타인의 내용에 영향을 미칠 수 없고 단지 이를 요청한 자에게 인터넷 접속만 해 주는 서비스제공자에게는 텔레서비스법[2] 제5조[3] 제3항(지금의 텔레미디어법[TMG] 제9조)에 의하여 이들 내용에 대한 책임을 물을 수 없다.

5. 접속중개자에게는 청소년 유해문서 유포에 관한 법률(GjS) 제21조에 대한 과실상의 위반으로 비난되지 않는다. 왜냐하면 그가 그러한 게임에 대한 접근을 저지하기 위하여 연방공보나 그 밖의 관보에서 서버에 저장되어 있는 게임을 항상 통제하라고 요청하는 것은 주의의무 위반이 아닐 수 있기 때문이다.

---

2) 정식명칭은 전자적 정보통신서비스의 이용에 관한 법률(Gesetz über die Nutzung von Teledienstegesetz)이다. Teledienstegesetz 또는 TDG로 약칭하여 사용되고 있다(BGBl. I 1997. 1870 ff.) 이 법률은 정보통신서비스의 기본조건의 규제에 관한 법률(Das Gesetz zur Regelung der Rahmenbedingungen für Informations – und Kommunikationsdienste, Das Informations – und Kommunikationsdienstegesetz 또는 IuKDG로 약칭하여 사용됨)의 제정으로 도입되었다. 정보통신서비스법의 제정과정을 소개하고 있는 국내 문헌으로는 박희영, 독일의 전자적 정보통신서비스법과 ISP의 형사책임에 관한 연구, 법학연구 제44권 제1호(통권 제52호), 부산대학교 법학연구소(2003.12) 참조. 한편 이 사건 당시 적용되었던 TDG는 유럽연합의 전자거래지침서(ECRL)의 국내적 전환에 따라 2001년 12월 14일 개정된 후, 2007년 3월 1일 TMG(텔레미디어법)의 제정으로 명칭이 변경되었다.

3) 정보통신서비스법제5조(책임) ① 서비스제공자는 이용에 제공한 자신의 내용물에 대해 일반법에 따른 책임을 진다. ② 서비스제공자가 이용에 제공한 내용물을 인식하지 못하고 그 내용물의 이용을 차단하는 것이 기술적으로 불가능하고 합리적으로 기대 가능하지 않은 경우, 이용에 제공한 제3자의 내용물에 대해서 책임을 지지 않는다. ③ 서비스제공자는 단지 접근을 제공한 제3자의 내용물에 책임이 없다. 이용자의 요구에 따른 제3자의 내용물의 자동적이고 일시적인 저장은 접근을 제공한 것으로 본다. ④ 서비스제공자가 전기통신법 제85조상의 전기통신 비밀의무를 따르는 과정에서 불법 내용물을 인식하고 그 내용물을 차단하는 것이 기술적으로 실행 가능하며 합리적으로 기대 가능한 경우라면, 그 불법적 내용물의 이용을 차단해야 할 일반법에 따른 의무는 영향을 받지 않는다.

Ⅱ. 사실관계

피고인은 CompuServe Information Services GmbH(이하, 독일 컴퓨서브사)의 대표이사로서 CompuServe Incorporated(이하, 미국 컴퓨서브사)와 공동으로, 독일에 소재하는 미국 컴퓨서브사의 고객들로 하여금 미국 컴퓨서브사의 뉴스-서버에서 이용자에게 제공해 오던 폭력, 아동 및 동물 관련 포르노에 접속할 수 있도록 하였다.

피고인은 독일 컴퓨서브사의 대표이사이다. 독일 컴퓨서브사는, 전 세계적으로 활동 중인 온라인 서비스제공자인 미국 컴퓨서브사의 100% 자회사이다. 미국 컴퓨서브사는 고객에게 타인의 서비스(예를 들면 타인의 뉴스-서버를 통한 뉴스 서비스)와 고유(자기 소유)의 서비스를 제공하고 있다. 독일의 고객과 체결된 서비스이행계약의 계약당사자는 전적으로 미국 컴퓨서브사이다. 독일 컴퓨서브사와 고객들 사이에는 어떠한 계약관계도 존재하지 않는다.

독일 컴퓨서브사의 주요 업무는, 독일 내의 미국 컴퓨서브사 고객들이 회선에 접속할 수 있도록 하는 것이다. 각 고객들은 독일 내에서 자신에게 가장 근접한 회선에 접속하게 된다. 그런 다음 고객은 ㄱ 회선으로부터 적합성 심사 없이 모회사와 자회사 사이의 고정회선을 통하여 모회사의 미국 소재 컴퓨터센터와 연결된다. 미국 컴퓨서브사는 회원 여부의 심사 후 컴퓨터센터로부터 가장 근접한 인터넷 회선(오하이오 대학)을 통하여 독일의 고객들이 인터넷에 접속할 수 있도록 중개해 준다. 나아가 독일의 고객들은 모회사의 회원 여부 심사 이후에 자신의 고유 데이터 내용에 접속하게 된다. 고정회선의 목적은 독일의 고객들로 하여금 최소한의 전화요금으로 가능한 한 가장 근접한 회선에 접속할 수 있도록 제공하는 것이다. 모회사와 자회사 간의 관계는 계약으로 규율된다.

독일 컴퓨서브사는 자신들의 업무에 대하여 미국 컴퓨서브사로부터 보수를 받게 되는데, 이는 범행 당시 독일 컴퓨서브사가 담당하는 사업부문에서 발생하는 미국 컴퓨서브사의 수익의 31%에 해당하는 것이다.

1995년 11월 16일 뮌헨 지방법원지원의 결정 AG München, Urteil vom 28.5.1998 - 8340 Ds 465 Js 173158/95[4] 근거에 의하면 동년 11월 22일 독일 컴퓨서브사의 사업장에 대한 수색이 실시되었다. 수색영장은 실제의 행위를 재현한 아동포르노가 컴퓨서버사의 컴퓨터시스템을 통해서 책임자의 인용하에 유포되고 있다는 유력한 혐의가 있었기 때문에 발부되었다.

이 수색과 관련하여 행위비난이 피고인에게 구두로 전달되었다. 특히 미국 컴퓨서브사의 뉴스 - 서버에 아동포르노의 게시를 목적으로 하는 포럼에서 제3자로부터 수집한 아동포르노가 저장되어 불러올 수 있게 되어 있다는 사실이 피고인에게 전달되었다.

수색 후 경찰은 피고인에게 아래의 뉴스그룹에는 아동포르노를 위한 포럼들이 명확히 존재하고 있음을 직접 인식하도록 하였다. (…)

피고인은 즉시 수색 사실과 위에 언급한 뉴스그룹의 존재를 모회사에 알렸으며, 모회사에 이를 차단하거나 삭제할 것을 요청하였다.

뉴스 - 서버의 운영자인 미국 컴퓨서브사로서는 상당한 비용 없이도 이러한 포럼과 그 내용을 차단하는 것이 기술적으로 가능하였다.

---

4) Sieber, MMR 1998, SS.429-448.

(이에 반하여) 독일 컴퓨서브사에서는 고정회선을 통하여 전달되는 포럼과 그 내용을 차단하는 것이 기술적으로 불가능하였다.

1995년 11월 29일 수사 경찰관을 통해서, 미국 컴퓨서브사의 뉴스 – 서버를 조사한 결과 다음과 같은 (....) 이름의 뉴스그룹들은 여전히 뉴스그룹 초기화면에 올라 있었으나 이에 대한 접속이나 데이터의 다운로드는 불가능하다는 것이 확인되었다.

또한 수사 경찰관을 통해서 »alt.sex.« 및 »alt.erotica.«의 이름으로 되어 있는 뉴스그룹에의 접속은 여전히 가능하며, 이들 뉴스그룹들은 특히 형법 제184조 제1항 및 제3항의 포르노 영상데이터를 포함하고 있다는 점도 확인되었다. (···)

1995년 12월 8일 경찰은, 미국 컴퓨서브사의 데이터저장장치에서 호출할 수 있는 다음의 292개 뉴스그룹의 리스트를 독일 컴퓨서브사에 전달하였다. (···)

이들 리스트에는 미국 컴퓨서브사의 독일 고객들이 폭력, 아동 및 동물 관련 포르노 표현물에 접속할 수 있는 모든 포럼들을 포함하고 있었다. (···)

피고인은 1995년 12월 8일 넘겨받은 리스트를 즉시 모회사로 전달하면서, 이의 차단 및 삭제를 요청하였다. 이에 대하여 미국 컴퓨시브사는, 1995년 12월 22일부터 1996년 2월 13일 사이 당해 리스트상의 뉴스그룹들의 상당 부분을 차단하였다. 1995년 12월 27일 경찰의 미국 컴퓨서브사 뉴스 – 서버 조사에서 »alt.sex.« 및 »alt.erotica.«의 이름으로 되어 있는 뉴스그룹에 대한 접속은 더 이상 가능하지 않았으며, 이들 이름은 초기화면에서도 찾아볼 수 없다는 점이 확인되었다. 1996년 2월 13일까지 폐쇄되었던 뉴스그룹에 대한 조치 해제 이후 미국 컴퓨서브사의 뉴스-서버에는 다음의 뉴스그룹에서 아동음란물에 접근할 수 있다는 점이 경찰에 의하여 새로이 확인되었다. (…)

미국 컴퓨서버사는 1996년 2월 16일 전자적으로 접속 가능한 서신에서 특히 다음과 같은 내용을 통지하였다.

"부모들에게 접속통제의 방법을 제시함으로써 컴퓨서브사는 고객들이 자신들의 책임하에 그 자녀들을 바른 길로 이끌 수 있도록 하는 새로운 가능성을 제공하게 되었다. (…) 이러한 가능성은 컴퓨서브사로 하여금 청소년 보호를 더욱 신중히 고려하도록 하는 동시에 일시적으로 차단되었던 뉴스그룹을 다시 열 수 있게 해 주었다."

고객들을 위한 컴퓨서브사의 또 다른 서신에서 피고인은 회사 이사의 이름으로 다음과 같은 내용을 전하고 있다.

"뉴스그룹에 대한 잠정적인 폐쇄조치로 인하여 야기된 전 세계적인 혼란이 우리에게 보여 준 사실은, 컴퓨서브사가 오랫동안 청소년 보호를 위해 신중하게 지속적으로 노력하면서 올바른 길에 서 있다는 것이다. (…) 독일 컴퓨서브사는 그들의 고객들에게 »Cyber Patrol«(TM)이라는 보안 프로그램을 무상으로 사용할 수 있도록 제공하고 있다."

1996년 2월 21일 변호인은 뮌헨 제1검찰청에 대하여 서면으로 다음을 특별히 알렸다. 즉 미국과 독일 컴퓨서브사의 입장은 컴퓨서브사의 정보서비스를 통해서 제공되는 인터넷상의 가벌적 내용에 대하여 18세 미만 자의 접근을 저지하기 위하여 독일어로 사용할 수 있는 새로운 수단을 통하여 가능한 모든 조치를 취하였다는 것이다.

이는 컴퓨서브사의 보도자료 제06/1996호에 수록되어 있으며, 그 내용은 특히 다음과 같다.

"컴퓨서브사의 회장 겸 CEO인 Bob M.은 이에 대하여 다음과 같이 해명한다. 부모에 의한 통제방법의 도입으로 보장되는 것은 – 개별 이용자의 경우 – 접속 제한에 대한 결정권이 그가 속해 있는 곳에 있다는 점이다. 이러한 개선과 접속제한의 폐지는 친가족적이고 안전한 온라인 – 서비스를 위한 우리의 참여를 더욱 강조하는 것이다."

뮌헨 제1지방검찰청 검사도 마찬가지로 1998년 2월 12일 피고인에게 다음의 사실을 직접 서면으로 고지하였다.

"최근 보도자료와 관련하여 나는 당신에게 명확성을 기하기 위하여 다음의 사실을 전달한다. 뮌헨 제1지방검찰청의 견해는 '부모에 의한 통제' 프로그램의 설치로 형법 제131조와 제184조 그리고 청소년 유해문서 유포에 관한 법률 제21조에 의한 형벌을 피하기 위하여 컴퓨서브사와 그 책임자들이 형법적 측면에서 필요한 조치를 취한 것이라고는 생각하지 않는다는 것이다."

미국 컴퓨서브사에 의한 뉴스그룹의 재개방 이후 독일의 미국 컴퓨서브사 고객들은 다음의 (…) 포럼에서 제3자로부터 수집한 폭력, 아동 및 동물 관련 포르노 표현물을 불러올 수 있게 되었다.

이 모든 사례들에서 피고인은 의무를 위반하여 이러한 명백한 포럼의 차단을 부작위한 미국 컴퓨서브사와 이를 알면서 의욕적으로 협력하여 행위를 하였다.

피고인은 미국 컴퓨서브사의 독일 고객들이 고정회선을 통하여 접속하게 함으로써 모회사의 컴퓨터센터에 연결해 주었다. 모회사는 자신의 데이터를 제공함에 있어 게임포럼에서 배포가 금지된 게임들을 자신들의 게임이라고 하여 이용할 수 있도록 하고 있었다.

컴퓨터를 소지한 미국 컴퓨서브사의 고객들이라면 독일 내에서 아동이든 청소년이든 이들 게임들에 접속할 수 있었다. (…) 그러나 이들 게임은 청소년 유해문서에 관한 연방심사청의 결정에 의하여 청소년 유해문서 리스트에 등재되어 있는 것이었다.

피고인은 이 리스트에 등재되어 있는 금지된 유명 게임을 인지하고, 문제의 게임들이 모회사의 고유 서비스로서 해당 포럼에서 제공되고 있는지를 조사할 의무를 게을리하였다고 한다.

원심법원인 뮌헨 지방법원지원은 독일 컴퓨서브사의 대표이사에 대하여 아동포르노 유포에 대한 공동정범성을 인정하여 2년의 자유형 및 집행유예를 선고하였다. 이러한 판결의 결과는 독일뿐 아니라 국제적인 비난을 받게 되었다. 원심법원의 판결에 대하여 피고인과 검찰은 모두 항소하였으며, 양측은 모두 무죄를 주장하고 있다.

Ⅲ. 판결이유

피고인은 사실상의 근거와 법적 근거에 의해서 무죄이다.

1. 사실상의 근거

뮌헨 지원의 1999년 5월 28일자 판결에서 사실적 관점에서 확정된 사실관계는 항소심 공판에서도 증명되었다. 이러한 확증은 피고인 자신의 응소와 심문된 증인들의 진술에 근거하고 있다. 피고인은 응소를 할 때에 뮌헨지원의 사실인정에 대하여 이의를 제기하지 않았다. 그 확증은 옳다고 한다. 물론 피고인은 하드 포르노에 반대하는 사람이며, 이러한 포르노의 유포를 저지하기 위하여 자신의 권한하에 있는 모든 것을 하였다고 진술하였다. 이 외에도 변호인은, 1996년 2월 13일 이후부터는 미국 컴퓨서브사에 의해서도 하드 포르노가 차단되었다고 진술하였다. 다만 가벌성이 없는 에로틱한 내용의 포럼에 한해서만 다시 차단이 해제되었다고 한다.

물론 형사부의 입장에서는 미국 컴퓨서브사가 1996년 2월 13일 이후에도 하드 포르노를 차단하고자 하였다는 사실이 신뢰할 만한 것으로 보이지 않는다.

전문감정인 P 교수와 F 박사는 그러한 사진의 출현은 실제로 기술적인 결함으로 인해 야기될 수도 있다는 점을 진술하였다. 이러한 현상은 하드웨어상의 결함이나 소위 '크로스-포스팅'에서 기인할 수도 있다.

한편 1996년 2월 16일 미국 컴퓨서브사의 설명과 이의 보도자료 제06/1996호의 설명을 근거로 하면, 미국 컴퓨서브사는 하드 포르노가 담긴 그러한 사진들의 영상물 공개에 관심을 갖고 있음을 분명히 하고 있다. 미국 컴퓨서브사는 차단 시에 독일 수사기관의 수사가 종결될 때까지 차단조치를 유지할 것이라고 설명하였다. 그러나 하드 포르노의 차단은 수사의 결과에 달려 있지 않을 수 있다는 점은 분명하다. 하드 포르노의 유포와 공개행위는 항상 가벌적이다. 그 밖의 설명내용은 전적으로 아동보호조치가 갖추어져 있다는 점과 연관되어 있다. 그러나 하드 포르노의 유포와 공개는 일반적으로 가벌적이다.

2. 형법 제184조[5)

1) 공동정범 및 공범 성립 여부

본 형사부는, 뮌헨 지원의 확정을 근거로 하여, 피고인의 공동정범으로서의 행위를 확정할 수 없다. 피고인 및 독일 컴퓨서브사는 모회사에 완전히 종속되어 있기 때문에, 피고인은 공동정범이 될 수 없다. 이러한 점으로 보아 피고인에게는 행위지배도 인정될 수 없다. 피고인의 행위는 기껏해야 방조범으로 분류할 수 있다(Hoeren, NJW 1998, 2792; Petzel, Computer und Recht 1998, 625). 피고인이 1996년 2월 13일 이후 모회사에 대하여 완벽한 접속차단을 요구하지 않았다는 점, 그리고 피고인이 이 시점 이후에 모회사에 이 문제를 더 이상 문의하지 않았고 하드 포르노의 차단이나 삭제를 요구하지 않았다는 점은 피고인의 행위를 방조행위로 고려할 수도 있을 것이다. 물론 두 번째 가능성은 탈락한다. 왜냐하면 그러한 부작위에는 어쨌든 인과관계가 존재하지 않기 때문이다. 이를 확실히 설명하고 있는 모회사의 관점에서 보면 차단이나 삭제에 대한 피고인의 반복된 요청은 확실한 결과를 얻지 못할 수도 있다.

이 외에 부작위와 관련하여, 즉 모회사와의 접속 유지와 관련하여, 피고인의 방조는 그가 행위에 대한 보증인의무를 지고 있는 경우에 한해서만 형법상 의미가 있을 것이다(Leipziger Kommentar zum StGB, §27 Rdr.50 참조). 그러나 이 같은 보증인의무는 이 사건의 경우에는 인정될 수 없다.

---

5) 아동포르노 유포, 취득 및 소지의 경우는 현재 형법 제184b조에서 규정하고 있음.

2) 고의

피고인의 가벌성은 형법 제184조와 관련하여서도 고의가 결여되어 탈락한다. 가령 문제가 되고 있는 내용의 유포가 1996년 2월 13일 이후에 그에게 인정되었다는 점에서 출발한다 하더라도, 그가 이것을 실제로 의욕했는지는 그로부터 증명될 수 없다. 오히려 피고인은 경찰로부터 넘겨받은 282개 포럼을 포함한 전체 포럼을 차단하기 위해서 모회사로 전달하였다. 피고인의 이러한 행위는, 그가 이와 관련하여 모회사의 행위와 의견이 같지 않았다는 점을 증명한다. 뮌헨 제1지방검찰청에 대해 행한 1996년 2월 2일의 피고인의 진술과 1996년 2월 21일 변호인 M의 서면에 의해서도 이와 상반되는 결론은 도출될 수 없다. 피고인은 모회사가 의도했던 것을 반복했을 뿐이고, 더 이상 그의 영향력은 미치지 않았다. 게다가 이와 관련하여 변호인 M은 피고인이 청소년 보호조치를 하게 하는 것 이상으로 영향력을 행사할 수는 없었다고 부언하고 있다.

3. 구(舊) 텔레서비스법 제5조 제3항

피고인은 또한 텔레서비스법 제5조 제3항에 의하여서도 무죄이다. 통설의 견해(이에 대하여는 Sieber, Verantwortlichkeit im Internet, 1999 참조)에 대하여 형사부는, 텔레서비스법 규정들이 여과기능을 하지 못한다는 견해를 지지한다. 그러한 여과기능은 독일 형법에서 낯설다. 이에 관한 입법자의 심사숙고를 고려한다 하더라도, 입법자가 부수 법률을 통하여 전통적인 형법의 체계, 즉 구성요건 – 위법성 – 책임성의 구조를 변경하려고 했다는 점을 추론할 수 없다. 게다가 입법자의 의도는 또한 결정적일 수 없다. 본 형사부가 지지하는 객관설은 입법자의 의사를 어느 정도만 고려하고, 그 해석은 오히려 법률문언에 따라야 한다. 그러나 텔레서비스법의 규정들은 '인식'(Kenntnis)이나 '책임'(Verantwortlickeit)과 같은 개념들을 포함하고 있으며, 이들 개념들은 그 규정들이 책임 문제에 있어서만 적용될 수 있음을 명백히 하고 있다.

텔레서비스법 제5조 제3항에 따르면, (통신망의) 이용을 위해서 접속만을 중개하는 서비스제공자(즉 접속중개자)는 타인의 내용에 대하여 책임을 지지 않는다. 타인의 내용에 대해서 영향력을 행사할 수 없고 이를 호출하는 이용자에게 단지 접속만을 제공하는 서비스제공자에게는 이러한 내용에 개입할 의무가 부여되지 않는다(BT – Dr 13/7385 참조). 이러한 광범위한 책임제한은 이 사건의 경우에 피고인에게 유리하게 적용됨이 명백하다. 이와 관련하여, 독일 컴퓨서브사가 그 고유의 고객을 갖고 있지 않다는 이유 때문에 텔레서비스법 제5조 제3항이 이 사건에 적용될 수 없다고 한 지원의 의구심을 본 법원은 수용할 수 없다. 접속중개자가 고유의 고객을 가지는 경우에 한해서만 텔레서비스법 제5조 제3항이 적용될 수 있다는 것은 법률 어디에서도 규정되어 있지 않다. 접속제공자가 고유의 고객을 가지고 있는지가 어떠한 차이점을 낳게 할 수 있는 것은 아니다. 고객의 유무와 상관없이 접속제공자는 이러한 행위를 수행하고, 따라서 법적 상황이 이러한 것에 종속될 수는 없다.

4. 청소년유해문서유포에 관한 법률 제21조(과실범)

청소년유해문서유포에 관한 법률(GjS) 제21조 위반의 과실범 문제와 관련하여, 피고인에게 과실범의 책임을 물을 수 없다는 것이 형사부의 입장이다. 피고인이 이러한 게임에 대한 접속을 차단하기 위하여 연방공보뿐 아니라 1,000건 이상의 게임들을 지속적으로 감독해야 할 것을 요구한다면, 이는 주의의무의 부당한 확장이 될 수 있을 것이다. 게다가 이 경우에도 텔레서비스법 제5조 제3항의 규정이 피고인에게 유리하게 작용하게 된다.

Ⅳ. 평석

이 판결은 제3자가 인터넷에 제공한 불법적 내용에 대한 인터넷 접속중개자의 형사책임 유무를 다루고 있다. 원심법원인 뮌헨 지원은 제3자가 인터넷에 유포한 아동포르노에 대하여 인터넷 접속중개자에게도 공동정범이 형사책임을 인정하였다.

이에 대하여 제기된 피고인의 항소에 대해서 뮌헨 지법은 원심법원과는 달리 인터넷 접속중개자에게 무죄를 선고하였다. 즉 독일 컴퓨서브사가 미국의 모회사에 완전히 종속되어 있어서 공범성을 인정하기 위해서 요구되는 행위지배가 피고인에게 결여되어 있다는 점에서 항소법원은 원심법원이 인정한 공범이론을 부정한 것이다. 또한 항소법원은 피고인의 행위를 부작위에 의한 가벌적인 방조행위로도 보지 않았다. 피고인이 모회사에 대하여 재차 문의하고 조회하는 것을 기대하는 것은 의미가 없고, 행위결과에 대한 부작위가 인과적인 관계에 있지 않기 때문이다. 모회사에 대한 접속을 철저히 봉쇄한다는 점에 있어 보증의무가 결여되어 있으므로 어떠한 법적 의무도 존재하지 않는다는 것이다.[6] 재판부는 또한 피고인의 고의도 인정하지 않았다. 즉 미필적 고의를 부인하였다. 그러나 이 점에 대해서는 의문이 제기될 수 있다. 일반적으로 형법 도그마틱에서 행위자에게 구성요건 실현의 '의사'는 추정되기 때문이다.

재판부의 판단과 관련하여 문제가 되는 것은 ISP의 책임제한을 규정하고 있는 텔레서비스법 제5조와의 관계이다. 우선 책임규정을 형법체계상 어디에서 검토해야 되는지이다. 즉 책임규정과 관련하여 구성요건, 위법성, 책임의 어느 단계에서 검토해야 할 것인가의 문제이다.

텔레서비스법 제5조는 ISP의 책임과 관련하여 크게 3단계로 나누어 규정하고 있다. 제1항의 내용제공자(Content Provider)의 완전한 자기책임, 제2항의 호스트서비스제공자(Host Service Provider)의 제한적 책임, 제3항의 접속제공자(Access Provider)의 완전한 면책을 규정하고 있다. 그리고 제4항에서는 "서비스제공자가 전기통신법 제85조의 전기통신 비밀의무를 따르는 과정에서 불법적 내용물을 인식하고 그 내용물을 봉쇄하는 것이 기술적으로 실행 가능하며 합리적으로 기대 가능한 경우라면, 그 불법적 내용물의 이용을 봉쇄해야 할 일반법에 따른 의무는 영향받지 않는다"는 예외 규정을 두고 있었다.

제5조 책임규정의 도그마틱상 체계적 지위의 문제는 모든 법영역에 관계되는 횡적 적용규정(Querschnittsregelung)의 성격 때문에 법적

---

6) Sieber, in Hoeren/ Sieber [Hrsg.], Handbuch Multimedia-Recht, 1999, Teil 19, Rz.355ff.

논의의 활발한 대상이 되어 왔다. 이와 관련하여 기본적으로 두 가지 흐름이 있다. 그것은 사전필터(여과)기능과 통합모델이다.

사전필터기능이란, 동법 제5조의 책임규정은 입법자의 의도에 따르면 모든 책임규정을 위해서 모든 법영역을 초월하는 사전필터로서 이해된다고 한다. 이에 따르면 동법 제5조는 관련 법영역의 일반적인 규범의 심사 이전에 검토되어야 한다는 것이다. 동법 제5조의 책임에 관한 전제요건이 있다면, 일반법률에 따른 법적 효과가 발생한다. 즉 형법의 영역에서는 가벌성이 그것이다. 이 견해에 따르게 되면 ISP의 책임 문제는 일반 규정과는 분리된 특별한 선결문제로서 간주되고, 이러한 책임규정은 개별법 영역에 특유한 책임기준(Haftungsmäßstäbe)이 된다. 따라서 이 견해는 형법의 영역에서 예컨대 정범과 공범의 일반원칙이나 고의개념의 해석은 수정되지 않는 문제점을 가지게 된다.

다음은 통합모델(Integrationsmodelle)인데, 여기에는 다양한 견해가 존재한다. 통합모델에 속하는 견해들은 동법의 책임규정을 가벌성 전제조건의 일반적인 체계 속으로 편입시키려는 점에서 공통점을 가지고 있지만, 중요한 차이점은 특히 어떠한 체계적 위치에서 그리고 어떠한 방법으로 그러한 통합이 행해져야 하는가에 있다. 이러한 견해로는 우선 제5조에는 '인식'(Kenntnis)과 '책임성'(Verantwortlichkeit) 같은 책임(Schuld)을 징표하는 용어가 포함되어 있으므로, 동 규정들은 책임문제와 관련해서만 적용되는 책임배제사유라는 견해, 둘째, 이질적인 책임배제를 근거로 하는 불법과 책임이 아니라, 인적처벌조각사유라는 견해, 셋째, 제5조의 규정은 ISP와 직접 관련이 있기 때문에, 이 규정을 새로운 유형의 신분범의 근거로 파악하여 정보통신서비스내용범죄라는 견해, 넷째, 도그마틱의 관점에서 제5조는 독자적인 책임의 근거나 정보통신서비스내용범죄의 범죄형식이 아니라, 일반적인 규정을 구성요건단계에서 수정해 버리는 부차적인 규정으로서만 고려될 수 있다는 부수적 구성요건요소 내지는 구성요건에 통합되는 필터해결방안이라는 견해 등이 있다.

생각건대 사전필터해결방안에 대해서는 내용의 인식이나 내용차단의 기대가능성 관점에서 볼 때, 서비스제공자의 착오문제는 범죄체계의 어느 단계와 관련이 되는가 그리고 구성요건 착오, 허용구성요건 착오, 금지 착오가 문제 되는가는 각 착오들의 기준에 따라서 중요한 차이점이 있는데, 이러한 착오들을 어떻게 다루어야 하는지의 문제가 명확하게 확정될 수 없다는 점이 문제점으로 지적된다. 제5조의 필터 전제조건을 심사한 연후에 비로소 일반법률규정들이 검토될 수 있다면, 이것은 각 법영역에서 독자적으로 강하게 차별되는 평가기준들을 공동화(空洞化)할 결과를 낳을 수도 있다. 사전필터라는 용어가 일반적인 규정과 완전히 분리되는 선결문제와 동의어로 사용된다면, 입법자들로부터 특히 선호된 사전필터기능은 부정될 수밖에 없을 것이다.

책임조각사유라는 견해의 경우에는 제5조 제2항에서 규정된 결과 방지의 기술적인 가능성과 같은 기준은 전통적으로 객관적인 구성요건표지에 속하는 것이지, 책임의 영역에서만 고려되는 개인적인 비난 가능성의 문제와는 관계가 없고, 또한 입법자는 동법의 새로운 책임규정의 제정으로 형법뿐 아니라 민법 및 행정법에도 공통적으로 적용되는 횡적 적용규정에서 서비스제공자의 책임을 포괄적으로 규정하려고 했다는 점이 고려되어야 한다.

인적 처벌조각사유라는 견해의 경우에는 처음부터 가벌성을 없애주고 범죄행위 시에 이미 존재해 있는 상태가 법률상 규정되어 있는 경우에만 인적 처벌조각사유의 개념에 해당한다는 것이고, 일반적으로 불법과 책임의 다른 편에 존재하는 엄격한 인적 관련 근거들만이 이에 해당하므로 문제가 있다.

제5조를 정보통신서비스내용범죄로 이해하는 견해는 입법자의 의도와도 일치하지 않고, 법률문언에서 그 근거도 찾을 수 없으므로 이 견해에 대해서도 찬성하기 어렵다.

그러나 제5조를 구성요건영역에 위치하게 하는 부차적 구성요건요소 내지 구성요건 통합 필터라는 견해는 장점이 있다. 이를 부수적인 구성요건요소 혹은 구성요건에 통합되는 필터로서 표시하는가는 중요하지 않다. 이 견해는 제5조의 횡적 적용규정의 성격으로부터 발생하는 법영역의 특수성 문제를 아주 적절하게 평가하고 있다. 또한 '인식'과 '기대가능성'의 표지에 대한 서비스제공자의 가능한 착오의 불명확한 귀속의 문제점이 위에서 많이 논의되었지만, 여기서는 문제가 되지 않는다. 왜냐하면 구성요건영역에는 형법 제16조가 적용되기 때문이다. 이 견해만이 민법 및 형법의 다양한 유형의 착오 문제를 해결할 수 있다. 끝으로 구성요건 차원의 해결방안은 또한 허용된 행위와 금지된 행위의 확정을 통하여 입법자가 의도하였던 입법목적인 서비스제공자가 나아갈 방향을 확실하게 설정하였다는 점을 가장 잘 설명해 주고 있다.

이와 관련하여 재판부는 동법 제5조를 우선 적용하지 않고, 형법을 적용하여 무죄의 결론에 도달하였다. 그리고 학계의 통설과는 달리 재판부는 텔레서비스법 제5조 제3항을 객관적 구성요건의 단계에서 검토하지 않고, 책임의 단계에서 이에 따른 심사를 행하였다. 동법 제5조가 형법의 적용가능성을 여과하는 특수한 기능을 수행하여야 한다는 통설의 입장에서 보면, 이러한 (법원의) 판단과정을 방법론적 근거에서

허용하기 어렵고 또한 소송경제적인 측면에서도 문제가 있어 보인다.[7)]

컴퓨서브 사건 당시 적용되었던 텔레서비스법은 유럽연합의 전자 거래지침서(ECRL)의 국내적 전환에 따라 2001년 12월 14일 개정되었 다. 서비스제공자의 책임을 규정하고 있던 구법 제5조는 개정법 제8 조 내지 제11조에 보다 상세하게 규정되었다. 개정법의 경우 자신의 정보에 대한 책임(제8조), 타인의 정보에 대한 책임(제9조), 타인정보 의 중간저장에 대한 책임(제10조), 타인정보의 저장에 대한 책임(제11 조)을 각각 규정하고 있다. 제8조는 구법 제5조 제1항에 해당하며, 제 9조는 구법 제5조 제3항에 상응하며, 제11조는 구법 제5조 제2항에 상응한 규정이다. 개정법의 책임규정은 구법 제5조의 책임규정보다 복잡하게 되어 있다. 중요한 차이점은 전자거래 지침서 제13조를 수 용하여 중간저장(캐싱)에 관한 책임을 둔 것이다. 제9조에도 임시저 장 규정을 두고 있는데, 제9조의 임시저장은 일상적인 통과에 요구되 는 것으로서 정보의 단기간 임시저장을 대상으로 함에 대하여, 제10 조 규정은 정보의 신속한 전달을 위해서 소위 캐싱(caching)으로 표현 되는 중간저장이 발생하는 모든 경우에 대해서 인터넷 제공자의 면 책특권을 부여하고 있는 것이다. 그 후 2007년 3월 1일 텔레미디어법 (TMG)[8)]의 제정으로 이러한 책임 규정은 이 법률에 편입되었다.

독일의 현행 텔레미디어법에 의하면 인터넷 접속중개자는 제3자가 제공한 불법적인 내용에 대해서 책임을 지지 않는다. 이러한 면책의

---

7) TDG 제5조의 도그마틱에 대하여는 Sieber, Verantwortlichkeit im Internet, München 1999, SS.114-124; Spindler, MMR 1998, S.639; Vassilaki, MMR 1998, S.630; Moritz, CR 1998, S.506참조. 박희영, 인터넷서비스제공자의 형사책임에 관한 연구. -독일의 개정 전자적 정보통신서비 스법(TDG)을 중심으로-, 인터넷법률 통권 제22호(2004.3), pp.115-118 참조.

8) 박희영, 독일에 있어서 사이버범죄 관련 입법 및 판례의 최근 동향, 법제처, 법제 610호, 2008.10, pp.25-30 참조.

배경에는 인터넷 접속중개자가 이용자와 호스트프로바이더를 연결만 해 주고 통신망을 통해서 전달되는 내용에 대해서는 관여할 수 없다는 입법 당시의 정보통신기술의 발전 수준이 반영되어 있다. 그러나 정보통신기술이 이 당시보다 훨씬 발전되어 있는 현재의 상황에서는 인터넷 접속중개자도 얼마든지 통신망을 통해서 전달되는 내용을 볼 수 있고, 편집할 수도 있으며, 전송 속도를 조절할 수도 있고, 아예 삭제할 수도 있다. 즉 인터넷 접속중개자들은 여러 가지 이유에서 전달되는 통신을 통제할 수 있게 된 것이다. 대표적인 예가 패킷감청이다. 이 때문에 인터넷범죄의 척결을 적극적으로 옹호하는 자들은 인터넷 접속중개자에게 적극적인 통제의무를 부과하여 이를 부작위하는 경우 처벌하여야 한다는 견해를 제시하고 있다. 적극적인 통제의무는 주로 인터넷사이트의 차단 형태로 나타나고 있다. 인터넷상에서 발생하는 소위 사이버범죄의 주체를 수사하여 체포한다는 것은 인터넷의 특성상 실제로 쉬운 일이 아니다. 특히 무선망을 통한 제3자의 익명 인터넷 사용은 범죄수사를 더욱 어렵게 한다. 그리하여 대두된 것이 범죄의 수단을 제공한다고도 볼 수 있는 ISP를 간접적으로 통제하는 방식이다. 그렇다면 인터넷 접속중개자에게 이러한 통제의무를 부과하여 형사책임을 물을 수 있는 형사정책이 바람직한가 하는 질문이 제기된다. 이 점은 헌법적 관점에서도 검토해야 할 중요한 부분이다. 이에 대한 심층적인 연구가 필요하다.

우리나라의 경우 ISP의 책임제한은 저작권법에서 규정하고 있지만, 이것은 주로 Host Provider를 예정하고 있어서, 접속중개자에게 적용하기 어려운 면이 있다. 따라서 접속중개자에 대한 책임제한을 포함한 ISP의 일반적인 책임 제한 및 면책에 관한 입법이 필요하다.

인터넷상에서 '아우슈비츠' 대학살 거짓말 유포와 범죄지

Verbreitung der Auswitzlüge im Internet und Tatort

BGH, Urteil vom 12.12.2000 – 1 StR 184/00 (LG Mannheim)[1]

I. 판결요지

외국인(독일 국적자가 아닌 자)이 그가 작성한 형법 제130조 제1항 또는 제130조 제3항의 국민선동죄의 구성요건을 충족하는 표현물을 외국의 인터넷 서버에 올려서 독일에 있는 인터넷 이용자들이 이에 접근할 수 있게 한 경우에는, 이러한 표현물이 구체적으로 국내의 평화를 교란하기에 적합한 경우에 '구성요건에 해당하는 결과'(형법 제9조 제1항 유형 3)에 해당한다.

---

1) 이에 대한 보다 상세한 내용은 박희영, 인터넷을 통한 급진사상의 전파와 형법의 장소적 적용범위, 법제, 통권 제560호, 법제처, 2004. 8. pp.29 – 50 참조.

II. 사건개요

1944년 독일 태생인 피고인 퇴벤(Töben)은 1954년 호주로 이민을 가서 현재는 호주 국적을 가지고 있다. 그는 1992년부터 유태인 대학살 문제를 다루어 왔는데, 1996년에는 아델라이드 연구소(Adelaide Insititute)를 설립하여, 연구소장으로 근무하고 있었다. 그는 인터넷상에서 접근이 가능하도록 한 회람과 기사를 올렸는데, 그 내용들 중에서 유태인 대학살의 수정주의(Revisionismus)를 주장했다. 즉 그는 유태인 학살 문제를 연구한 뒤, 인터넷을 통하여 재검토주의를 주장하는 등의 기사를 배포한 것이다. 기사에 따르면 학문적 연구라는 미명하에 나치 스치하에서 범해진 유태인 학살을 부정하고 있을 뿐 아니라, 유태인 학살은 경제적인 요구를 관철시키고 독일인들을 정치적으로 비방하려고 했던 '유태인 집단'들에 의해서 날조된 것이라고 주장하고 있다. 피고인이 발표한 다음의 세 가지 글이 판결의 대상이 되었다.

1. 인터넷 사례 II. 1

피고인은 1997년 4월과 1999년 5월경 – 그 시점은 충분히 확정되지 않는다 – 아델라이드 연구소의 홈페이지를 호주에 있는 서버에 업로드하였다. 이 사이트에는 피고인이 영어로 쓴 세 편의 기사, 즉 '아델라이드 연구소에 대하여', '아우슈비츠의 인상', '아우슈비츠의 깊은 인상'이라는 주제의 기사가 포함되어 있었다. 기사에는 다음과 같이 적혀 있다.

"그동안 우리는 다음을 확인할 수 있다. 아우슈비츠의 4백만의 시

체라고 한 처음의 수는 많아야 80만에 불과하다. 이것만으로도 이미 좋은 소식이 된다. 즉 약 3백20만 명은 아우슈비츠에서 죽지 않았다는 것을 의미한다. 이는 축하해야 할 이유가 된다."

"우리는 수백만의 사람들이 인간가스실에서 살해되었다는 어떠한 증거도 오늘날까지 존재하지 않는다는 사실을 자랑스럽게 설명한다."

"이러한 주장은 의심스러운 증인의 증언을 예외로 하는 경우 외에는 어떠한 형태의 사실이나 문서상의 자료를 통해서도 주장되지 않는다. 그러한 증언은 독일 국가의 연금을 노리기 위해서 흥분이 되어 있는 꼴통들로부터 나온 것이다."

2. 공개편지 사례 II. 2

1998년 8월 한 여판사는 아우슈비츠의 생존자인 만하이머(Max Mannheimer)를 모욕한 데케르트(Günter Deckert)에게 유죄판결을 내렸다. 이에 대하여 피고인 퇴벤은 호주에서 공개편지를 작성하여 이 판사뿐 아니라 그 밖의 다른 많은 사람들과 베를린의 잡지인 '슬라이프니르'(Sleipnir)사에게 보냈다. 그리고 피고인은 영문으로 된 그의 편지를 연구소 홈페이지에 업로드하였다. 이 편지에서 그는 아우슈비츠는 거짓말이라고 설명하면서 만하이머를 비난하는 글을 다음과 같이 쓰고 있다.

"나는 1997년 4월 아우슈비츠를 방문하였으며 본인의 조사를 근거로 전쟁기간 동안 결코 인간가스실은 운영되지 않았다고 이제 결론을 내린다."

3. 인터넷 사례 II. 3

1998년 12월 말과 1999년 1월 초 피고인은 아델라이드 연구소 홈페이지에 또 다른 사이트를 업로드하였다. 이 사이트에는 피고인이 영어로 작성한 글이 '프렉드릭 퇴펜의 신년 사고(思考)'라는 제목으로 게재되어 있다. 그 속에는 다음과 같은 내용이 적혀 있다.

"새천년의 전환기에 있는 첫 번째 달에 우리는 지난 5년간의 일들을 뒤돌아보면서, 독일인은 유럽의 유태인들을 아우슈비츠 강제수용소에 있는 가스실이나 다른 곳에서도 결코 죽이지 않았다고 확실하게 확정할 수 있다. 따라서 모든 독일인과 독일계 민족들은 강요된 책임콤플렉스 없이 살 수 있으며, 이로 인하여 음흉한 사고방식이 독일인들을 반세기 동안 노예로 만들었다."

"또한 비록 지금 독일인들이 안도의 숨을 쉴 수 있다 하더라도, 여러분들은 또다시 비방을 당할 수 있다는 것을 각오해야 한다. 왜냐하면 호주의 조직화된 유태인 중 존스(Jeremy Jones)와 같은 사람들이 단번에 입장을 바꾸지는 않을 것이기 때문이다. 여러분들의 아우슈비츠 굴레는 그들에게 좋은 수단이 되고 있다. 존스 자신이 발언했듯이 그것이 기능할 수 있도록 하기 위해서 그 굴레는 그들의 정치적인 설득에 동의하지 못하는 사람들을 움직이는 좋은 수단이었던 것이다."

원심법원인 만하임 지방법원은 인터넷 사례에서는 피고인이 독일이나 그 밖의 장소에서 소위 웹사이트를 그들에게 전달하기 위해서 온라인 전화가입자로서 스스로 전화를 할 수 있거나 또는 – 수사경찰 외에 – 독일의 인터넷 이용자가 아델라이드 연구소의 홈페이지에 전화를 할 수 있다는 사실을 인정할 수 없다고 했다

원심법원은 피고인에게 세 가지 사례에서 사자(死者)의 비방과 상상적 경합으로 모욕죄로, 공개편지 사례(Ⅱ. 2)에서는 국민선동과 상상적 경합으로 10개월의 자유형을 선고하였다. 하지만 법원은 인터넷 사례인 Ⅱ. 1과 Ⅱ. 3에서는 형법 제130조 제1항 제2호의 구성요건을 긍정했지만, 국민선동과 같은 추상적 위험범의 경우에는 형법 제9조 제1항 제3문의 구성요건에 속하는 결과가 없다고 하면서 독일 형법의 적용을 부정했다. 또한 그 밖의 독일 형법(제5조 내지 제7조)도 적용되지 않는다고 하였다.

이러한 법원의 무죄 판결에 대하여 검찰은 상고를 제기하였고, 검찰의 상고는 연방법원에 의해서 받아들여졌다. 피고인 측도 상고를 제기했지만 기각되었다.

Ⅲ. 판결이유

검찰의 상고를 받아들인 연방대법원은 다음과 같이 판결했다.

1. 인터넷 사례 Ⅱ. 1 및 Ⅱ. 3의 발인과 국민선농죄

인터넷 사례 Ⅱ. 1과 Ⅱ. 3에서의 발언은 국민선동의 내용, 즉 제130조 제1항 제1호 및 제2호 그리고 제130조 제3항에 해당한다.

1) 두 사례에서는 소위 이미 공인된 아우슈비츠 거짓말(BGH NStZ 1994, 140; BGHSt 40, 97)이 존재한다. 이것은 제130조 제1항 제1호(모욕)와 제130조 제3항(선동)을 충족한다.

a) 아주 명백하게도 진실이 아닌 사실의 주장(BVerfGE 90, 241; BGH NStZ 1994, 140; 1995, 340)은 나치스 치하에서 유태인들의 운명을 거짓으로 꾸며 낸 이야기로 설명될 뿐 아니라, 또한 이러한 주장은 유태인들의 호의에 대한 독일인들의 속박이나 착취의 동기와도 연결된다. 그러한 것은 사례 Ⅱ. 1의 다음과 같은 표현을 통해서 명백해지게 된다. "… 흔히 독일 정부로부터 연금을 노리기 위해서 혈안이 되어 있는 꼴통들이다." 사례 Ⅱ. 3에서는 특히 '책임콤플렉스', '노예가 된' 그리고 '아우슈비츠 굴레'라는 표현에서 그렇다.

b) 원심법원인 만하임 지방법원은 법률상 오류 없이 다음을 인정했다. 제130조 제1항 제2호의 표현구성요건은 최소한 모욕의 형태(v. Bubnoff, in: LK, 11. Aufl., § 130 Rn. 22)로 주어지게 된다. 이것은 사례 Ⅱ. 1에서 특히 '축하할 근거'와 사례 Ⅱ. 3에서 "잘못된 사고방식을 가지고 반세기를 노예처럼 살아왔다"는 표현을 통해서 침해되는 멸시의 형태에 해당한다. 그러한 주장들은 일반적인 유태인뿐 아니라 독일에 있는 유태인들에 대한 적대감을 자극하거나 부채질하는 것이므로, 이는 인권침해에 해당한다(BGH NStZ 1981, 258; 다음을 비교 BGHSt 40, 97, 100; v. Bubnoff, a.a.O., § 130 Rn. 12, 18; Lenckner, in: Schönke/Schröder, StGB, 25. Aufl., § 130 Rn. 7).

c) 그리고 원심법원의 확정에 따르면 이러한 피고인의 행위는 – 이미 피고인에게 공소장에서 비난되고 있다 – 또한 제130조 제1항 제1호의 국민선동에 해당한다(이에 대해서는 BGHSt 31, 226, 231; 40, 97, 100; BGH NStZ 1981, 258; 1994, 140; v. Bubnoff, a.a.O., § 130 Rn. 18; Lenckner/Kühl, StGB, 23. Aufl., § 130 Rn. 5, 20b). 이러한 확정에서 발언은 이에 대해서 고조되고 있고 단순한 거부(Ablehnung)나 멸시

(Verachtung)의 정도를 넘어서 독일에 살고 있는 유태인들에 대한 증오에 가득 찬 태도를 가지기에 명백하다(비교 BGHSt 40, 97, 102)는 것이 증명된다.

2) 또한 나치스 치하에서 제220a조 제1항(인종학살)에 기술된 방법으로 범해진 행위가 거짓이라고 할 뿐 아니라 하찮은 것으로 보고 있다. 피고인 자신이 작성한 인터넷사이트는 불특정 다수의 사람들에게 인식될 수 있고 또한 공개적이다(Lenckner/Kühl, a.a.O., § 80 a Rn. 2). 제130조 제3항의 부정구성요건은 제130조 제1항의 발언구성요건과 상상적 경합관계에 있다(v. Bubnoff, a.a.O., § 130 Rn. 50).

3) 이와 함께 제130조 제2항 제1호 b가 충족되는 한, 만일 – 여기서 – 그 발언이 국민의 일부를 향해 있다고 한다면(Lenckner a.a.O., § 130 Rn. 27; 상상적 경합으로 보는 견해는 Bubnoff a.a.O., § 130 Rn. 50), 그것은 제130조 제1항으로부터 배제될 것이다.

4) 제130조 제5항 및 제86조 제3항(이에 대해서는 BGHSt 46, 36)의 구성요건배제사유의 요건은 존재하지 않는다. 발언은 또한 학문, 연구, 이론에 기여하지도 않는다(BVerfG – Kammer – Beschluß vom 30. November 1988 – 1 BvR 900/88 – ; BVerwG NVwZ 1988, 933). 이러한 발언은 또한 언론의 자유에 대한 기본권으로도 보호되지 않는다(BverfGE 90, 241; BVerfG – Kammer – Beschluß vom 6. September 2000 – 1 BvR 1056/95 –).

5) 평화교란의 적성은 발언에 추가되어야 할 제130조 제1항과 제3항의 공통구성요건이다.

a) 제130조 제1항과 제3항에 의한 국민선동은 '적성'이란 표현에 의해서 추상적 – 구체적 위험범이 된다(제311조 제1항에 의한 원자력의 방출에 대해서는 Senat in: BGHSt 39, 371 그리고 대외무역법 제34조

제2항 제3호의 처벌에 대해서는 NJW 1999, 2129 참조). 일부에서는 이러한 범죄유형을 '잠재적 위험범'(potenielles Gefährdungsdelikt)이라고 표기한다(BGH NJW 1994, 2161; 또한 Sieber NJW 1999, 2065, 2067 m.w.N.을 참조). 여기서 범죄표지(Deliksbezeichnung)는 부차적인 의미이다. 그러한 위험범은 어쨌든 추상적 위험범의 하위범주에 속한다(Senat NJW 1999, 2129).

b) 따라서 평화교란의 적성에는 구체적 위험의 발생이 요구되지 않는다(그러나 다른 견해는 Rudolphi, in: SK‑StGB, 6. Aufl., § 130 Rn. 10; Roxin, Strafrecht BT, 1, 3. Aufl., § 11 Rn. 28; Schmidhäuser, Strafrecht AT, BT, 2. Aufl., S.147; Gallas, in: FS für Heinitz, S.181). 개별행위가 일반적인 관찰의 경우에 위험적성이 있는가 하는 점은 원심법원에서 심사가 이루어졌다(대외무역법 제34조 제2항에 대해서는 BGH NJW 1999, 2129 참조).

물론 평화교란의 구체적인 적성이 중요하다. 그것은 추상적으로만 존재해서는 아니 되고 일반화된 관찰을 근거로 하더라도 구체적으로 확정되어야 한다.(OLG Hamburg MDR 1981, 71; OLG Koblenz MDR 1977, 334; OLG Köln NJW 1981, 1280; v. Bubnoff, a.a.O., § 130 Rn. 4; Tröndle/Fischer, a.a.O., § 130 Rn. 2; Lenckner. a.a.O., § 130 Rn. 11; Lackner/Kühl, a.a.O., § 130 Rn. 19 및 § 126 Rn. 4; Streng, in: FS für Lackner, S.140). 따라서 존재하지 않는 평화교란의 적성에 대한 반증은 개별적인 경우에 가능하다.

c) 평화교란의 적성에 대한 이러한 이해는 또한 제311조 제1항(BGHSt 39, 371; NJW 1994, 2161)에 의한 방사선 방출 또는 대외무역법(BGH NJW 1999, 2129) 제34조 제2항 제3호의 범죄행위와 같이 비

교 가능한 적성범(Eignungsdelikten)에 대한 연방대법원의 판결과 일치한다. 제326조 제1항 제4호의 유해폐기물의 허용되지 않는 관계에도 적용된다(참조 BGHSt 39, 381, 385; BGH NStZ 1994, 436; 1997, 189).

d) 평화교란의 적성에는 정당한 – 따라서 구체직인 – 두려움에 대한 근거들이 있고, 공격이 공공의 법적 안정성에 대한 신뢰를 뒤흔드는 것으로 충분하다(BGHSt 29, 26; BGH NStZ 2000, 530, 공표에 대해서는 BGHSt 46, 36에 특정되어 있음, BGH NStZ 1981, 258).

6) 행위는 공공의 평온을 교란하기에 적합하다.

a) 그러한 적성은 지금까지의 확인을 통해서 인정된다. 인터넷의 정보접근가능성이란 관점에서, 즉 구체적인 상황을 근거로 하여, 인터넷에의 공개는 독일에 있는 공중에게 알려진다는 점이 고려되어야만 했었고, 지금까지의 사실인정에 따르면 그 점이 피고인에게도 중요하였다.

b) 피고인은 수정주의의 주장을 유포하려는 목적으로 시도했다. 그는 또한 세계 곳곳에서 그리고 독일에서 누구나 그 기사를 읽을 수 있도록 의도했다. 또한 그는 마치 공개편지가 그의 수신자들에게 보이듯이 독일 수정주의자들의 주장을 유포하려는 의사 형성에 적극적으로 개입하려고 했다.

c) 독일의 인터넷 이용자들이 피고인의 출판물을 직접 용이하게 접할 수 있음은 자명하다. 그 외에 국내의 독일 인터넷 이용자들에 의해 더 유포될 수도 있다. 영어로 된 문서작성에 관계없이 곧바로 독일 인터넷 이용자들이 출판물의 수신자가 되었거나 되어야 했다는 사실은 거의 전적으로 독일과 관련을 가지고 있는 내용에서 알 수 있다(가령 "독일인이 6백만의 유태인을 조직적으로 살해했다는 사실을

우리는 조사했다. 독일에서 사냥철이 시작되었다. 그러므로 모든 독일인들과 독일계 민족들은 강요되어 온 책임콤플렉스 없이 생활할 수 있다. 독일인은 다시 당당해야 한다.")

d) 따라서 원심법원은 피고인이 유태인과 다른 민족공동체 간의 유용한 공동생활을 민감하게 교란시키고, 유태인들의 안정감과 그들의 법적 안정성에 대한 신뢰를 침해하는 데 적합한 위험을 창출했다는 사실을 정당하게 인정했다.

2. 국민선동죄의 인터넷에서의 적용 여부

독일 형법은 추상적·구체적 위험범인 국민선동죄(독일 형법 제130조 제1항, 제3항)의 경우 인터넷과 관련해서도 적용된다.[2] 그 적용의 근거는 형법 제3조 및 제9조에서 도출된다. 본건에서는 국내범이 문제가 되고 있다(형법 제3조). 즉 구성요건에 속하는 결과가 독일 내에서 성립했기 때문이다(형법 제9조 제1항 제3문의 경우).

1) '구성요건에 속하는 결과의 발생'(an dem, der zum Tatbestand gehörende Erfolg eingetreten ist)은 형법 제9조의 기본이념을 근거로 해석되어야 한다. 이 규정의 기본이념에 따르면, -또한 외국에서의 행위에 대해서도-당해 형벌규정이 회피를 목적으로 하고 있는 법익의 침해 및 위험이 국내에서 발생하는 경우에, 독일 형법을 적용할 수 있다고 한다(BGHSt 42, 235, 242; Gribbohm in LK 11. Aufl., § 9

---

2) 인터넷에서의 형법의 장소적 적용범위에 대해서는 박희영, 인터넷에서 형법의 장소적 적용범위-속지주의와 편재주의를 중심으로-, 인터넷법률, 법무부, 통권 제26호, 2004.11, pp.46-72; 인터넷에서 추상적 위험범의 장소적 적용범위, 비교형사법연구, 한국비교형사법학회, 제6권 제1호, 2004.12, pp.1-27 참조.

Rdn.24.). 따라서 형법 제9조에 있어서 '구성요건에 속하는 결과'는 일반적인 구성요건론에 따라서 해석할 수 없다.

2) 입법자는 다양한 형태의 위험범을 설정함으로써 가벌성을 조기단계에서 발생시킬 수가 있다. 입법자는 형법 제315c조와 같은 구체적 위험범이나, 형법 제130조 제1항 및 형법 제311조, 대외무역법 제34조와 같은 추상적·구체적 위험범 및 형법 제316조와 같은 순수한 추상적 위험범도 제정할 수 있다. 입법자가 처벌의 형태를 선택하는 경우 대부분 당해 법익의 중요성 및 구체적인 위험 상황에 의해서 결정된다.

구체적 위험범이 결과범의 하위개념으로서 구체적 위험이 발생한 장소에서 결과의 장소를 가지는 것에 대해서는 전혀 이론이 없다 (Gribbohm, a.a.O. § 9 Rn. 20,; Hilgendorf NJW 1997, 1873, 1875 m. w. N. 등 참조). 추상적·구체적 위험범은 구체적 위험범과 추상적 위험범의 중간에 있다. 여기서 문제가 되는 결과의 장소에 관해서는 구체적 위험범과 같다. 즉 입법자는 이 경우에도 결과로서 회피할 수 있는 위험을 규범적 구성요건으로서 명시적으로 규정하고 있기 때문이다. 순수한 추상적 위험범의 경우 최저한의 위험이 실제침해로 발생한 경우에 결과의 장소를 긍정할 수 있는가에 대해서는 본 법정은 여기서 판단할 필요가 없다.

3) 추상적·구체적 위험범의 경우에는 형법 제9조에 있어서 결과가 구체적 행위의 위험이 구성요건에서 규정되어 있는 법익에 대해서 발생한 경우에 성립한다. 형법 제130조 제1항 및 제3항의 국민선동죄의 경우 이것은 독일연방공화국 내에 있어서 평화방해의 구체적 가능성이다(Collardin, CR 1995, 618: 특히 정범이 독일에서 영향을 미

치도록 한 경우의 유태인 대학살 거짓말에 관해서; Kuner, CR 1996, 453, 455: 인터넷에서의 발언에 대해서; Beisel/Heinrich JR 1996, 95; 설득력이 있는 이유로는 Heinrich, GA 1999, 72; 국경을 넘는 환경범죄에 대해서 유사한 입장으로서는 Martin, ZRP 1992, 19).

a) 이러한 고찰방법은 입법자가 1960년 국민선동죄를 제정할 당시의 의도와도 합치하고 있다(이 문제에 대해서는 Streng 참조). 입법자들은 이미 직접적인 인간존엄성의 침해가 준비되고 있는 동안 역사적으로 위험하다고 증명된 자가동력의 개시에 대하여 저항하고, 그 시작을 저지하려고 의도했었다(전항 Streng: 환경 보호).

입법자는 1994년 형법 제130조 제3항의 구성요건을 도입할 당시에도 '나치스에 의한 폭력과 전제체제의 미화에 의한 정치적 환경 중독을 방지한다'는 의도를 재차 강조했다(연방의회 법제위원회 보고, BT Drucks. 12/8588, S.8; 나치스에 의한 집단학살을 부정하는 행위에 대한 가벌성에 관한 법안 제1회 심의에서 연방법무장관의 발언도 참조 - BTDrucks. 12/7421 - 1994년 5월 18일, Plenarprotokoll der 227. Sitzung des Deutschen Bundestages, S.19671). 따라서 입법자는 형법에 의한 보호를 조기의 단계로 이전하려고 의도했었고, '정치적 환경의 중독'은 이미 방지되었다. 가벌성의 전치(前置)는 - 정치적 환경을 배려한 바와 같이 - 또한 구체적 위험 및 개인에 대한 법익침해는 거의 직접 구체적인 발언으로는 소급될 수 없다는 사실로부터 특정된다(Streng, S.512 참조. Streng은 타인의 인간 존엄성에 대한 공격만이 필요하고, 침해가 발생해서는 안 된다는 점을 지적하고 있다).

b) 또한 그 밖에도 결과장소의 개념은 일반구성요건에 따라서 이해되지 않는다. 연방대법원은 추상적 위험범에 대해서 형법 제78a조 제

2항(시효개시)에 있어서 '구성요건에 속하는 결과'가 가능하다고 판단했다. 즉 "이들 범죄(형법 제326조, 추상적 위험범)의 경우 범죄행위와 동시에 범죄의 결과가 발생한다. 이 결과가 성립한 위험이고, 그 위험으로부터 뒤에 발생할 침해는 존재하지 않는다."(BGHSt 36, 255, 257; Jähnke in LK 11. Aufl. § 78 a Rn. 11 참조)

추상적 위험범은 부작위에 의해서도 범해질 수 있다. 이 경우 형법 제13조도 동일하게 '형벌법규의 구성요건에 속하는 결과'를 전제하고 있다(BGH NStZ 1997, 545 참조: 형법 제326조 제1항의 구성요건이 부작위에 의해 성립하지만 과실이 없었던 사례; BGHSt 38, 325, 338 참조=NJW 1992, 3247=NVwZ 1993, 103 L: 형법 제326조 제1항 제3호는 부작위에 의해서 성립하지만, 그 구성요건은 형법 제324조에 의해서 배제된다). 이러한 고찰방법은 학설에 있어서 과반수로 일치하고 있다(Tröndle/Fischer a.a.O. § 13 Rn. 2; Lackner/Kühl a.a.O. § 13 Rn. 6; Stree in Schönke/Schröder, StGB 25. Aufl. § 13 Rn. 3; a. A. Jescheck in LK 11 Aufl. § 13 Rn. 2, 15.).

c) 많은 학설이 추상적 위험범에는 형법 제9조의 결과지가 없다고 주장하고 있다(OLG München StV 1991, 504: 단순거동범으로서의 장물취득에 관해서; KG NJW 1999, 3500; Gribbohm a.a.O. § 9 Rn. 20; Tröndle/Fischer a.a.O. § 9 Rn 3; Eser in Schönke/Schröder, StGB 25. Aufl. § 9 Rn. 6; Lackner/Kühl a.a.O. § Rn. 2; Jakobs, Strafrecht AT 2. Aufl., S.117; Horn/Hoyer JZ 1987, 966; Tiedemann/Kindhäuser NStZ 1988, 337, 346; Cornils JZ 1999, 394: 특히 인터넷에서의 국민선동에 관해서). 이들 학설의 전부가 순수한 추상적 위험범과 추상적 · 구체적 위험범을 충분히 구별하고 있다는 말은 아니다. 그러나 추상적 위험범의 하위

개념으로서 추상적·구체적 위험범 또는 잠재적 위험범에 결과장소가 없다는 견해가 주장되고 있는 경우(Hilgendorf, NJW 1997, 1873; Satzger NStZ 1998, 112.)에도 이러한 주장에는 설득력이 없다.

추상적 위험범에는 결과지가 없다는 견해에서 특히 그 이유를 설명하지 않는 학설이 많지만, 명확하게 형법 제9조의 새로운 문언을 근거로 하고 있는 것이다. 1969년 7월 4일 제2차 형법개정법(BGBl. Ⅰ S.717)은 1975년 1월 1일부터 시행되었지만(BGBl. Ⅰ 1973 S.909), 이 개정법에 의해서 결과장소는 단순히 '결과'는 아니고, '구성요건에 속하는 결과'로서 규정되게 되었다. 구체적인 위험 또는 위험의 실현이 추상적 위험범의 구성요건에 속하는 것은 아니기 때문에, 위험발생의 장소가 범죄의 장소로 되는 것은 아니라고 할 수 있다고 한다. 그러나 Sieber가 설득력 있게 설명하고 있는 바와 같이(NJW 1999, 2065, 2069), 법개정의 목적은 형법 제9조 제1항 제3문의 경우를 결과범에 한정하는 것은 아니었다. '구성요건에 속하는 결과'의 표지는 단순히 결과의 발생이 구성요건과 밀접한 관계에 있다는 것을 명확하게 하려고 했다(Kielwein in: Niederschriften über die Sitzung der Großen Strafrechtskommission Ⅳ, AT, 38. bis 52. Sitzung, 1958, S.20). 그러나 입법자는 형법 제130조 제1항 및 제3항의 구성요건에 '평화교란의(구체적) 적성'이라는 표지를 도입함으로써 결과발생과 구성요건간의 밀접한 관계를 규정했고 그리하여 구성요건에 속하는 결과를 독자적으로 특정지었다.

d) 다양한 중간설(Oehler, Internationales Strafrecht 2. Aufl. Rn. 257; Jescheck, Lehrbuch des Strafrechts AT 5. Aufl., S.178; Sieber NJW 1999, 2065.)은 본건 사례에 대해서 결과장소를 부정하지만, 상기의 고찰방법을 변경할 수는 없다.

4) 본건과 같은 경우 형법 제130조 제1항 및 제3항의 국민선동죄에 대해서 독일 형법을 적용하기 위해서는 국제법상에 그 적용을 정당화하는 준거점도 존재한다. 그 행위는 객관적으로 독일 연방공화국에 특별한 관련을 가지는 국내의 중대한 법익에 관계된다(vgl. Jescheck/Wiegend a.a.O. S.179; Hilgendorf, NJW 1997, 1873, 1876; Derksen NJW 1997, 1878, 1880; Martin, ZRP 1992, 19, 22). 이러한 법익침해는 특히 이 규정에 의해서 저지되어야 한다. 형법 제130조 제1항의 표현범죄는 내국인의 일부를 직접 인권침해의 전 단계에서 보호하고 있고, 독일의 특수한 역사 때문에 역사적으로 위험하다고 증명된 자가동력의 개시를 저지하려고 하고 있다. 형법 제130조 제3항의 구성요건은 나치스 체제하에서 유태인에게 저질러진 유일한 범죄라는 점에서 독일연방공화국과 특별한 관련을 가진다(v. Bubnoff, a.a.O., § 130 Rn. 45; Lackner/Kühl, a.a.O., § 130 Rn. 8a; 유럽연합각료이사회의의 인종주의 및 외국인 차별 방지를 위한 1996년 7월 15일의 합동 정책, Amtsblatt der Europäischen Gemeinschaften vom 24. Juli 1996, Nr. L 185/5 참조).

5) 국내 인터넷 이용자가 호주의 서버에서 사이트를 호출할 수 있고 그리하여 데이터를 독일에서 다운로드한 경우라면, 피고인이 국내에 시 행위 한 섯인가 아닌가(형법 제9조 제1항 제1문의 징우) 하는 문제는 해결되지 않을 수도 있다. 피고인은 그에게 귀책될 도구(프록시서버, 데이터운반, 인터넷의 데이터 전송소프트를 포함한 컴퓨터)를 사용하여 데이터를 물리적으로 국내로 전송하는데 기여했다는 사실에서 국내에서 효과가 발생하는 행위로까지 파악하여야 한다는 생각을 가질 수 있다. 편지발송과 관련해서 발전한(이 논의에 대해서는 Gribbohm, a.a.O., § 9 Rn. 39 참조) 행위개념(라디오 및 텔레비전 방송에 대해서

는 KG NJW 1999, 3500도 참조)을 인터넷에 있어서 데이터 통신에 전용하는 것은 물론 적절하지 않다.

3. 인터넷 모욕죄 및 사자의 명예훼손

독일 형법은 인터넷 사례에서의 모욕죄(Tröndle/Fischer, § 185 Rn. 15; Roxin, § 10 Rn. 102; Hilgendorf, NJW 1997, 1783, 1876)와 사자의 명예훼손(Tröndle/Fischer, § 189 Rn. 2)에도 적용된다. 명예훼손(표현의 자유와의 한계에 대해서는 BVerfG, Beschl. v. 6.9.2000 - 1 BvR 1056/95) 은 수사담당 경찰관의 인지로 인정된다(BGHSt 9, 17 = NJW 1956, 679; Tröndle/Fischer, § 185 Rn. 15; Lenckner, § 185 Rn. 5, 16). 이 경우 국가가 인정하는 비밀스런 발언이 문제 되지 않았다.

Ⅳ. 평석

본 판결은 외국인에 대한 독일 형법의 적용 여부를 다루고 있다. 즉 외국에 살고 있는 외국인이 모욕적이고 국민선동적인 내용을 인터넷에 올린 경우에, 이 자에 대하여 과연 독일 형법을 적용할 수 있는가 하는 점이다. 호주의 아델라이드에 사는 호주 국적의 퇴벤은 독일에서는 국민선동죄(독일 형법 제130조 제1항과 제3항), 사자의 모욕 및 명예훼손죄(제185조, 제189조)의 형벌구성요건을 충족하는 표현물을 호주 소재의 서버에 저장하여 인터넷 이용자들의 일반적인 접속이 가능하도록 하였다. 그는 자신이 직접 작성한 웹사이트에서 "아우슈비츠의 가스실에서 유태인의 학살이 자행되지 않았고, 이의를 제기한 증인들의 말은 독일국가로부터 연금을 노리기 위해 혈안이 된 골통들이다. 독일인은 학살에 대한 책임콤플렉스로부터 벗어나야 하며, 이로 인하여 독일인들은 나쁜 사고방식을 가지고 반세기 동안 노예로 살아왔다"고 주장하였다. 또한 조직화되어 있는 호주의 유태인에 의해서 전파되고 있는 말이 '아우슈비츠굴레'라고 주장하였다. 그 밖에 그는 독일의 여러 사람들에게 편지를 발송했고, 그 편지에서 나치의 민족학살을 부정하고 있다.

이에 대하여 원심법원인 만하임 지법은 피고인의 모든 범죄사실을 인정하여, 생존 유태인에 대한 모욕죄와 사자의 명예훼손죄의 상상적 경합으로 유죄판결을 내렸지만, 인터넷 사안인 국민선동에 대해서는 무죄판결을 내렸다. 이에 대하여 검사는 인터넷 사안에 대해서도 상상적 경합으로 제130조 제1항과 제3항의 국민선동죄로 유죄 판결되어야 한다고 주장하면서 연방대법원에 상고를 제기하였다. 이와 동시에 피고인도 상고를 제기하였지만, 받아들여지지 않았다.

연방대법원은 외국인이 그의 나라에서 컴퓨터를 통해서 범한 행위를 국내범(제3조 내지 제9조 제1항)으로 보았을 뿐 아니라, 나아가서 이러한 행위가 그곳에서 어떻게 판단되는지에 관계없다고 하였다. 이것은 인터넷상의 아동포르노의 유포와 같이 처벌의 타당성이 인정되는 경우에는 아무런 문제가 없다. 하지만 표현범죄(Äußerungsdelikte)에 대해서는 아직 국경을 넘어 통용되는 합의가 존재하지 않는다. 형법상으로 저지될 표현에 대하여 제한이 있는가는 국가의 법적 문화마다 상이하다. 특히 영미권 법문화에서는 독일법의 경우와는 달리 언론의 자유가 철저하게 보장되어 있다. 아델라이드가 있는 남부 호주의 형법도 국민선동이나 사자의 모욕 또는 명예훼손에 해당하는 형벌구성요건을 두고 있지 않으며, 다만 생존자의 불리한 대우만이 금지되고 있다.

제130조 제1항의 결정근거들은 새로운 것이 아니라, 소위 확정된 아우슈비츠거짓말의 이전 판례에 따른 것이다. 연방대법원은 제130조 제2항 제1호에 대하여 표현이 내국인의 일부를 그 대상으로 하고 있는 경우에는 제2항은 제1항에 의해서 배제된다고 설명했다. 물론 피고인은 명백하게 '호주의 조직화되어 있는 유태인'을 공격했다고 주장한다.

연방대법원은 범죄지를 규정하고 있는 독일 형법 제9조 제1항 제3문의 '구성요건에 속하는 결과'는 범죄론상 구성요건에 해당하는 결과를 의미하는 것이 아니며, 비록 외국인이 외국의 서버에서 국민선동적인 글을 올리는 경우라도 독일에서 독일인의 일부가 그것을 클릭해서 볼 수 있는 상황이 되면 평화교란의 적성도 있다고 보고 있다. 나아가서 이러한 행위는 국제법상 독일과 특별한 관련성을 가져야 한다고 하고 있다. 그리하여 연방대법원은 당해 판결을 통해서 독일 형법의 적용범위를 확대시키게 된 것이다. 전 세계를 포괄하는 형사관할권의 존재는 사실상 무력하다고 할 수 있다. 형법의 경우 인터넷은 개별국가의 규제능력을 어렵게 하고 통제가 자유로운 공간의 출현이 지지를 받는다는 사실을 명백하게 한다. 또한 국가의 형벌규범은 급진적이고 반유태적인 인터넷범죄를 저지하기에는 상당히 어려울 것으로 보인다.

따라서 인터넷상의 극우적인 선전활동들에 대한 효과적인 대응조치로는 국제적인 사법공조를 기대해 볼 수 있다. 허용되지 않거나 가벌적인 인터넷상의 내용에 대한 비난이 같게 되는 경우에 비로소 그러한 조치는 효과적으로 될 수 있을 것이다. 세계적으로 적용되는 기준을 도출해 내는 것도 쉽지 않음을 인정해야 할 것이다. 하지만 효과적인 성과는 외형적인 통제능력이 상징적으로만 효과를 나타나게 하는 국가의 형벌규범이나 판결을 통해서가 아니라, 시간이 오래 걸리더라도 국제적인 해결책을 얻어 내는 것일 것이다. 이러한 측면에서 유럽이사회의 사이버범죄 방지조약의 추가의정서(CERT No.189)[3]가 그러한 해결의 방향을 제시해 주고 있다.[4] 이 추가의정서에는 컴퓨터 시스템을 통한 인종차별적 외국인 적대적인 자료의 배포죄, 인종차별적 외국인 적대감에서 비롯된 협박죄, 인종차별적 외국인 적대감에서 비롯된 모욕죄, 집단학살 또는 인류에 대한 범죄의 부정, 과소평가, 인정 또는 정당화하는 죄와 이들 범죄의 방조 및 교사죄를 규정하고 있다. 이 추가의정서가 2003년 1월 28일 서명이 진행된 후, 5개국의 인준으로 2006년 3월 1일 발효되었다. 2010년 11월 현재 18개국이 인준한 상태다.[5] 한편 독일 연방의회는 2010년 12월 17일 이 추가의 정서를 인준하는 법률안을 의결했다. 이법률안은 '인종주의와 외국인 적대행위의 특정한 형태와 표현방식의 형법적 투쟁을 위한 유럽연합이사회의 기본결정 2008/913/JI의 전환을 위한 법률'과 함께 인터넷상의 증오범죄에 대응하기 위한 것이다. 이 법률의 중요 내용은 형법 제30조의 '국민선동죄'의 내용을 보완한 것이다.

---

3) Additional Protocol to the Convention on cybercrime, concerning the criminalisation of acts of a racist and xenophobic nature committed through computer systems.

4) 이에 대해서는 박희영, 사이버범죄방지조약의 발효와 한국 형법의 대응법규, 인터넷법률, 법무부, 통권 제23호, 2004.5, pp.65-118 참조.

5) 유럽이사회(Council of Europe) 홈페이지 참조: http://conventions.coe.int

개정 전 제130조(국민선동죄)

(1) 공공의 평온을 교란하기에 적합한 방법으로 다음 각 호의 행위를 한 자는 3월 이상 5년 이하의 자유형으로 처벌한다.

1. 일부 주민에 대해서 증오심을 선동하거나 폭력조치나 자의적 조치를 촉구하는 행위

2. 일부 주민을 모욕하거나 악의로 비방하거나 허위사실을 적시하여 명예를 훼손함으로써 타인의 인간의 존엄성을 침해하는 행위.

(2) 다음 각 호의 1에 해당하는 행위를 한 자는 3년 이하의 자유형 및 벌금형에 처한다.

1. 일부주민에 대하여, 민족적, 인종적, 종교적 또는 민족성에 의하여 특정된 집단에 대하여 증오심을 선동하거나, 이들에 대하여 폭력적 조치나 자의적 조치를 촉구하는 내용의 문서(형법 제11조 제3항) 또는 일부 주민 또는 위의 집단을 모욕 또는 악의로 비방하거나 허위사실에 의하여 명예를 훼손함으로써 타인의 인간의 존엄성을 침해하는 내용의 문서를

a) 유포하거나,

b) 공연히 전시, 게시, 상영하거나 기타 그 접근을 용이하게 하거나,

c) 18세미만자에게 제공, 양여하거나 접근을 용이하게 하거나,

d) 위 문서 또는 이로부터 취득한 문서의 일부를 a) 내지 c)의 방법으로 사용하기 위해서 또는 다른 사람에게 이것을 사용 가능하도록 하기 위하여 제조, 취득, 인도, 보관, 제공, 광고, 선전, 수입 또는 수출하는 행위.

2. 제1호의 내용을 방송, 미디어서비스 또는 텔레서비스를 통하여 제공하는 행위.

개정 후 제130조(국민선동죄) (1) 공공의 평온을 교란하기에 적합한 방법으로 다음 각 호의 행위를 한 자는 3월 이상 5년 이하의 자유형으로 처벌한다.

1. 민족적, 인종적, 종교적 단체나 민족적 출신에 따라 특정되는 단체에 대해서, 일부 주민에 대해서 또는 이들 단체나 일부의 주민에 속한다는 이유로 개인에 대해서 증오심을 선동하거나 폭력조치나 자의적 조치를 촉구하는 행위

2. 1호의 단체, 일부의 주민, 이들 단체나 일부의 주민에 속한다는 이유로 개인을 모욕하거나 악의로 비방하거나 허위사실을 적시하여 명예를 훼손함으로써 타인의 인간의 존엄성을 침해하는 행위.

(2) 다음 각 호의 1에 해당하는 행위를 한 자는 3년 이하의 자유형 또는 벌금형에 처한다.

1. 제1항에 언급된 단체, 일부의 주민, 이들 단체 또는 주민의 일부에 속한다는 이유로 개인에 대해서 증오심을 선동하거나, 이들에 대해서 폭력조치 또는 자의적 조치를 촉구하거나 이들을 모욕하고, 악의적으로 비방하거나 허위의 사실을 적시하여 명예를 훼손함으로써 이들의 인간의 존엄성을 침해하는 내용의 문서를

a) 유포하거나,

b) 공연히 전시, 게시, 상영하거나 기타 그 접근을 용이하게 하거나,

c) 18세미만자에게 제공, 양여하거나 접근을 용이하게 하거나,

d) 위 문서 또는 이로부터 취득한 문서의 일부를 a) 내지 c)의 방법으로 사용하기 위해서 또는 다른 사람에게 이것을 사용 가능하도록 하기 위하여 제조, 취득, 인도, 보관, 제공, 광고, 선전, 수입 또는 수출하는 행위.

2. 제1호의 내용을 방송, 미디어서비스 또는 텔레서비스를 통하여 제공하는 행위.

개정 규정은 기존 형법의 적용범위를 상당히 넓혀서 인터넷상의 증오범죄를 척결하기 위한 의지를 천명한 점은 긍정적으로 평가되고 있지만, 기존의 나치치하의 범죄행위를 찬양하거나 이를 부정하는 정도를 넘어서고 있다는 점에서 과잉범죄화가 아닌가라는 우려도 제기되고 있다.

하지만, 이러한 입법이 우리에게 시사하는 바가 크다고 생각된다. 우선 우리나라에서도 최근 외국인 적대행위나 감정을 표현하는 의견들이 인터넷상에서 유포되고 있어 사회문제로 제기되고 있다는 점이다. 즉 외국인 근로자들의 국내유입으로 실시된 다문화 정책의 결과로 나타나고 있는 외국인에 대한 적대적인 행위나 감정표현들은 보편적 인권이란 측면에서 볼 때 문제가 있어 보인다. 이 뿐만 아니라 일제강점기에 범해진 우리 민족에 대한 일제의 만행을 부정하거나 이를 찬양하는 행위를 비롯하여 지나치게 극우적인 행위에 대해서도 사회통합이란 차원에서 형법적 규제를 생각해 볼 필요가 있다고 생각된다.

인터넷상에서 아동포르노의 '유포' 개념

Verbreitung von Kinderpornografie im Internet

BGH, Urteil vom 27.6.2001 — 1 StR 66/01(LG Würzburg)

I. 판결요지

1. 형법 제176a조 제2항은 관련 규정인 형법 제184조 제3항 및 제4
항의 전체적인 유형을 포섭한다.

2. 인터넷상에서의 유포(형법 제184조 제3항 제1호)는, 데이터가 인
터넷 이용자의 컴퓨터에 도착한 경우에 있게 된다. 여기서 이용
자가 이 데이터에 대한 접근가능성을 이용하였는지 또는 서비스
제공자가 이 데이터를 전달했는지는 중요하지 않다. 인터넷상에
서 접근을 가능하게 하는 행위(형법 제184조 제3항 제2호)는 데
이터가 인터넷상에서 읽기접속을 하도록 하여 인터넷 이용자에
게 이 데이터에의 접근가능성이 개방되어 있는 경우에 있게 된다.

3. '아동의 성적 악용을 대상으로 하는' 형법 제184조 제3항의 구성
요건표지는 실제로 성적으로 악용된 자가 아동인 경우에는 항상

존재하게 된다. 그 밖의 사례들에서는 합리적인 관찰자의 관점에 달려 있다.

Ⅱ. 사실관계

피고인은 범행 시 13세인 소녀를 여러 번 성적으로 악용하였다. 이러한 범행으로부터 피고인은 이후에 인터넷에 게시할 목적으로 사진을 촬영했다. 개별적으로 다음의 행위들이 문제 된다.

사례 Ⅱ. 2: 첫 번째 만남에서 피고인은 아동에게 속옷까지만 벗도록 유도했다. 이 기회에 피고인은 아동의 가슴을 만졌다.

사례 Ⅱ. 3: 두 번째 만남에서 피고인은 아동의 나체사진을 찍었다. 이것을 나중에 인터넷에 게시하기 위해서 그는 자신의 PC에 저장해 놓았다. 사진 시리즈의 대상은 또한 성행위들이었다. 특히 피고인은 아동으로 하여금 스스로 수음행위를 하도록 유도했고, 그런 다음 피고인은 아동의 음부를 만졌다.

사례 Ⅱ. 4a와 4b: 세 번째 만남에서 피고인은 두 장의 사진을 찍었다. 첫 번째 시리즈(사례 Ⅱ. 4a)에서 피고인은 나체 아동으로 하여금 '개목걸이'를 걸게 하고 줄을 잡고 있는 그에게 오도록 했다. 이때에 그는 아동과 성행위를 했다. 특히 아동에게 오럴섹스를 하도록 했다. 두 번째 시리즈에서는(사례 Ⅱ. 4b) 그는 나체 아동에게 '고양이귀'를 씌우고 접시에 있는 우유를 마시게 했다. 여기서도 그는 성행위를 했으며, 특히 아동이 그에게 오럴섹스를 하도록 했다.

사례 Ⅱ. 4c: 두 번째 시리즈(사례 Ⅱ. 4b)의 49장의 사진과 아동의 다른 사진을 K에 있는 ISP를 통해서 인터넷에 게시했다. 인터넷사이트에서 그 아동은 실제 14세로 보이지만, 18세로 제공되었다.

사례 Ⅱ. 4d: 피고인은 첫 번째 시리즈(사례 Ⅱ. 4a)의 59장의 사진을 이후 인터넷에서 게시하기 위하여 자신의 PC에 저장하였다.

사례 Ⅱ. 5a와 사례 Ⅱ. 5b: 네 번째 만남에서도 피고인은 두 가지 시리즈를 작성했다. 첫 번째 시리즈(사례 Ⅱ. 5a)에서 피고인은 그 아동에게 17세의 M과 서로 바꿔 가면서 성행위를, 특히 상호 오럴섹스를 하도록 유도하였다. 피고인 스스로도 이 성행위에 참여하였다. 특히 그는 손가락을 아동의 질 속에 집어넣었다. 두 번째 시리즈에서(사례 Ⅱ. 5b) 피고인은 그 아동과 자신의 성행위를 사진으로 찍었다. 특히 이 아동은 그에게 오럴섹스를 했다.

사례 Ⅱ. 6: 다섯 번째 만남에서 피고인은 자위행위를 하기 위해서 그 아동에게 M과 서로 위치를 바꿔 가며 다시 성행위를 하도록 했다. 그는 이 성행위도 사진으로 촬영했다.

뷔르츠부르크 지방법원(LG Würzburg)은 이들 중 세 번의 사례에서 아동의 성적 악용으로, 그 중 두 가지 사례에서는 중대한 아동의 성적 악용으로, 그 중 하나의 사례에서는 아동포르노의 유포와 상상적 경합으로, 그리고 포르노의 유포로 피고인에게 전체 4년의 자유형을 선고했다. 지방법원은 그 사진들이 형법 제184조 제3항과 제4항에 의해서 '유포'되지 않는다는 이유로 형법 제176a조 제2항의 적용을 거부하였다. 인터넷상에서의 데이터 통신의 경우 '유포'(Verbreiten)를 위한 요건인 유형적인 교부가 발생하지 않는다고 한다. (인터넷에서의) 접근 가능케 하는 것의 의도는 충분하지 않다고 한다. 왜냐하면 형법 제184조 제3항과 제4항을 형법 제176a조 제2항에 준용하는 것은 - 거기에 사용된 '유포'의 표지 때문에 – 오로지 형법 제184조 제3항 제1호(유포)에만 적용되고, 다른 행위유형, 특히 형법 제184조 제3항 제2호(접근가능하게 하는 행위)의 경우에는 적용되지 않기 때문이라고 한다.

한편 피고인은 사진 시리즈가 '아동의 성적 악용의 대상'(형법 제184조 제3항)이 아니라고 주장하고 있다. 왜냐하면 인터넷에 올라온 그 아동은 나이가 더 많게 소개되어 있기 때문이라고 한다. 따라서 – 이를 목적으로 할 의도가 없기 때문에 – 형법 제176a조는 충족되지 않는다고 한다. 검찰은 형법 제176a조의 미적용을 상고로서 비난하고 있다. 검찰의 상고는 이유가 있다. 이에 대해서 인터넷상의 그 아동은 나이가 많게 소개되어 있기 때문에, 아동의 성적 악용의 대상이 아니라고 주장하는 피고인의 상고는 이유가 없다.

III. 판결이유

1. 검찰의 상고 이유에 대한 판단

검찰의 상고는 이유 있다. 왜냐하면 피고인은 사례 II. 3(컴퓨터의 사진), II. 4a와 4b(사진 시리즈 '개목걸이', '고양이귀'), II. 5a와 5b(청소년과 피고인의 사진 시리즈) 및 사례 II. 6(청소년의 사진 시리즈)에서 형법 제176a조 제2항에 의해서 중한 아동의 성적 악용으로도 가벌적이기 때문이다. 피고인이 자신의 내용을 제공하려고 하였기 때문에, 그는 일반법률에 의해서 완전한 책임을 진다(TDG 제5조 제1항). 그래서 형사부는 ISP의 책임에 대해서는 판단할 필요가 없다.

1) 형법 제176a조 제2항은 형법 제184조 제3항 제1호에만 관계되는 것이 아니라, 형법 제184조 제3항 및 제4항과 전체적으로 관계가 있다(이에 대한 상세한 내용은 다음 참조: Lenckner/Perron, in: Schönke/Schröder, 26. Aufl., § 176a Rdnr. 10; 이를 암시하고 있는 것으로는 다음 참조: Lackner/Kühl, StGB, 23. Aufl., § 176a Rdnr. 3; Tröndle/Fischer, StGB, 50. Aufl., § 176a Rdnr. 10; Horn, in: SK – StGB, 6. Aufl., § 176a Rdnr. 5).

a) 법률 문언에서는 이러한 제한이 곧바로 추론되지 않는다(형법 제6조 제6호도 참조). 법률 자체는 형법 제6조 제6호의 경우와 형법 제184조의 법률상 표제어의 경우(포르노의 유포)는 특히 접근이 가능하도록 한 행위도 포섭하는 광범위한 유포개념을 적용하고 있다.

b) 포괄적인 준용은 법률체계에서 기인한다. 입법자가 형법 제176a조 제2항에서만 협의의 유포 의도를 포섭하려고 하였다면, '유포되어야 하는' 교부의 행위유형 범위를 정하는 것으로 충분하였을 것이다. 그렇다면 형법 제184조의 준용은 과잉으로 되었을 수 있다.

c) 포괄적으로 관련시키는 것은 또한 입법자로부터 형법 제176조a의 도입으로 추구하려 했던 목적에도 상응한다(참조: 연방정부의 법률초안에 대한 법사위원회의 보고서, BT – Drs. 13/9064, S.11). 입법자에게 문제가 되었던 것은 특히 인터넷상에서 돈을 벌 목적으로 아동의 성적 악용을 범죄로 하기 위한 것이었다. 제6차 형법개정법으로 도입된 형법 제176a조 제2항의 가중구성요건을 통하여 증가된 불법은 '돈을 벌 목적으로 한 아동의 성적 악용'을 포섭하려 하였고, 이것은 형법 제184조 제3항과 제4항을 준용하여 표현하였던 것이다(Entwurf des 6. StrRG, BT – Drs. 13/8587, S.32). 입법자가 협의의 유포만을 포섭하려고

했던 사실은 입법자료로부터 추론되지 않는다.

2) 피고인은 성행위 시에 유포(형법 제184조 제3항 제1호)되고 또한 공연히 접근 가능하도록 하는(형법 제184조 제3항 제2호) 포르노를 대상으로 범죄를 행할 의도를 가지고 있었다.

a) 형법 제176a조, 제184조에서 언급되고 있는 문서는 데이터저장 매체와 동일하다(형법 제11조 제3항). 인터넷에 게시되어 있는 디지털 사진은 이러한 의미에서 데이터저장매체이다. 그렇게 저장된 데이터를 문서와 동일하게 보는 것은 1997년 7월 22일의 정보통신서비스법(IuKDG, BGBl. Ⅰ, S.1870, 1876)에 의하여 도입되었다.[1] IuKDG로 입법자는 정보통신기술을 상당히 깊게 포섭하는 변화를 고려하였다. 여기서 입법자에게는 또한 청소년의 효과적인 보호도 중요하였다(BT-Drs. 13/7385, S.1 f.). 표현물(형법 제11조 제3항의 상위개념)은 단지 어느 정도 기간 동안의 유형적인 형상만이라는 견해의 관점에서, 입법자가 명확히 한 것은, 기술적인 기계장치의 도움에 의해서만 인식할 수 있는 사상의 내용을 화체한 전자적 또는 그 밖의 데이터저장매체는 문서와 동일하다고 한 점이다. 이에 따르면 데이터저장매체뿐만 아니라, 전자적 임시기억장치(램)가 포섭된다고 한다(BT-Drs. 13/7385, S.36). 이에 대해서 입법자는 IuKDG의 입법으로 접근 가능하게 하는 행위의 표지를 -이미 존재하고 있는 유포에 추가적으로- 형법 제86조와 질서위반법 제119조 제1항 제2호에도 적용한다는 것을 언급하지 않았다. 왜냐하면 입법자는 가능한 한 가벌성의 흠결만을 보충하려고 하였기 때문이다(BT-Drs. 13/7358, S.36).

---

[1] 이에 대해서는 박희영, 독일의 전자적 정보통신서비스법과 ISP의 형사책임에 관한 연구, 법학연구, 부산대학교 법학연구소, 제44권 제1호(통권 제52호), 2003.12, pp.261-304 참조.

b) 피고인은 사진들을 인터넷에 제시하여 돈을 벌 목적을 가지고 있었기 때문에, 형법 제184조 제3항 제1호(협의의)에 의해서 유포되는 데이터저장매체(더 정확히 말하면 저장되어 있는 데이터를) 범죄의 대상으로 할 의도로 행위를 하였다.

aa) 데이터저장매체와 문서를 동일하게 보는 입법자의 의도 때문에, 문서가 이의 본질상 - 즉 유체적으로 - 거대한 불특정 인적 그룹에 의하여 접근이 가능한 경우에는(BGHSt 18, 63, 64; BGH NJW 1999, 1979, 1980, 이 점에 대해서 BGHSt 45, 41에서는 게재되어 있지 않다. 문서의 유포가 있게 된다고 하는 판례가, 인터넷에 게재되는 경우에는 전용될 수 없다. 이것은 정보통신기술의 영역에서 청소년을 효과적으로 보호하기 위한 입법자의 의사와 모순될 수도 있을 것이다. (일시적이고, 비유형적인) 임시저장매체(램)의 고려는 이 경우에 화체가 더 이상 중요하지 않다는 점을 보여 준다. 따라서 전달된 데이터가 (영구적인) 저장매체에 저장되어 있는가는 중요하지 않다(vgl. BayObLG NJW 2000, 2911 [=MMR 2000, 758 m. Anm. Bär]; Derksen, NJW 1997, 1878, 1881; Pelz, wistra 1999, 53, 54; weiter differenzierend Hilgendorf, JuS 1997, 323, 330 - der ein aktives Tun des Anbieters fordert - und Cornils, JZ 1999, 394, 397; vgl. auch OLG Frankfurt NStZ 1999, 356, 358 und wohl auch KG, B. v. 5.9.1997 - 5 Ws 532/97 -, die auch eine Speicherung nicht ausreichen lassen).

bb) 따라서 인터넷상의 데이터 전송에는 이러한 유형의 게재에 특유한 유포개념이 필요하다. 따라서 인터넷에서의 유포는, 데이터가 인터넷 이용자의 컴퓨터에 -(일시적인) 임시기억장치나 (영구적인) 저장매체에 있는 것과 상관없이 - 도착하기만 하면 곧바로 인터넷에

서의 유포는 존재하게 된다. 이 경우 이용자가 데이터에의 접근가능
성을 이용하였는지 아니면 서비스제공자가 데이터를 전달했는지는
중요하지 않다. 형사부는 데이터가 ISP의 명확한 행위를 통해서 이용
자에게 '전달'되었는지(Upload) 아니면 이용자가 제공된 데이터를 내
려받았는지(Download)에 따른 구별을 고려하고 있다. (그러나) 각각의
기술적인 과정을 서로 고려하지 않기 때문에 실무에서는 거의 구별
될 수 없다는 관점에서, 형사부는 그러한 차이를 무시하고 있다. 이러
한 점에서 제공자가 - 가령 이용자의 정기구독을 근거로 하여 - 이 데
이터를 발송했는지, 이용자가 제공자의 인터넷사이트를 링크함으로
써 데이터를 요청하였는지는 중요한 차이점이 될 수 없다. 왜냐하면
링크의 설정으로 제공자는 이미 적극적으로 되었기 때문이다. 이용자
가 아마도 교환의 형태로(Tauschring) 데이터가 서로 전송되는 제공자
의 메일링 리스트에 가입한 경우에는 그 한계를 완전히 넘어선다.

c) 피고인은 형법 제184조 제3항 제2호에 의해서 접근이 가능하도
록 되어 있는 저장데이터를 대상으로 범행할 의도를 가지고 행위 하
였다. 접근가능성은 데이터가 인터넷에서 읽기접근으로 설정되어 있
는 경우에는 이미 존재한다. 이를 위해서는 단순한 접근가능성만으로
충분하다. 이용자의 접근이 있어야 될 필요도 없다(vgl. BGH NJW 2001,
624, 626: Auschwitzlüge im Internet). 이것은 이용자가 내려받은 데이터
를 복제하고 다시 교부하는 유포행위와 접근 가능하게 하는 행위를
구별한다(Pelz, wistra 1999, 53, 54). (…)

2. 피고인의 상고 이유에 대한 판단

피고인의 상고는 이유가 없다. 특히 사진들은 아동의 성적 악용을 대상으로 하였고, 피고인은 이러한 문서를 유포하려는 의도에서 또한 행위 하였다(형법 제176a조 제2항).

1) 인터넷에 게시되고 또 올려지게 될 사진들이 아동의 성적 악용을 대상으로 하고 있는지의 문제는 – 우선 형법 제184조 제2항과 관련하여 – 설명이 필요하다. 왜냐하면 피고인이 사례 4c에서 인터넷상에 있는 아동을 18세 이상으로 소개하였고, 나이에 관해서는 인터넷에서 허위의 데이터를 입력할 것이고 아동의 '나이를 많게' 할 것이라고 그 아동에게 설명하였기 때문이다.

2) 우선 사진에 찍힌 자의 나이에 관한 유포자의 진술은 중요하지 않을 수 있다는 점은 유효하다. 왜냐하면 만일 그렇다면 피고인은 형법 제176a조 제2항, 제184조 제3항의 예방될 법익의 보호에 기여하는 포괄적인 금지를 단순히 진실하지 않은 주장을 통해서 우회할 수도 있을 것이기 때문이다(BGH NSt 2000, 307, 309).

3) 다만, 문제는 – 아동과 실제의 행위를 재현한 경우에(형법 제184조 제4항 참조) – 사실상의 나이가 중요한가 아니면 일반적으로 또는 경우에 따라서 사진에 찍힌 자가 아동이 아닌 경우 합리적인 관찰자의 관점에서 고려되어야 하는가이다.

a) 형법 제184조 제3항의 '아동의 성적 악용을 대상으로 하는'이란 구성요건표지는 항상 실제로 성적 악용을 당한 자가 아동인 경우에는 언제나 존재한다. 이러한 경우에는 합리적인 관찰자의 입장이 더 이상 중요하지 않다.

aa) 형법 제184조 제3항의 문언과 형법 제176조의 법률상 표제어와의 관련이 이미 이러한 해석을 암시하고 있다.

bb) 형법 제184조 제3항의 입법이유(ratio legis)도 이러한 이해를 지지한다. 형법 제184조의 음란문서의 유포의 금지는 우선적으로 청소년의 보호에 기여한다. 하드 포르노의 경우 입법자는 형법 제184조 제3항에서 그 보호를 강화하고, 그 보호범위를 확장하고 있다. 아동포르노의 경우 그 보호는 악용되는 아동의 보호가 우선적이다. 아동포르노의 획득은 현재 새로 관련 규정들이 제정된 이유를 제공하고 있다(Laufhütte, in: LK, 11. Aufl., § 184 Rdnr. 2). 따라서 형법 제184조 제3항과 제4항의 규정들은 또한 개인적 법익, 즉 이러한 문서의 제작을 위한 유형으로써 악용되는 아동의 보호에 기여한다(BGHSt 45, 41, 43). 이것은 또한 형법 제184조 제4항의 강화된 형벌위하를 통해서도 명백해진다(실제 행위의 재현).

cc) 개인적 법익보호를 위해서 형법 제184조 제3항과 제4항의 준용규정인 형법 제176a조 제2항과 함께 이들 두 규정의 변환효과(Wechselwirkung)를 고려하여야 한다. 행위자가 – 비록 실제로 아동을 문서유포의 목적을 가지고 성적으로 악용하였을지라도 – 합리적인 관찰자가 그 아동을 더 이상 아동으로 볼 수 없게 할 의도로 부정할 수 없게 행위 하였다면, 이 규정에 의한 가벌성은 겨우 뒷받침될 수도 있을 것이다. 비록 입법자가 '돈을 벌 목적으로 한 아동의 악용'에 대해서 (최저) 2년 이하의 자유형을 예정했을지라도(참조: 제6차 형법개정법 독일 연방의회 법사위원회의 보고서, BT–Drs. 13/8587, S.32).

b) 이에 대해서 (포르노)문서의 대상인 자가 마치 아동인 것처럼 관찰자에게 영향을 주는 사례들에서는, 비록 그들이 실제로 나이가 많

앞다 하더라도, 객관적인 관찰자의 관점이 고려되어야 한다. 단순히 가상인 자의 경우도 이에 해당한다(vgl. den Fall BGH NStZ 2000, 307; vgl. auch Laufhütte, a.a.O., § 184 Rdnr. 15; Tröndle/Fischer, a.a.O., § 184 Rdnr. 37; Lencker/Perron, a.a.O., § 184 Rdnr. 55; Horn, a.a.O., § 184 Rdnr. 66).

c) 따라서 아동의 나이가 – 피고인이 의도하고 있는 바와 같이 – 합리적인 관찰자에 의해서도 적절하게 인정될 수 있을 것이라는 점은 판결로부터 추론되는가는 더 이상 중요하지 않다.

IV. 평석

본 판결은 형법 제176a조의 준용 규정과 형법 제184조 제3항 및 제4항의 관계를 포함하여 인터넷에서의 아동포르노 '유포' 개념을 다루고 있다. 이 중에서 본 판결의 핵심은 기존의 '유포'개념을 포기하고, 인터넷에서 아동포르노의 '유포'개념을 새로이 수용한 점이다. 하지만 이 새로운 유포개념은 '접근 가능하게 하는 행위'와의 관계 등 여러 가지 측면에서 많은 문제가 있어 보인다.

우선 형법 제176a조의 준용이 형법 제184조 제3항과 제4항의 전체적인 유형을 포섭하고 있다는 사실을 확정하였다는 점에서 본 판결은 환영할 만하다. 또한 표현의 대상이 아동인가의 문제에 있어서 형법 제176a조 및 제184조 제3항과 관련하여 실제의 나이가 중요하지, 합리적인 관찰자의 관점에서 첨부한 텍스트의 내용이 중요한 것은 아니라는 점을 확증하고 있는 한, 본 판결은 의미가 있다.[2]

그러나 합리적인 관찰자를 고려하는 점은 문제가 될 수 있다. 왜냐하면 나이의 객관적 기준은 평가의 필요성을 통해서 대체될 수 있기 때문이다. 즉 성년이지만, 육체적으로는 아직 완전히 성장하지 아니한 파트너와 성인의 성행위 묘사는 형법 제184조 제3항에 해당할 수도 있기 때문이다. 다른 측면에서 악용의 피해자와 그의 실제 나이를 알 수 없는 사례들은 이러한 방식으로 단순하게 다루어질 수 있다. 왜냐하면 실제 나이의 증명이 아니라, 성장의 기준이 될 수도 있기 때문이다. 따라서 하드 포르노 소지의 사례들에서는 고의의 증명 문제는 좁게 적용된다. 합리적인 관찰자를 고려하는 경우에 고의는 소지와 관련하여 이미 판결을 지지하는 기준들(육체적인 발전의 표지)을 인지하는 경우 존재하는 반면, 연방대법원의 판결을 근거로 하는 경우에는 적어도 나이의 관점에서 용인하는 감수가 필요하다.

그러나 인터넷에서의 문서 유포행위의 새로운 개념정의는 문제가 있어 보인다. 논쟁이 일고 있는 연방대법원판례에 의한 유포의 개념은 지금까지 유체성의 전달의 필요성을 강조해 왔다.[3] 유포를 문서의 유체적 교부(전달)와 관련한 행위로 이해해 온 것이다. 이 행위는 이것이 이의 물체에 의하여 거대하고 불특정 다수에 의해서 접근 가능한 것을 목적으로 하고 있는 활동을 말한다. 인터넷에서 데이터의 전달의 경우 복제는 일어나지만, 데이터는 그 성질상 전달될 수 없기 때문에, 지배설은 지금까지 인터넷의 사건에 유포의 행위유형의 적용 가능성을 부정해 왔다.[4] 그러나 이 제한적인 해석은 아무런 가벌성의

---

2) 이러한 점에서 대법원은 아동포르노를 "육체적인 발육이 아직 완성되지 아니한 자에 대한 성행위의표현"으로 정의하고 있는 몇몇 북유럽의 국가의 사례를 따르지 않고 있다(이에 대해서는 Wassen, BPjS 1998, S.6 참조).

3) Sieber, JZ 1996, S.495; Pelz, wistra 1999, S.53.

4) BGHSt 18, S.64; BGH NJW 1997, S.1696.

흠결을 뒷받침하지 못하였다. 왜냐하면, 발송뿐 아니라 인터넷에 데이터를 올려 두는 것도 문서의 '접근을 가능하게 하는 행위'의 개념에 포섭되기 때문이다. 접속 가능하게 하는 것은 다른 사람에게 인식의 가능성이 열려 있는 경우에는 존재한다. 이 경우에 실제로 인식하였는가는 필요하지 않다.[5]

형법 제86조에는 접속 가능하게 하는 것의 행위유형이 결여되어 있었다. 따라서 입법자는 형법 제11조의 문서개념을 IuKDG(정보통신서비스법)[6]를 통해서 컴퓨터시대의 필요성에 동화시키는 과정에서 이를 확대함으로써 형법 제86조도 이러한 행위유형을 포함하게 되었다. 입법자도 이러한 조화가 보여 주는 바와 같이, 제한적인 유포개념을 유지한다는 점에서 출발하고 있고, 이것을 간접적으로 인용하였다.[7]

입법자가 기존의 가벌성의 결함을 보충하였음에도 불구하고 연방대법원은 지금까지의 유포개념을 포기하였다. 연방대법원은 그 근거로써 유포개념의 포기는 효과적인 청소년보호를 위한 입법자의 노력에 변화를 주기 위해서 필요하다는 논증을 제시하고 있다. IuKDG를 통하여 문서개념의 영역에서 유체성의 요구를 포기하는 것은 또한 유포의 개념에 적응시킬 필요성과 관계가 있다고 한다. 따라서 데이터가 이용사의 컴퓨터에 전송되어 이에 도착한 경우에 유포는 이미 존재한다고 한다. 이러한 논증을 따를 수는 없다. 이 새로운 유포개념은 다음과 같은 이유들에서 비판이 제기될 수 있기 때문이다.

우선 새로운 해석이 제기하는 문제는, 개개인이 그 문서에 접근 가

---

5) BGH NJW 1976, S. 1881; OLG Stuttgart NStZ 1992, S.38; Sieber, JZ 1996, S.247.

6) 이에 대해서는 01. 인터넷접속중개자의 형사책임 각주 2번 참조.

7) 이에 대한 동의 견해로는 다음 참조: Gercke, Rechtswidrige Inhalte im Internet, S.43. 반대 견해에 대해서는 다음 참조: Barton, Multimedia-Strafrecht, S.187.

능하도록 한 행위가 이미 유포에 해당하는가이다. 지금까지는 위에서 언급한 바와 같이 불특정한 범위의 사람들에게 문서를 교부하는 것이 필요하였다.

특정한 사람들에게 데이터가 전달되는 것으로 이미 충분하다는 점은 판례를 통해서는 명확하게 추론되지 않는다. 그러한 추론은 아마도 '데이터가 인터넷 이용자의 컴퓨터에 도착한 경우에' 있는 것으로 구성하더라도 나오지 않는다. 단지 어떤 사람에게 해당 데이터가 전달된 경우에 성립하는 유포의 기수에만 이것은 확실하게 관련된다. 또한 불특정 다수의 사람들에게 인식의 가능성을 제공해 주려는 행위자의 의도도 필요하다. 따라서 특정인이나 확정된 인적 그룹에게 (메일링 리스트) 전자우편을 발송하는 것은 새로운 유포개념에 의하면 포섭되지 않는다. 이러한 점에서 비가상공간에서와 같이 가상공간에서도 형법상의 규범에 해당하지 않는 전달유형들이 존재하고 있다.

내용의 유포행위와 접근가능하게 하는 행위 사이의 한계는 지금까지 물체전달의 필요성을 근거로 첫 번째 사례에서는 문제가 덜 되었다. 유포가 아닌 지금까지 접근가능한 행위의 전통적인 사례는, 물체의 전달 없이 발생하는 인식가능성의 인정(허용)이었다. 물체전달 필요성의 포기로 인하여 유포의 개념과 공중 접근하게 하는 행위의 개념을 서로 비교한다면, 유포의 사례에서 실제로 발생한 문서전달의 필요성에서만 차이가 나게 된다.

판결에서 유포와 접근 가능하게 하는 행위의 비교로부터 알 수 있는 것은, 데이터가 인터넷에서 읽기접근의 목적으로 게시되어 있는 경우에는 접근 가능하게 하는 행위는 유포가 아니라는 점을 연방대법원이 근거로 하고 있다는 점이다. 연방대법원의 견해에 의하면 유포와의 차이점은 유포의 경우 데이터가 읽힐 뿐 아니라, 다운로드할 수 있고 복제나 전달도 할 수 있다는 것이다.

여기서 명확해지는 것은 인터넷에서의 데이터 전달의 기술적 토대가 무시되어 있다는 점이다. 이용자의 컴퓨터에 해당 데이터가 전달되지 않고서는 순수한 읽기접근이 기술적으로 불가능하다. 이용자가 내용을 읽기 위해서는 로컬의 저장매체에, 적어도 임시기억장치인 램에 데이터의 전송이나 저장이 필요하다. 거기다가 기본브라우저는 많은 경우에 로컬 하드드라이버에 있는 소위 '캐시 – 저장'에 데이터의 복제본을 자동적으로 저장하게 된다. 이들 데이터들은 임시기억장치에 임시로 저장되어 있는 데이터들과는 달리 인터넷 접속이 끊어진 이후에도 확실히 복제되거나 교부될 수 있다. 따라서 연방대법원이 제안한 행위유형의 기술적인 차이점은 실제와는 거리가 멀다는 것을 알 수 있다.[8]

따라서 연방대법원의 유포개념의 새로운 정의는 인터넷에서의 데이터 전달의 기술적인 토대를 무시함으로써 인터넷에서의 문서의 유포와 접근 사이에 존재하는 지금까지 명확한 한계를 희미하게 하고 있다고 생각된다. 앞으로 기술적인 현실과 대법원의 판결 사이에 존재하는 긴장관계가 어떻게 해소될 것인가가 기대된다.

우리의 경우 아동포르노를 규정한 법률은 청소년의 성보호를 위한 법률이다. 동법 제2조 제5호에는 청소년이용음란물을 정의하고 있다. 이에 따르면 '청소년이용음란물'이란 청소년이 등장하여 제4호의 어느 하나에 해당하는 행위(가. 성교 행위, 나. 구강·항문 등 신체의 일

---

8) Gercke, BGH: Verbreitung von Kinderpornografie im Internet, MMR 2001, S.680.

부나 도구를 이용한 유사 성교 행위, 다. 신체의 전부 또는 일부를 접촉·노출하는 행위로서 일반인의 성적 수치심이나 혐오감을 일으키는 행위, 라. 자위행위)를 하거나 그 밖의 성적 행위를 하는 내용을 표현하는 것으로서, 필름·비디오물·게임물 또는 컴퓨터나 그 밖의 통신매체를 통한 화상·영상 등의 형태로 된 것을 말한다. 이러한 청소년음란물을 제작, 배포, 소지 등의 경우에는 동법 제8조에서 처벌규정을 두고 있다.[9] 그런데 동법 제8조가 인터넷에서 배포한 경우에도 적용되는지는 의문이다. 소위 사이버음란물의 경우 형법 제184조가 적용될 수 없는 동일한 논거[10]가 이 경우에도 적용될 수 있기 때문이다. 따라서 인터넷에서의 음란물 유포의 경우 정보통신망법 제74조 제1항 제2호가 적용될 수 있을 것이다. 특히 제2호에는 배포의 행위유형을 규정하고 있기 때문이다.[11]

---

9) 청소년의 성보호를 위한 법률 제8조(청소년이용음란물의 제작·배포 등) ① 청소년이용음란물을 제작·수입 또는 수출한 자는 5년 이상의 유기징역에 처한다. ② 영리를 목적으로 청소년이용음란물을 판매·대여·배포하거나 이를 목적으로 소지·운반하거나 공연히 전시 또는 상영한 자는 7년 이하의 징역에 처한다. ③ 청소년이용음란물을 배포하거나 공연히 전시 또는 상영한 자는 3년 이하의 징역 또는 2천만 원 이하의 벌금에 처한다. ④ 청소년이용음란물을 소지한 자는 2천만 원 이하의 벌금에 처한다. ⑤ 청소년이용음란물을 제작할 것이라는 정황을 알면서 청소년을 청소년이용음란물의 제작자에게 알선한 자는 1년 이상 10년 이하의 징역에 처한다. ⑥ 제1항의 미수범은 처벌한다.

10) 이에 대해서는 박희영, 사이버음란물에 대한 형법적 대응방안: 전기통신기본법상 전기통신역무이용 음란물죄의 해석을 중심으로, 法學硏究 제42권 제1호(통권49호), 부산대학교 법학연구소, 2000.12, pp.249–286 참조.

11) 정보통신망법 제74조(벌칙) ① 다음 각 호의 어느 하나에 해당하는 자는 1년 이하의 징역 또는 1천만 원 이하의 벌금에 처한다.
2. 제44조의 7 제1항 제1호를 위반하여 음란한 부호·문언·음향·화상 또는 영상을 배포·판매·임대하거나 공공연하게 전시한 자

아동포르노를 컴퓨터모니터에 불러온 경우 '소지'의 개념

Besitz von Internet — Kinderpornografie

OLG Hamburg, Urteil vom 15.2.2010 — 2 — 27/09(REV)(AG Hamburg — Harburg)

Ⅰ. 판결요지

컴퓨터화면에서 볼 의도로 아동포르노 데이터를 인터넷에서 불러온 자는, 비록 이러한 데이터를 컴퓨터 하드드라이브나 다른 영구적인 데이터저장매체에 저장할 의사로 행위 하지 않았다 할지라도, 아동포르노 데이터의 소지를 기도(Unternehmen)[1]한 것으로서 형법 제184b조의 제4항[2]에 의해서 가벌적이다.

---

1) 독일 형법은 제11조 제1항 제6호에서 기도범(Unternehmensdelikte)을 규정하고 있다. 여기서 범죄의 기도란 범죄의 미수와 기수를 모두 포함하는 개념이다. 법률 규정에서 이러한 기도행위를 처벌하고 있는 경우에는 기수와 미수의 차이가 없게 된다. 따라서 기도범에서는 미수의 경우 적용되는 형벌의 감경가능성이 배제되고, 중지 미수의 불가벌 특권도 주어지지 않는다.

2) 형법 제184b조의 (아동포르노의 유포, 취득 및 소지) ④ 실제로 또는 실제와 유사하게 행위를 묘사하는 아동포르노의 소지를 기도한 자는 2년 이하의 징역 또는 벌금에 처한다. 제1문에서 언급한 문서를 점유한 자도 이와 같다.

Ⅱ. 사실관계

피고인은 2007년 3월 17일과 12월 21일 사이 16일 동안 아동포르노의 내용이 담긴 18개의 그림데이터와 하나의 동영상데이터를 인터넷에서 자신의 컴퓨터 화면으로 불러와서 열람했다. 이 데이터들은 적어도 4세에서 11세 사이의 아동들이 성적 행위에 참여하고 있는 그림 및 동영상들이었다. 피고인은 인터넷상에서 이러한 데이터를 의도적으로 검색했다. 해당 데이터들은 피고인이 사용하는 컴퓨터의 캐시저장장치에 자동으로 보관되었다. 그러나 피고인은 열람한 데이터를 수동으로 별도로 저장하지는 않았다. 또한 피고인은 어떠한 시점에서도 그러한 저장을 의도하지도 않았다.

이에 대하여 1심법원인 함부르크-하르부르크 지방법원지원(AG Hamburg-Harburg)은 의도적으로 인터넷을 검색하여 아동포르노 내용이 있는 인터넷사이트를 모니터상에서 보는 것은 형법 제184b조의 제4항의 아동포르노의 소지에 해당하지 않는다고 판단하였다. 왜냐하면 이를 인정하기 위해서는 결코 경미하지 아니할 기간 동안 사실상의 지배관계가 필요한데, 이 경우에는 그러한 점이 결여되어 있다고 보았기 때문이다. 캐시저장장치에 자동저장됨으로써 피고인은 아동포르노 데이터를 객관적으로 소지하였지만, 이에 상응하는 소지의 의사와 소지의 기도에 필요한 고의가 존재하지 않는다고 한다. 지방법원지원은 이러한 법적인 평가를 근거로 하여 피고인에게 무죄를 선고했다.

이에 대하여 검사는 지방법원지원의 무죄를 취소하고 동 지방법원의 다른 부로 사건을 환송해 줄 것을 이유로 하여 함부르크 고등법원에 비약상고(지방법원을 거치지 않고)를 제기하였다. 이에 대하여 함부르크 고등법원은 검사의 상고를 받아들여 파기 환송하였다.

Ⅲ. 판결이유

1. 원심법원의 절차법상 하자

지방법원지원의 증거평가 검토에는 다양한 관점에서 절차법상 하자가 존재한다. 검찰청의 상고는 허용되고(형사소송법 제335조 제1항, 제341조, 제344조, 제345조) 이유가 있다. 원심법원의 피고인에 대한 무죄판결은 절차법상 위반을 근거로 하고 있다. 그러한 위반은 피고인이 의도적으로 비디오 데이터를 저장했는지의 문제에 대한 평가, 인터넷 캐시의 존재 및 기능과 관련하여 주관적인 측면에 관한 증거의 평가 그리고 형법 제184b조 제4항 제1문에 의한 데이터에 대한 소지를 획득하기 위해 행한 기도의 구성요건표지하에 모니터에서 그림파일과 동영상파일을 열람한 것으로 확정한 포섭에 대한 평가에서 존재한다.

2. 형법 제184b조 제4항

의도적으로 (인터넷사이트를) 호출하여 그림데이터와 동영상데이터를 컴퓨터 모니터에서 열람한 것에 대한 사실심법원의 확정을 근거로 하면 - 지방법원지원의 견해와는 달리 - 18개 사례에서 형법 제

184b조 제4항의 구성요건은 객관적인 관점에서뿐만 아니라 주관적인 관점에서도 충족된다.

1) 데이터저장매체와 형법 제11조 제3항 문서

짧은 시간 동안 임시기억장소인 램에서 보기 위하여 피고인이 호출하여 이 램에 보관한 데이터는 데이터저장매체에 고정되어 있는 표현물이므로, 형법 제11조 제3항의 문서에 해당한다. 데이터저장매체(Datenspeicher)는, 예를 들어 임시기억장소인 램을 포함하여 CD-ROM, USB 스틱, 하드드라이브 그리고 정보처리장치(EDV)의 내부 저장매체와 같이, 전기적·전자적 그리고 그 밖의 데이터를 영구적으로 기록하게 하는 저장매체이다. 선례에 따르면 데이터저장매체-여기에는 램도 해당한다(vgl. BGHSt 47, 55, 58 [=MMR 2001, 676]; 다른 견해로는 Harms, NStZ 2003, 646, 649)-에 고정되어 있는 데이터들은 그 자체가 데이터저장매체에 해당하고 문서와 동일하다(vgl. Begr. des RegE zum IuKDG, BT-Drs. 13/7385, S.36; BGH NStZ 2005, 444 und 2007, 95; BGHR StGB § 184b Konkurrenzen 1; OLG Hamburg, StV 2009, 469; OLG Schleswig NStZ-RR 2007, 41; 다른 견해로는 Rudolphi/Stein, in: SK-StGB, § 11 Rdnr. 62).

2) 모니터의 화상과 소지의 개념

인터넷에서 데이터를 인식하여 호출하고, 이와 관련한 화상을 보기 위해서 램에 다운로드하여, -특히 일반적으로 의도한 대로 확대하여-모니터에서 화상을 봄으로써, 피고인은 형법 제184b조 제4항 제1문의 데이터에 대한 소지를 기도한 것이다.

a) 인터넷에서 데이터를 호출하는 경우 소지의 구성요건표지를 실현하기 위해 필요한 것이 무엇인가에 대해서는 판례와 문헌에서 다툼이 있다. 인터넷 이용자의 인식과 의욕이 호출과 관련하여 자동적으로 캐시에 저장되는 것을 포함하는 경우에는, 그 동안의 지배설에 의해서 소지의 기도가 적절하게 인정된다(vgl. BGH NStZ 2007, 95; OLG Hamburg StV 2009, 469). 그러나 본 사안의 경우 데이터를 더 이상 저장할 고의 없이 램에 다운로드하여 열람할 목적으로 단순히 호출한 사실관계가 확정되어 있어서 지금까지의 지배설은 이에 적용되지 않는다(구성요건의 충족을 긍정하는 것으로는: OLG Schleswig NStZ -RR 2007, 41; Laufhütte/Roggenbruck, in: LK-StGB, 12. Aufl., § 184b Rdnr. 8; Heinrich, NStZ 2005, 361, 364; Eckstein, ZStW 117, 107, 120; 다른 견해로는 Fischer, StGB, 57. Aufl., § 184b Rdnr. 21b; Lenckner/Perron/Eisele, in: Schönke/Schröder, StGB, 27. Aufl., § 184b Rdnr. 15; MüKo-StGB/Hörnle, § 184b Rdnr. 27; Wolters, in: SK-StGB, § 184b Rdnr. 13; Lackner/Kühl, StGB, 26. Aufl., § 184b Rdnr. 8; 형사부를 통해서 미해결로 둔 경우로는 NStZ-RR 1999, 329).

b) 인정된 형법의 해석방법들에 의하면 본 사안에서 다음과 같은 결과가 도출된다. 즉 컴퓨터이용자가 관련 데이터를 의식적이고 의욕적으로 인터넷으로부터 호출하고 이를 본인의 컴퓨터 램에 다운로드함으로써, 이미 이 데이터에 대한 소지를 기도한 것이다.

aa) '소지' 개념을 단지 열람할 목적으로 아동포르노 데이터를 검색하고 이를 일시적으로 램에 다운로드한 것으로 보는 해석은 문언의 한계를 벗어나지 않고, 형법에서 통용되는 특정성의 원칙과 이로부터 도출되는 유추금지원칙과도 모순되지 아니한다(Art. 103 Abs. 2 GG, §

1 StGB).

(1) 일상언어의 사용에 의하면 '소지'는 유체적인 재물의 전체에 대해서 처분권을 가지는 것을 말한다. 즉 소지를 특징짓는 표지는 처분권과 재물지배이다. 소지는 민법 제854조 제1항에 의해서 외부에서 인식될 수 있는 물건에 대한 사실상의 점유를 획득함으로써 취득된다. 재물지배의 존재는 모든 상황을 종합하여 평가한 것을 근거로 하여 거래상의 견해(Verkehrsauffassung)에 의해서 결정되고, 진행기간보다는 획득에 의해서 더 엄격하게 판단되어야 한다. 어느 정도의 기간 및 물건과의 관계의 지속성 그리고 물리적인 점유를 근거로 하여 언제든지 영향을 미칠 수 있는 어느 정도의 접근가능성이 필요하다.

(2) 그러나 소지의 가벌성을 규정하고 있는 다른 규정들과 체계적으로 비교해 보면, 소지는 언어사용에 있어서 민법상의 이해와 완전히 일치하지 않는다. 이러한 불일치는 특히 마약법(BtMG) 제29조 제1항 제1문 제3호의 마약의 소지에서 볼 수 있다. 이 형벌구성요건은 입법자의 의도에 의하면(1992년 7월 3일 아동포르노척결을 위한 형법변경법률의 정부초안, RegE eines StrafrechtsänderungsG – Kinderpornografie v. 3.7.1992, BT – Drs. 12/3001, S.5) 형법 제184조 제5항(현재 제184b조의 제4항)에 의한 '소지'와 '소지의 획득'의 구성요건들을 위해서 고려될 수 있다. (⋯) 마약법에서서 소지는 형법 제242조(절도)와 제246조(횡령)의 점유(Gewahrsam)로 이해되고 있다. 소지는 사실상의 점유, 사실상의 지배관계 그리고 물건에 대해서 방해를 받지 않고 영향력을 행사할 가능성을 획득할 소지의사, 사실상의 점유에 대한 인식, 사실상의 지배관계(vgl. BGHSt 30, 277, 279) 그리고 지배관계의 지속기간이 보다 적을 것 등을 요구한다.

(3) 민법 및 마약법상의 소지개념은 유체적인 객체에 관한 지배에 의해서 발전되어 왔다. 따라서 이 개념은 형법 제184b조와 제11조 제3항에 의해서 무체적인 데이터의 표현에도 소지와 관련한 대상이 될 수 있는가의 특수성을 완전히 충족하지 못한다. 여기서 특별한 소지개념이 필요하다. 이 특별한 소지개념은 핵심에 있어서는 일반적인 소지개념과 관련되어 있지만, 개별적인 개념표지는 무체적인 객체의 특수성 및 이것의 사용관계의 특수성과 조화를 이룬다. 이러한 견해는 최고법원 판례에서 인정되고 있다(BGH, Urteil vom 27.6.2001 - 1 StR 66/01(LG Würzburg), BGHSt 47, 55, 59 [=MMR 2001, 676]). 따라서 연방대법원은 인터넷에서 무형적 데이터 전송의 특수성으로부터 도출되는 특별한 유포개념을 발전시켰다. 따라서 규범적으로 형성된 소지개념은 형벌규정에서 서술된 구성요건표지의 문언에 의해서는 해결되지 않는다. 형법 제184b조는 (아동)포르노의 소지를 열거하고 있다. 동조 제1항은 형법 제11조 제3항을 문서의 개념으로 준용하고 있다. 형법 제11조 제3항은 문서를 특히 데이터저장매체(저장되어 있는 데이터를 포함하여, 이에 대해서는 b) aa) 참조)와 동일시하고 있다. 저장데이터는 유체화되지 않는다는 사실은 일반적으로 인정되고 있다. 명백한 관련성을 통해서 함께 엮이는 규정들의 전체상으로부터 시민에게 확실해지는 것은, 형법 제184b조 제4항의 소지는 유체화된 문서로 발전된 이해만으로는 정의되지 않고, 영역에 특유하고, 거래상의 견해를 통해서 충분히 구체화된 객관적 그리고 주관적 지배관계를 구체적으로 수정한다는 점이다.

(4) 이러한 기준에 의하면 본 사건의 사실관계에서도 소지 획득의 기도는 개념적으로 충족된다. 모니터상에서 열람할 목적으로 호출한

데이터를 의식적이고 의욕적으로 램에 다운로드함으로써 컴퓨터이용자는 고도로 데이터에 대한 지배를 획득하게 된 것이다. 왜냐하면 램에의 저장은 각 데이터를 더 이상 처리하기 위해 필요한 과정으로서 점차적으로 완전한 사용권을 열어 두기 때문이다. 이용자는 얼마나 오랫동안 사이트를 열람할 것인지, 개별적인 표현물을 확대할 것인지, 호출한 정보에 대해 아직 영구적이지 않은 지배를 저장하거나 출력함으로써 영구적으로 형성할 것인지 그리고 정보를 제삼자에게 전송하여 제공할 것인지를 독자적인 책임으로 결정한다(s. Eckstein, a.a.O.). 이에 대해서 문헌에서 제기된 견해들은, 데이터가 컴퓨터의 종료 후 더 이상 사용할 수 없기 때문에, 열람을 목적으로 램에 잠시 보관되는 것은 휘발적이고(Hörnle, a.a.O.) 필요한 지배의 영속성과 지속성이 결여되어 있다고 하지만, 이러한 견해들은 인터넷에 제공되어 호출되는 데이터들의 특수성을 소홀히 하고 있다. 호출되어 단순히 램에 저장되어 있는 데이터들에 대한 컴퓨터 이용자의 처분권은 다양한 관점에서 제한적이다. 그 처분권은 단지 비교적 짧은 기간 동안(존재할 것을) 목표로 하고 있고, 처음부터 최종적으로 장시간 목표로 하는 것이 아니라, 열람하는 시간 동안 제한된다. 이용자가 그 사이트를 떠나거나 다른 이유로 — 자의든 타의든 — 인터넷 사용을 종료하는 경우에 그 처분권은 종료되기 때문에, 그것은 더욱 확정적인 성질이 아니다. 그러나 데이터들이 유체적인 성질이 아니고 그리고 — 유체적 대상의 규범사례에 해당하는 것과 같이 — 동일한 시간에 다만 한 사람에 의해서 직접 소지될 수 있다는 데에 그 특수성이 존재한다. 오히려 데이터들은 호출된 경우에 인터넷 이용자들을 통해서 복제되고 제공자와 같이 동일한 범위에서 각 이용자와 열람자에 의해서 이용된다. 복제는 원본과 완전히 같다. 따라서 짧은 시간 다운로드라 하더라도 이용자는 제공자가 더 이상 방해할 수 없는 호출된 데이터에 대해 완전한 처분권을 갖게 된다. 이용자는 제공자가 데이터를 사용하듯이 제공자로부터 아무런 영향을 받지 않고 사용할 수 있다. (데이터를) 고정하기 이전에 두 번째의 부분행위, 즉 확실한 저장이 필요하다는 것은 램에 다운로드하여 충분히 확보된 지배관계의 수용에 대해서도 반대하지 않는다. 왜냐하면 두 번째 행위는 일반적으로 컴퓨터 이용자가 데이터를 확실히 저장하지 않으려고 결심한 경우에도 필요하기 때문이다. 즉 그런 다음 그는 이에 상응한 방법으로 관련 인터넷사이트를 떠나기 위해서 컴퓨터를 이용해야 한다. 얼마 동안 데이터가 램에 머무르도록 했는가는 그가 결정한다. 시간의 표지는 컴퓨터데이터의 호출과 그 이상의 처리에 독자적인 매체의 신속성과 관련하여 어차피 부수적이다. 결국 이용자를 위해서 데이터에 대한 영향력의 행사는 재물지배를 획득하기 위한 단순한 가능성이 존재하는 것이 아니라(그렇게 보는 견해는 Scheffler, in: FS Herzberg, 2008, S.627, 629), 재물지배 그 자체가 뒷받침되고 있는 방식으로 커지게 된다.

bb) 역사적 해석도 동일하게 소지 개념의 수정된 이해를 찬성한다. 1992년 7월 3일 아동포르노척결을 위한 형법변경법률의 입법이유서 (BT-Drs. 12/3001, S.1)에서 제시된 바와 같이 개정 전 형법 제184조의 변경이 도입되기까지 - 현행 형법 제184b조 전형 - 1992년과 1993년에 불가벌이었던 아동포르노의 소지 및 아동포르노의 소지 획득을 강력하게 투쟁하기 위해서 형벌로 위하하는 것이 목적이었다. 여기서 입법자는 새로운 비디오 시장을 통해서 발생하는 아동포르노 유포의 현실적인 문제를 염두에 두고 있었다(RegE, a.a.O., S.4). 형법 제184조

제5항을 도입함으로써 아동포르노의 소비자도 의도적으로 가벌성을 통해서 포섭하려고 했다. 왜냐하면 그들이 아동의 성적 남용에 기여하기 때문이다.

아동포르노가 단지 소비되고 있기 때문에, 이를 시장에 제공하고 이러한 목적을 위하여 아동을 남용하거나 남용하도록 하게 하는 유혹이 제조자와 유포자들에게 있다고 한다(RegE, a.a.O., S.5). 그 위험은 아동포르노에 대해서 일반적인 형벌로 위하되는 소지금지를 정당화한다. (당시) 새로운 매체인 비디오와 관련하여 무엇보다도 이것이 적용되었다고 한다. 왜냐하면, 모든 소지는 문제없이 아동포르노의 복제와 유포의 가능성을 가지고 있었기 때문이라고 한다(RegE, a.a.O., S. 6). 광범위한 입법절차에서 제기된 차이점들은 알려지지 않고 있는데, 그 당시의 입법이유는 한편으로 입법자가 아동포르노 시장을 척결하기 위해서 그 당시 그에게 알려진 각각의 소지의 형태들을 형벌로 위하하려고 했다는 것을 보여 준다. 이것은 또한 입법자가 복제 및 유포의 위험이 그 자체에 있었다는 그러한 매체의 소지를 특히 가벌적으로 부과하려고 했다는 것도 보여 준다. 여기서 중요한 행위의 가벌성을 위한 두 가지 견해가 찬성되고 있다. 설사 아동포르노 제조 시장이 오늘날 현대의 정보기술과 이로 인한 유포의 가능성 때문에, 입법자가 90년대 초에 관심을 가졌던 것과는 다른 구조를 가지고 있다 하더라도(이에 대해서는 Scheffler, a.a.O., S. 638 ff.). 입법자의 목적은 — 이미 그 당시 발전에 적응한 것이 보여 주듯이 — 당시의 기술적 사회적인 상태에 의해서 아동포르노를 광범위하게 형벌로 척결하려는 것이었다.

cc) 법률 규정의 객관적인 의미와 목적도 인터넷상에서 컴퓨터의 램에 있는 데이터의 단순한 열람을 소지를 획득하기 위한 가벌적인 기도로 평가하는 것에 대해서 찬성한다.

(1) 구매시장을 척결하기 위해서 형법 제184조 제5항 및 지금의 제184b조 제4항으로 아동포르노의 포괄적인 소지금지를 형벌로 위하하려는 입법자의 의도(RegE, a.a.O., S.6)는, 이러한 방식으로 아동포르노의 제조와 이와 관련된 아동의 성적 남용을 위한 유혹을 가지는 것을 상상할 수 있기 때문에, 많은 행위유형을 통해서 규정된 형법 제184b조 제1항 내지 제4항에서 다음과 같은 표현을 발견할 수 있다. 즉 그것은 형벌로 위하되는 법익보호의 전치화를 가능한 한 넓게 하는 구상을 말한다. 인터넷 이용자는 아동포르노 데이터를 호출함으로써 구매를 증가시키는 데 기여한다. 슐레스빅 고등법원(OLG Schleswig[a.a.O., S. 42 f.])은 그러한 점을 설득력 있게 설명하고 있다. 아동포르노 사이트의 제작자나 운영자에게 새로운 아동포르노를 제공하게 하는 유혹은 열람자가 소비자로서 해당 사이트를 저장하거나 저장하지 않는가는 무관하다고 한다. 아동포르노의 제작자나 유포자는 그들의 사이트가 호출됨으로써 수익을 올리고 있다고 한다. 호출의 빈도수에 따라서 그들의 수익이 측정된다고 한다. 사이트가 호출 후 곧바로 저장되는가는, 그들에게는 의미가 없다고 한다. 아마도 그들은 저장하는 소비자로부터는 더 이상 수익을 올리지 못한다고 한다. 왜냐하면, 이것은 아동포르노의 독자적인 보관(Vorrat)으로 귀속될 수 있는 것이 아니라, 그들이 아동포르노를 열람하려는 욕망을 가지는 한 즉시 항상 새로운 사이트를 호출해야만 하기 때문이다. 이러한 배경에서 오늘날 준산업화된 아동포르노의 대량생산의 관점에서 개별 구매자에게 단지 새로운 수요 창출을 위해서 의미부여가 비교적 적다는 점은 중요하지 않다(동일한 견해로는 Scheffler, a.a.O., S.639).

(2) 램에 다운로드하여 데이터를 열람하는 경우를 이미 구성요건에 해당하는 것으로 포섭하는 경우에는 우연히 아동포르노가 있는 인터넷 사이트에 접한 자도 부당하게 처벌될 수 있다는 견해는 고려되지 않는다. 왜냐하면 소지 획득 기도의 주관적인 행위 측면이 충족되지 않을 수 있기 때문이다. 구성요건을 넓게 이해하는 경우에 금지된 그림의 열람이 제한 없이 범죄적 불법으로 된다는 논증(Fischer, a.a.O., § 184b Rdnr. 21c)은 법정책적이다. 입법자의 객관적인 의지로부터 추론할 수 있는 형사처벌로 인하여 입법자에게 허용되어 있는 형벌위하의 적성과 필요성의 판단을 위한 여지 및 보호영역의 침해의 기대가능성, 즉 기본법 제2조 제1항의 기대가능성은, 특히 앞의 (1)에서 설명한 목적하에서 발생하는 것과 같이, 확실히 보장된다(zu den Maßstäben vgl. BVerfGE 120, 224, 239 ff.).

dd) 최고법원 판결에서 구체화된 형법 제184조 제3항 제1호(지금의 제184b조 제1항 제1호)에 의한 아동포르노 데이터 유포의 형벌구성요건과 체계적으로 비교하면, 발견된 해석의 결론이 증명된다. 데이터가 유체적으로 그것의 실체에 의해서 수신자에게 존재할 것(BGHSt 47, 55 [＝MMR 2001, 676])을 인터넷상에서의 데이터 유포가 덜 요구하는 한, 데이터의 소지는 인터넷 이용자에게 이의 유체적인 존재를 요구할 수 있다. 그렇다면 원본과 동일한 가치가 있는 복제의 존재는 결과적으로 소지를 위해서 충분하다.

c) 따라서 피고인은 사실심법원의 확정을 근거로 하여 이미 지방법원지원의 견해와는 달리 형법 제184b조 제4항에 의해 형벌구성요건을 객관적 그리고 주관적으로 충족한다.

Ⅳ. 평석

본 판결은 컴퓨터 하드드라이브에 저장할 의사 없이 인터넷상에서 아동포르노를 호출하여 열람한 피고인의 행위를 아동포르노 소지의 고의가 있다고 피고인을 유죄로 인정하고 있다. 이 판결은 그동안 많은 비판을 받고 있는 인터넷상에서의 '유포'의 개념에 대한 연방대법원의 판결(BGH, Urteil vom 27.6.2001 – 1 StR 66/01(LG Würzburg), = MMR 2001, 676)과 방향을 같이하고 있다. 게다가 본 판결로 2008년 11월 11일자의 형사부의 독자적인 평가(Beschluss vom 11.11.2008 – 1 – 53/08(REV) 1 Ss 180/08, OLG Hamburg StV 2009, 469)를 벗어나 있다. 그 당시 형사부는 대체로 문헌에서 대변되고 있는 견해를 옳다고 증명하였다. 형법 제184b조 제4항의 의미의 소지는 데이터가 이미 인터넷브라우저의 캐시에서 자동 저장됨으로써 객관적으로 존재하지만, 행위자가 이러한 저장을 인식하고 있었는지 그리고 행위자가 삭제를 통해서 그것을 다시 취소하지 않은 경우에 한해서 주관적으로 존재한다고 하였다. 본 결정에서 그러한 데이터가 인터넷상에서 의식적으로 호출되고 모니터에 나타나게 되는 경우에는 '소지 획득의 기도'는 이미 존재하여야 한다고 한다.

본 판결을 평가하기 위한 논증의 출발점은 형법 제11조 제3항이다. 이 규정은 1997년 이후 형법 제184조 이하의 문서를 데이터저장매체와 동일하다고 보고 있다. 형사부는 데이터 자체를 데이터저장매체와 동일한 것으로 봄으로써, 이러한 개념을 확실히 확대하고 있다. 형사부는 이러한 견해를 위해서 판례, 특히 연방대법원의 판결(BGH, Urteil vom 27.6.2001 – 1 StR 66/01(LG Würzburg))의 독자적인 견해를 인용하고 있다. 하지만 이러한 해석은 명백하게 규범의 문언에 모순된다. 데이터저장매체, 즉 유체적인 저장매체와 무체적인 정보 자체인 데이터 사이에는 상당한 차이가 있기 때문이다. 1997년 입법자는 데이터의 개념을 전적으로 인식하고 있었으므로, 데이터저장매체의 법률상의 표시를 법전편찬의 오류라고 할 수는 없다. 차이점은 또한 규범이 인터넷 시대에 있어서 과잉되거나 적용될 수 없게 되어서도 아니 된다 (vgl. Kudlich, JZ 2002, 311). 아동포르노의 유포는 오늘날에도 유체적인 저장매체의 소지의 변경을 통하여 아주 다양하게 일어나고 있다.[3]

인터넷사이트를 호출하여 아동포르노 데이터가 저장되어 있는 서버에의 저장모듈에 대해 소지를 획득하는 것은 불가능하다. 따라서 행위자가 형법 제184b조 제4항에 의해서 문서에 대한 소지의 획득을 기도했는지 그리고 언제 했는지의 문제는, 지금까지 문헌상의 지배설에 의하여 그렇게 대답되어서, 행위자는 최소한 그가 소지하고 있는 데이터저장매체에 다운로드한 다음, 데이터를 영구적으로 저장하려고 의도했어야 한다고 한다. 데이터저장매체 대신에 데이터에 대한 소지 획득 시점의 변화는 결론적으로 의도한 데이터의 호출과 이의 열람이 이미 소지획득을 위해서 충족된다고 한다. 따라서 형법 제184b조 제4항의 고의 시점이 동시에 변경된다. 이것은 형사부의 견해에 의하면 더 이상 데이터저장매체(데이터와 함께)에 관련되지 않고, 데이터 자체의 획득과 관련이 있게 된다. 이것은 법률문언과 비교하여 가벌성을 상당히 확대하고 있다. 따라서 형사부가 형법 제184b조의 관점에서만 심사하고 있는 기본법 제103조 제2항은 그러나 형법

---

3) Müller, Anmerkung zum OLG Hamburg, Urteil vom 15.2.2010 - 2 - 27/09, MMR 2010, S.345.

제11조 제3항의 관점에서는 결코 관련되어 있지 않다.

형사부가 유형적인 데이터저장 칩에 대한 소지를 다루는 경우에는, 짧은 시간의 재물지배도 포함하는 마약법상의 소지개념의 유추가 적용될 수 있을지 모른다. 하지만 형사부는 아주 명백하게도 구성요건의 해석을 통하여 인터넷상에서 데이터통신의 무체성을 정당하게 평가하려고 의도하였다.[4] 그 밖의 형사부의 설명은 당연한 결과로서 램에서의 소지와 관련되어 있는 것이 아니라, 오로지 데이터에 대한 지배와 관련되어 있다.

형사부는 자신들이 데이터의 무체적 성질을 정당하게 평가하지 않았다는 반대논증을 제시하고 있다. 하지만 입법자는 형법 제11조 제3항에서 데이터저장매체도 문서와 동일하다는 점에서 데이터의 무체성을 고려하고 있다. 따라서 데이터들이 데이터저장매체에서 사용될 수 있는 경우에 비로소 데이터들은 소지와 관련성이 있고 형법상 의미를 가진다. 입법자료들은 램도 형법 제11조 제3항에서 의미하는 데이터저장매체에 속하여야 한다는 점에 찬성하고 있다. 하지만 CD, 하드드라이버, USB 칩과 같은 저장매체와 램을 동일시하는 것은 근거에 대한 생각이 잘못되어 있다.[5] 앞의 매체들은 정보의 영구적 구체화를 포함하는 데 반하여, 램에 있는 데이터는 단지 지속적인 전기공급을 통하여, 즉 충전된 상태에서 무체적인 방법으로만 현출된다. 게다가 램은 유체적으로 변화되지 않는 상태에서 이미 이용되고 있는 컴퓨터시스템의 일부이므로 행위자는 이에 대한 소지를 결코 취득할 수 없다.[6]

---

4) 마약시장과의 차이점에 대해서는 다음 참조: Scheffler, in: FS Herzberg, S.638 ff.

5) Harms, NStZ 2003, S.649.

램에 있는 데이터 소지의 결정적인 문제에 대해서 아마도 Eckstein 이 모든 인용을 통하여 가장 상세하게 연구하였다.[7] 그는 데이터의 지배가 있기 때문에, 이미 충전되어 있는 경우 램에서 소지가 긍정될 수 있다고 한다.[8] 그러나 그의 견해에 의하더라도 일반법률에 따른 소지를 위해서 이것만으로는 부족하다고 한다. 데이터에의 지배 외에 램에 있는 물건의 지배도 있어야 한다고 한다.[9] 이것의 의미는, 즉 자신의 컴퓨터에서 아동포르노 데이터를 열람하는 것은 가벌적이지만, 예를 들어 이것이 인터넷카페에서 일어나는 경우에는 결론을 달리한다는 것이다.[10] 왜냐하면 형사부가 본 판결에서 소지와 관련이 있는 것으로 말한 데이터와 함께 행위방식들도, 행위자가 컴퓨터를 자신의 점유하에서 이용하고 있는지와는 전혀 관련이 없기 때문이다.

형법 제11조 제3항의 법률 규정이 당연히 의미하는 결론은, 재물지배와 함께 데이터지배로는 충분할 수 없고, 데이터지배는 저장매체에 대한 재물지배를 통해서 필요하다는 것이다. 설명을 위해서 유추의 예를 들어 보면, 모니터에 있는 포르노 화상을 사진으로 찍어서 복제할 수 있다는 것은, 아직 소지를 의미하지 않고, 디지털카메라의 액정(화면)에 보이는 것(임시저장)도 결코 소지를 의미하지 않고, 촬영하여 저장한 경우에야 비로소 카메라 및 저장매체에 대한 재물지배를 통해서 데이터지배를 획득한다.

---

6) Harms, a.a.O., S.648.

7) Eckstein, ZStW 117, S.119 ff.

8) Eckstein, a.a.O., S.120.

9) Eckstein, a.a.O., S.122.

10) Mintas, Anmerkung zum OLG Hamburg, Urteil vom 15.2.2010 - 2 - 27/09, NJW 2010, S.1893.

따라서 형법 제184b조 제4항의 소지(점유)는 여기의 대표적 견해에 의하면 데이터저장매체에 화체(고정)된 것에 대한 사실상의 물적 지배를 통하여 비로소 이전되어 있어야 한다. 그러나 이것은 다음의 경우에 비로소 해당한다. 즉 데이터가 휘발적인 램에 있는 것이 아니라, 이용자에 의해서 의식적으로 데이터저장매체에 저장되어 있고, 그 저장매체는 상시적인 전기 공급과는 관계없이 이용자가 컴퓨터의 현실적인 사용 이후에도 재물지배를 가지고 사용할 수 있는 경우에 비로소 이에 해당한다. 왜냐하면 그런 이후에 비로소 이용자는 데이터저장매체와 이를 통하여 동시에 이것의 내용과 함께 그것이 그에게 어떻게 머물러 있는가를 처리할 수 있다. 데이터저장매체 자체가 이미 이전부터 그의 소지하에 있었다고 하더라도 그는 재물지배를 통한 데이터지배를 취득하고 이로써 형법 제184b조 제4항 및 제11조 제3항에 상응하는 방식으로 소지하게 된다. 데이터에 대한 단순한 지배는, 형사부가 여기서 그것을 받아들인 바와 같이 형법 제11조 제3항에 의해서 충족되지 않는다.

형사부가 슐레스빅 고등법원(OLG Schleswig)의 판결을 인용하고 있는 범죄학적 논증도 설득력이 없다. 아동포르노 제작의 가벌성과 형사소추를 통하여 그 시장을 척결하고[11] 그리하여 아동에 대한 징래의 성적 남용의 범행을 위한 유혹을 줄이기 위한 것이 입법자의 명확한 목적이다. 하지만 아동포르노 제작의 이윤은 (오로지 또는 주로) 비용 없는 인터넷에서 높은 클릭 수로부터 얻어질 수 있다는 생각은 현실성이 떨어진다.[12]

---

11) 이에 대해 비판적인 것으로는 F. – C. Schroeder, ZRP 1990. 299 f.; Scheffler, a.a.O., S.639; 귀속의 문제에 대해서는 Hörnle, in: FS – Schroeder, S.493 f.

그 외에도 형사부는 해석의 실제적 그리고 법적인 결과들을 완전히 고려하지 않고 있다. 지금까지 (의식적으로) 소지의 지배적인 견해는 일반적인 증거상황과도 일치할 수 없고, 그러한 점에서 실무는 보다 상대적으로 명확한 경계 짓기를 가능하게 함에 반하여, 형사부의 해석으로 많은 이용자들이 부당한 혐의를 받을 수 있다. 한편 다른 사람에게 링크를 발송하는 것은 아주 쉽게 가능하고, 다른 한편, 가령 허용되는 성인용 포르노가 있는 웹사이트를 검색한 이용자는, 그들이 아무런 관심을 가지지 않는 아동포르노 사이트로 연결되는 링크를 클릭할 수도 있다. 하지만 이러한 것은 형사부의 견해에 의하더라도 처벌받지 않는다.

따라서 이러한 문제점들 때문에 단순히 모니터에 호출하여 열람하는 행위는 형법 제184b조 구성요건으로 포섭되기 어려우므로 이것을 형벌로 위하해야 한다면 입법으로 해결할 것을 제안하는 견해도 있다.[13]

이와 관련하여 고려해 볼 수 있는 우리나라의 규정은 우선 음화소지죄를 규정하고 있는 형법 제244조이다. 하지만 우리 대법원은 디지털화된 음란물은 이 규정의 음란물에 해당하지 않는다[14]고 하고 있으므로, 이 규정의 적용은 어렵다. 다음은 이러한 디지털 음란물을 전제로 규정하고 있는 정보통신망법 제74조 제1항 제2호를 생각해 볼 수 있으나, 이 규정은 음란물 '소지'를 구성요건요소로 두지 않고, 배포, 판매, 임대 공연전시만 규정하고 있어서 역시 적용이 어렵다. 마지

---

12) 참조: Scheffler, a.a.O., S.640.

13) Mintas, a.a.O., S.1893.

14) 대판 1999.2.24. 98도3140. 이에 대해서는 박희영, 사이버 음란물 유포행위와 형사책임, 법학연구 통권 제51호(2002.12), 부산대학교 법학연구소, p.140 참조; 박희영, 사이버음란물에 대한 형법적 대응 방안: 전기통신기본법상 전기통신역무이용 음란물죄의 해석을 중심으로, 法學硏究 통권 제49호(2000.12), 부산대학교 법학연구소, pp.259－265 참조.

막으로 청소년의 성보호에 관한 법률 제8조 제2항의 영리목적의 청소년이용음란물의 판매·대여·배포를 목적으로 한 소지와 동조 제4항 청소년이용음란물의 소지가 고려될 수 있다. 여기서 '청소년이용음란물'이란 청소년이 등장하여 제4호의 어느 하나에 해당하는 행위를 하거나 그 밖의 성적 행위를 하는 내용을 표현하는 것으로서, 필름·비디오물·게임물 또는 컴퓨터나 그 밖의 통신매체를 통한 화상·영상 등의 형태로 된 것을 말한다. 제4호에 해당하는 행위는 가. 성교 행위, 나. 구강·항문 등 신체의 일부나 도구를 이용한 유사 성교 행위, 다. 신체의 전부 또는 일부를 접촉·노출하는 행위로서 일반인의 성적 수치심이나 혐오감을 일으키는 행위, 라. 자위행위 등이다. 그런데 이 규정의 소지 개념에 램에서 다만 보기만 하는 경우에도 포섭되는지는 알 수 없다. 이에 대한 문헌상의 논의나 판례도 발견되지 않는다. 해석의 문제인지 입법의 문제인지에 대한 구체적인 논의가 필요하다고 본다.

인터넷 폐쇄이용자그룹 외에서의 단순 음란물 제공 금지의 위헌 여부

Verbot von Verbreitung einfach pornografischer Darbietungen im Internet an Minderjährige

BVerfG, Beschluss vom 24.9.2009-1 BvR 1231/04

I. 결정요지

1. 인터넷 폐쇄이용자 외부에서 단순 인터넷 음란물을 법률상 금지한 것이 비례성의 원칙과 법률특정성의 원칙에 위반되는가를 비난하는 헌법소원은 위반의 가망이 없기 때문에 연방헌법재판소는 헌법재판소법 제93b조 및 제93a조에 의해서 당해 헌법소원을 본인판결로 수용할 수 없음을 전원일치로 결정한다.

2. 자유로이 접근 가능한 인터넷상의 수많은 음란 제공물과 관련하여 소원제기자가 소원대상인 법률상의 성인인증의무를 경우에 따라서 이러한 표현물의 부정적인 영향으로부터 미성년자를 보호하기에 이미 부적합한 것으로 간주한다면, 다음에 유의하여야 한다. 이것이 규정을 통해서 최소한 촉진되는 경우에 한해서 연방헌법재판소는 일관된 판례에서 그에 의해 추구되는 목적 달성

을 위한 법률의 적성을 이미 허용한다는 것이다. 그러나 헌법소원들로부터는 이 점이 여기서는 그러한 경우가 아니어야 하는지가 추론되지 아니한다. 오히려 분명한 점은 - 특히 독일어를 구사하는 미성년자들만을 위해서 - 오로지 성인들의 접근만을 확보하도록 한 법률상의 규정을 통해서 인터넷상의 음란물 이용을 경감시키려는 것이다.

Ⅱ. 사건개요

헌법재판소는 세 가지 헌법소원을 병합하여 다루고 있다. 첫 번째 헌법소원 1 BvR 1231/04는 2004년 4월 26일 베를린 고등법원의 판결[1]과 이의 원심법원판결인 2003년 9월 15일 베를린 지방법원의 판결[2] 그리고 2003년 6월 25일의 티어가르텐 지원의 판결[3]을 직접 그 대상으로 하고 있고, 간접적으로는 청소년보호미디어주간협약(Jugendschutzmedienstaatsvertrag: JMStV) 제4조 제2항 제1문 제1호와 제2문 그리고 제24조 제1항 제2호와 제3항을 대상으로 하고 있다.

베를린 고등법원은 음란 표현물이 있는 인터넷사이트는 미성년자들의 접근으로부터 효과적으로 차단되어야 하며, 이용자가 임의의 독일 신분증명서의 아이디번호 입력만으로 차단을 해제할 수 있는 시스템은 청소년보호에 효과적이지 않다고 결정한 바 있다. 이러한 사

---

1) Das Urteil des Kammergerichts vom 26. April 2004 - (5) 1 Ss 436/03(4/04) - .
2) Das Urteil des Landgerichts Berlin vom 15. September 2003 - (571) 75 Js 46/02 Ns(134/03) - .
3) Das Urteil des Amtsgerichts Tiergarten vom 25. Juni 2003 - 286 Cs 756/02 - .

이트 운영자가 효과적인 보호조치를 고의적으로 포기했다면, 그는 형법 제184조에 의한 단순 음란물의 유포로 가벌적이라고 했다. 이로 인하여 피고인은 청소년보호미디어주간협약(JMStV) 제4조 제2항 제1문 제1호, 제2문에 의한 그 밖의 방법으로 음란 제공물의 접근을 과실로 위반하여 2,000유로의 과태료 처분을 받았다.

한편 청소년보호미디어주간협약 제4조(허용되지 않는 제공물) 제2항 제1문 제1호는 제공물이 그 밖의 방법(제4조 제1항: 제1항은 제1호 내지 제11호에 해당하는 허용되지 아니하는 제공물을 열거하고 있다)에 의한 음란물인 경우에는 형사책임과 관계없이 허용되지 않는다고 규정하고 있고, 문단 2에서는 제1문과는 달리 텔레미디어 제공물이 성인들에게만 접근되도록 확보되어 있는 경우(소위 폐쇄이용자그룹)에는 허용된다고 규정하고 있다. 그리고 질서위반행위를 규정한 협약 제24조는 제1항 제2호에서 "고의 또는 과실로 제4조 제2항 제1문 제1호과 제2문을 위반하여 그 밖의 방법으로 음란 제공물을 유포하거나 접근 가능하도록 한 자는 질서위반행위를 한 것"이며, 제3항에서 이러한 질서위반행위는 500,000유로 범칙금에 처할 수 있도록 규정하고 있다.

두 번째 소원 1 BvR 710/05는 형법 제184d조(개정 전 제184c조)를 대상으로 하고 있다. 형법 제184조는 방송, 미디어 또는 텔레서비스를 통해서 음란 포현물을 유포한 자를 형법 제184조 내지 제184c조에 의해서 처벌하고 있다. 다만 음란 표현물이 18세 미만의 자에게 접근될 수 없도록 기술적 또는 그 밖의 보호장치가 확보되어 있는 경우 제1문은 제184조 제1항의 사례들에서 미디어 또는 텔레서비스를 통한 유포의 경우에는 적용되지 아니한다는 예외규정을 두고 있다. 제184조 제1항은 제1호 내지 제9호에서 열거한 소위 단순 음란물(형법 제

11조 제3항)을 유포한 경우 1년 이하의 자유형에 처하도록 하고 있다.

세 번째 소원 1 BvR 1184/08은 직접적으로 2007년 10월 18일 연방대법원 판결[4]과 이의 원심판결인 2005년 5월 24일 뒤셀도르프 고등법원 판결,[5] 그리고 간접적으로 청소년보호미디어주간계약 제4조 제2항 제1문과 제2문을 대상으로 하고 있다.

연방대법원판결에 의하면 경쟁법 관할인 민사 제1부는 개인신분증또는 여권의 번호 입력만으로 인터넷상의 음란물 제공에 접근할 수있도록 한 경우에는 청소년보호법상의 요구조건을 충족하지 못한다고 판결하고 있다. 이 외에 은행계좌가 필요하고 우편번호가 추가로질문된다고 하더라도 그러한 시스템은 법률상의 요건을 충족하지 못한다고 하고 있다.

Ⅲ. 결정이유

이 헌법소원들은 인터넷상에서 소위 '단순' 음란 상연물을 미성년자에게 유포하는 행위의 금지와 관련되어 있다. 헌법소원 1 BvR 1184/08의 제기자(그녀의 회사대표는 헌법소원 1 BvR 710/05의 소원제기자이다)는 특히 성인인증시스템(AVS)을 운영하고 있다. 이 소원제기자는 헌법소원 1 BvR 1231/04에서 그가 인터넷상에서 제공하는음란 상연물에 대한 접근을 통제하기 위해서 이 시스템을 설치하였었다. 이 헌법소원은 헌법소원 1 BvR 710/05 에서 개정 전 형법 제

---

4) Das Urteil des Bundesgerichtshofs vom 18. Oktober 2007 - 1 ZR 102/05 -.
5) Das Urteil des Oberlandesgerichts Düsseldorf vom 24. Mai 2005 - I - 20 U 143/04 -.

184c조(현행 형법 제184d조)의 규정에 대해서 직접 문의하고 있음에 대하여, 다른 두 헌법소원 1 BvR 1231/04와 1 BvR 1184/08은 전문법원(헌법재판소를 제외한 법원)의 견해에 의해서 불충분한 것으로 결정된 성인인증시스템의 사용이나 경제적 이용으로 인한 형사절차와 경쟁법절차에서의 소원제기자의 유죄판결을 근거로 하고 있다[1].

소원제기자들은 일치된 견해로 특히 폐쇄이용자그룹 외에서의 인터넷상 음란물 제공의 법적 금지는 비례성의 원칙과 특정성의 원칙에 반한다고 비난하고 있다[2].

이에 대하여 헌법소원들은 헌법재판소법 제93a조 제2항에 의해서 수용의 근거가 없기 때문에 본안판결로 받아들일 수 없다고 연방헌법재판소는 결정하고 있다[3].

헌법소원들에는 기본적으로 헌법상의 의미가 부여되지 않는다. 헌법소원들은 아무런 기대를 할 수 없기 때문에 소원제기자의 현재의 권리 수행을 위해서도 수용되지 않는다. 왜냐하면 헌법소원들은 헌법재판소법 제23조 제1항 제2문이 요구하고 있는 근거를 전체적으로 충족하지 않기 때문이다[4].

소원제기자들이 자유로이 이용할 수 있는 인터넷상의 수많은 음란물 제공과 관련하여 소원대상인 법률에서 규정하고 있는 성인인증의무를 경우에 따라서는 이러한 표현물의 부정적인 영향으로부터 미성년자를 보호하기에는 적합하지 아니한 것으로 간주하는 한, 다음의 사실에 유의해야 한다. 헌법재판소는 일관된 판례에서 그에 의해서 추구되는 목적을 달성하기 위해서, 이것이 최소한 규정을 통해서 촉진되는 경우에는(참조: BVerfGE 90, 145<172>; 110, 141<164>), 법률의 적성을 이미 긍정하고 있다는 것이다. 그러나 왜 이 경우에 이것이 그 사례에 해당하지 아니하는가 하는 점은 이 헌법소원들로부터는 추론될 수 없다. 오히려 분명한 점은 인터넷상에서의 음란 제공물의 이용은 – 특히 독일어를 구사할 수 있는 미성년자들을 위해서만 – 오로지 성인들만의 접근을 법률로 규정하여 확보함으로써 최소한 감소될 수 있다는 데에 있다[5].

헌법소원들이 단순 음란물은 기본적으로 청소년에게 유해한 것으로 간주될 수 있다고 하는 사실에 의심을 하고 있고, 그리하여 음란물 제공의 접근제한에 대한 대상 규정의 필요성에 대해서 이의를 제기하고 있는 한, 헌법소원들은 학문적으로 불분명한 상황에서 미디어의 청소년유해적인 효과의 관점에서 입법자에게 평가의 특권이 부여되어 있다는 것을 부정하지 않는다(vgl. BVerfGE 83, 130<140 ff.>). 오히려 헌법소원들은 이러한 특권의 요건들이 탈락한다고 주장하고 있다. 왜냐하면 (그들이) 인용한 헌법재판소 부의 결정 이후 음란물이 미성년자에게 미치는 영향에 대한 연구상황들이 상당히 변화되어서, 오늘날 음란물의 상연이 청소년에게 미치는 위험은 가능하지 않을 수도 있고, 입법자 스스로 그에 대한 상세한 설명을 고려하지 아니하고 불명확한 연구상황을 근거로 내세워서는 아니 되기 때문이라고 한다. 그럼에도 불구하고 이러한 주장은 충분히 실증(實證)적으로 그 근거를 제시하지 못하고 있다[6].

헌법소원들 중 그 어느 것에서도 추론되지 않는 것은, 미성년자가 음란물에 접촉하는 경우 그 효과가 유해한가 하는 문제는 입법자의 측면에서 아직 최종적으로 해명되지 아니한 것으로 간주되는데, 그 동안 이러한 문제의 평가를 관할하는 전문적 학문영역(특히 미디어학, 그 밖에 미디어효과연구, 발달심리 및 사회심리학, 교육학, 범죄학)에서 확보된 인식수준(상태)을 통하여 이 문제에 대한 명확한 대답을 얻을 수 있는가 하는 점이다[7].

입법자가 연구 상황의 해명에 충분히 더 노력하지 않았다는 항변(이의)은 근거제시의 요구를 충분히 충족시키지 못하고 있다. 헌법소원들이 출발점에서 불확실한 사실을 토대로 하고 있는 규정들 때문에 입법자의 감시의무에 대한 연방헌법재판소의 판결을 근거로 삼을 수는 있다(vgl. BVerfGE 110, 141<157 f.>). 하지만 그들의 주장은 사실상의 관점에서 충분하지 아니하다. 소원제기자들은 입법자의 직무유기 주장을 충분히 실증해 내지 못하고 있다. 즉 인용하고 있는 1990년 부의 결정(vgl. BVerfGE 83, 130) 이후 수행된 관련 입법절차와 이의 준비과정의 설명에는 문제가 있다. 소원제기자들은 그들의 진술에서 특히 독일 연방의회가 「2003년 12월 27일 성적 자기결정권에 관한 범죄에 대한 규정의 변경과 그 밖의 규정의 변경을 위한 법률」의 입법준비과정에서(이를 통해서 구법 제184c조(현행 제184d조)의 규정이 형법전에 삽입되었는데) 단순 음란물이 미성년자에게 미치는 유해성의 문제를 새롭게 다루었는가 또는 얼마나 다루었는가에 대해서는 고려하지 않고 있다. 그 외에도 헌법소원들은 독일연방의회가 1995년 특히 인터넷에서의 청소년보호의 문제를 다룬 '경제아 공동체에 있어서 미디어의 미래 - 정보화사회에 있어서 독일의 길 -'이란 전문연구위원회를 설치한 것도 전혀 설명하지 않았다(vgl. BTDrucks 13/11004)[8].

또한 헌법소원들은 기본법 제103조 제2항의 죄형법정주의(법률특정성의원칙)의 침해도 비난하고 있는데, 그 어느 것도 이를 설득력 있게 설명하지 않고 있다. 연방헌법재판소는 여기서도 문제가 되고 있는 음란물의 개념을 구성요건표지로서 포함하고 있던 (형벌로 위하한)

금지규정들을 이미 여러 번 다루어 왔으며, 이러한 규정들은 충분히 특정되어 있는 것으로 인정되고 있다(참조: BVerfGE 47, 109<120 ff.>; 83, 130<145>; BVerfG, Beschluss des Ersten Senats vom 12. August 1977 – 1 BvR 237/76 –, NJW 1977, S.48; Beschluss des Vorprüfungsausschusses des Zweiten Senats vom 8. April 1982 – 2 BvR 1339/81 –, NJW 1982, S.1512). 헌법재판소에 의해서 이미 결정된 그러한 문제를 헌법재판소에서 다시 심사하는 일은, 헌법재판소가 받아들이고 있는 확정에 대해서 다른 결정을 정당화할 수 있는 법적으로 중요한 새로운 사실이 있는 경우에 한한다(vgl. BVerfGK 3, 270<271 f.> m.w.N.). (그러나) 이것은 이 경우에 명백하지 아니하다. 헌법소원들은 인용한 헌법재판소의 판례들을 상세하게 다루고 있지 않으며, 판례에서 고려하고 있는 것이 여기서 문제 되고 있는 내용과 관련성이 있지 않다는 것도, 변화된 상황이 그 당시 발견된 결과의 유지에 모순된다는 것도 보여 주지 아니하고 있다[9].

그 밖의 근거에 대해서는 헌법재판소법 제93조 제1항 제3문에 의해서 배제된다[10].

IV. 평석

연방헌법재판소는 2009년 9월 24일 결정으로 인터넷상에서 미성년자에게 단순 음란물의 유포행위를 여전히 금지하는 것으로 판단하고 있다. 독일 형법은 우리와는 달리 금지되는 음란물을 단순 음란물(소프트코어)과 악성음란물(하드코어)로 구분하고 있다. 전자의 경우에는 미성년자와 원하지 않는 성인에게 유포하는 것은 금지하지만, 일반성인에게 유포하는 것은 허용하고 있음에 반하여, 후자의 경우는 성인에게도 절대적으로 금지하고 있다. 독일 형법은 이에 해당하는 것으로서 아동포르노(제184b조, 14세 미만), 청소년포르노(제184c조, 14세에서 18세에 해당하는 청소년), 폭력 음란물 및 동물과의 성행위 관련 음란물(제184a조)을 각각 규율하고 있다. 그리고 제184d조에서 이러한 음란물을 방송이나 텔레미디어에서 유포하는 것을 금지하고 있다. 다만, 텔레서비스와 미디어서비스(2007년 텔레미디어법(TMG)에 의해서 텔레미디어란 용어로 개념 정리되었음)의 경우 18세 미만의 청소년이 접근할 수 없도록 보안장치를 한 경우에는 일반성인에게 단순 음란물의 제공을 허용하고 있다.

형법 제184조 이하와 제184d조는 구별해야 할 필요가 있다. 제184조 이하는 문서(Schriften)를 행위객체로 하고 있으므로 통신망에서의 전송의 경우 형법상 흠결이 있게 된다. 예를 들어 문서전달의 경우 송신자와 수신자만 존재하지만, 통신망에서의 전송의 경우에는 중간 저장이라는 게 있게 된다. 이러한 저장은 제184조 이하로는 포섭되지 아니한다. 이러한 예로는 특히 실시간 전송(웹캠을 이용한 경우)을 들 수 있다. 따라서 제184d조는 제184조 이하의 문서를 실시간 제공하는 것과 동일한 것이 되고 – 문서가 존재하지 아니하는 경우에도 – 규범의 적용가능성을 제공한다. 그러한 점에서 이것은 최소한 적용범위와 관련하여 제184조 이하의 규정들을 실시간으로 제공하여 전용할 수 있게 해 준다. 제184d조는 단지 실시간 제공(Darbietung)만을 포섭한다. 왜냐하면 사전에 녹화된 것은 제184d조가 아니라 제184조 이하에 의해서 포섭되기 때문이다. 따라서 VOD 절차에서의 전송이나 보안을 이유로 몇 초간 시간지체가 있게 되는 생방송도 본 조에 포섭되지 아니한다. 이러한 차이점은 우리 형법 제243조와 정보통신망법 제74조 제1항 제2호의 것과 유사하다.

헌법재판소는 단순 음란물이 청소년에게 과연 해로운가에 대한 헌법소원제기자들의 문제제기를 받아들이지 않았다. 즉 헌법재판소는 현재의 관련 학문영역의 연구상황을 인용하면서 단순 음란물은 여전히 청소년에게 유해하다고 판단하고 있다. 그렇기 때문에 인터넷상에서 음란물을 제공하는 자는 청소년들이 이에 접근하는 것을 방지하기 위해서 충분한 조치를 취할 것을 요구하고 있다. 즉 성인인증시스템과 같은 조치가 필요하고 성인인증을 통과하는 데에도 충분한 조치가 필요하다고 보고 있는 것이다.

단순 음란물이 청소년에게 과연 해로운가 하는 문제에 대해서 쉽게 해답이 내려지지 않는다. 아무런 해가 없다는 견해에서부터 절대적으로 해롭다는 종교적 관점까지 그 견해의 스펙트럼은 다양하다. 인터넷의 보급으로 20년 전의 상황과는 비교가 안 될 정도로 인터넷상에 음란물이 유포되어 있다. 우리나라의 경우에도 에로틱 수준을 넘는 단순 음란물은 인터넷 유료사이트에서 얼마든지 접할 수 있다. 과거의 기준으로 지금의 상황을 재단한다면 거기에는 문제가 있을 수 있을 것이다. 앞으로도 이런 상황은 계속될 것이다.

하지만 성인들에게도 단순 음란물의 유포를 금지하고 있는 우리 형법이나 정보통신법상의 규정은 문제가 있어 보인다. 이것은 과잉입법으로 보인다. 단순 음란물을 보고 즐기는 것은 성인들의 자기결정에 맡기는 것이 타당하다고 본다. 여기에까지 국가형벌권이 개입하는 것은 시민의 자유를 중대하게 침해하는 것으로 보이기 때문이다. 따라서 단순 음란물과 악성음란물을 분리 규정하여 단순 음란물의 경우에는 성인에게 허용하는 것이 타당하다고 본다.

우리에게 주는 또 다른 시사점은 청소년보호를 위한 과실범 처벌에 있다. 2002년 독일 입법자는 에어푸르트 김나지움에서의 총기난사 사건을 계기로 청소년보호를 위한 법률을 개정하였다. 즉 새로운 미디어의 출현으로부터 청소년을 보호하기 위하여 연방 차원에서 청소년보호법(JuSchG)을 개정하였고, 주 사이에는 청소년보호미디어협약을 체결하였다(JMStV). 두 규범은 적용범위에서 차이가 난다. 즉 전자는 이동매체에 적용되고, 후자는 인터넷과 같은 새로운 매체에 적용된다. 청소년보호미디어협약(JMStV) 제23조에서 형벌규정을 두고 있는데, 여기에는 과실행위도 처벌하고 있다. 이 규정은 독일 형법 제184조 이하의 규정에도 없는 것이다. 이 규정은 우리의 해당 관련 형벌규범에서도 찾아보기 힘들다. 음란물이 청소년보호에 유해한 것이 자명하다면 이러한 규정을 두는 것도 바람직해 보인다.

인터넷포럼 운영자의 제3자 링크에 대한 형사책임

Strafrechtliche Verantwortlichkeit eines Forenbetreibers
für die Veröffentlichung von Fremdlinks

BVerfG, Beschluss vom 8.4.2009 – 2 BvR 945/08

I. 결정요지

1. 기본법 제13조 제1항의 주거의 불가침 기본권에 대한 침해의 중요성은 수색의 요건으로써 모호한 근거와 단순한 추측을 넘어서 충분한 혐의가 있을 것을 그 근거로 요구한다. 수색을 위해서 실제로 명백한 근거들이 충분히 존재하지 않는 경우에는 이러한 요구를 침해하는 것이 된다.

2. 하이퍼링크를 통해서 저작권으로 보호되는 저작물에 접근이 가능한지 또는 인터넷포럼 운영자가 해당 링크를 스스로 설정했거나 이의 차단을 고의로 방치했는지가 설명되지 아니한 경우에는, 비록 그 하이퍼링크가 이를 통해서 저작권법을 위반하여 유포되는 다른 제공자의 저작물에 접근된다는 것을 암시하고 있다 할지라도, 공중이 접근 가능한 인터넷포럼에서 하이퍼링크가 설정되어 있다는 것을 스

크린 샷에서 증명하는 것만으로는 수색명령이 내려질 수 없다. 그리고 하이퍼링크의 경우 텔레미디어법(TMG)상의 면책규정이 형사책임에도 적용되는가에 대해서는 아직 해결되어 있지 않다.

3. 모호한 근거와 단순한 추측의 경계영역에서 작용하는 혐의의 근거와 구체적 사실관계에서 가벌적 행위가 명확히 인정되지 않는 혐의의 근거는 범죄혐의를 증명하거나 제거하기 위해서 기본권을 보호하는 수사절차가 미리 취해지지 않는 경우에는, 주거수색을 정당화할 수 없다.

Ⅱ. 사실관계 및 사건의 전개과정

헌법소원제기자는 인터넷포럼 운영자이다. 그 포럼에서는 등록된 이용자가 글을 올리고 이용자들 사이에 토론도 가능하다. 2007년 8월 이 포럼 운영자를 상대로 고소장이 경찰에 제출되었다. 그 고소장에는 소원제기자가 운영하고 있는 인터넷포럼에서 저작권으로 보호되는 영화, 음악, 프로그램 데이터가 불법으로 다운로드 될 수 있도록 제공되어 있다고 기재되어 있다. 고소인은 경찰의 문의에 대해서 일곱 개의 스크린 샷을 제공했다. 그 스크린 샷에는 2007년 5월 4일과 25일에서 2007년 8월 9일 사이에 주로 터어키로어로 작성된 토론글과 r.com이라는 회사의 인터넷사이트로 설정된 링크가 포함되어 있었다. 그 링크는 필름 또는 프로그램 데이터(즉 D., S., S., T., P.)가 각각 업로드 될 수 있음을 암시하고 있었다.

R 회사는 S에 소재지를 두고 있으며, 인터넷상에서 저장공간을 제

공하고 있다. 인터넷 이용자는 R 회사가 제공한 자신의 저장공간에서 자동으로 진행되는 과정을 거쳐 간단히 데이터를 업로드할 수 있다. 이용자가 선별한 데이터가 R이 제공한 저장공간에 저장되면, R은 이용자에게 데이터의 주소(즉 URL)를 링크의 방식으로 알려 주고, 이용자는 거기서 업로드된 데이터를 불러올 수 있다. 이용자는 이 링크를 제삼자에게 알리고 업로드된 데이터에의 접근이 가능하도록 제삼자에게 알릴 수 있다.

아욱스부르크 지방법원지원은 2007년 12월 17일 형사소송법 제102조(범죄혐의자에 대한 수색)[1]에 의해서 소원제기자의 주거, 사무실 및 자동차의 수색명령을 결정했다.(AG Augsburg, Beschlüsse vom 17. Dezember 2007-1 Gs 3211/07) 이 수색의 목적은 저작권으로 보호되는 저작물을 권한 없이 복제하거나 유포에 이용되는 개인용 컴퓨터나 노트북을 발견하거나 권한 없이 저작권으로 보호되는 저작물을 저장하고 있는 전자적 저장매체를 발견하는 데 있다. 소원제기자는 저작권법상 보호되는 저작물의 불법사용으로 처벌된다고 한다. 2007년 5월 4일에서 8월 9일 사이에 소원제기자는 그의 컴퓨터에 저작권으로 보호되는 컴퓨터게임 T를 그의 인터넷포럼에 있는 수많은 인터넷 이용자들에게 다운로드를 받게 할 권한이 없으면서 이를 다운로드받을 수 있도록 하였다고 한다.

2008년 1월 25일 소원제기자의 주거 수색 시에 두 대의 컴퓨터가 확보되었다. 소원제기자의 변호인은 2008년 1월 31일자 서류를 2008

---

1) 형사소송법 제102조(범죄혐의자에 대한 수색) 범죄의 정범 또는 공범이나 증거인멸, 범인은닉 또는 장물 취득의 혐의를 받는 자에 대하여 그를 체포할 목적으로 또는 증거방법의 발견이 추정되는 경우 주거와 기타 공간 및 그 신체와 물건에 대한 수색을 할 수 있다.

년 3월 11일자 서면을 통하여 보충하고, 수색결정과 이에 따른 수색이 위법하다는 것을 확인해 줄 것을 신청하였다. 링크가 저작권으로 보호되는 저작물에 연결되어 있는 아무런 근거가 없다고 한다. 경찰은 상세하게 수사를 하지 않았고, 고소인의 모호한 정보를 검토 없이 신뢰했다고 한다. 하여튼 소원제기자는 그가 저작권으로 보호되는 데이터에 스스로 링크를 설정하지 않았고 단지 당해 인터넷포럼의 운영자일 뿐이기 때문에 형사책임은 배제된다고 한다. 임의의 이용자들이 포럼에 등록하고 토론할 수 있다고 한다. 이용자 누구나 새로운 테마를 개설하거나(Thread) 기존의 테마에 대해 글을 게재할 가능성이 있다고 한다. 소원제기자가 운영하는 인터넷포럼은 현재 등록된 6,000명의 이용자가 있고, 이들은 수천 개의 주제별 테마(Threads)에서 토론을 하고 있다고 한다. 어떤 경우에는 수백 개의 새로운 토론글이 포럼에 게시된다고 한다. 소원제기자에 대하여 수색이 행해지기 전까지 자칭 포럼에 설정되어 있는 링크에 대해서 그는 전혀 인식하지 못하고 있었다고 한다. 문제가 되고 있는 데이터는 또한 소원제기자의 서버에 저장되어 있지 않았다고 한다. 오히려 문제가 되는 것은 R 회사의 서버에 링크가 설정되어 있다는 사실이라고 한다.

2008년 4월 7일 아욱스부르크 지법은 소원제기자의 수색결정에 대한 항고에 대하여 불복 결정의 근거와 관련하여 이유가 없는 것으로 기각 결정을 내렸다.(LG Augsburg, Beschlüsse vom 7. April 2008-7 Qs 132/08) 저작권법 제106조 및 제109조2)에 의한 범죄의 초기혐의는 기

---

2) 저작권법 제106조(저작물의 권한 없는 사용) ① 법률상 허용되는 사례와는 달리 권리자의 승낙 없이 저작물 또는 저작물의 가공물이나 변형물을 복제, 유포 또는 공연히 제공한 자는 3년 이하의 자유형 또는 벌금에 처한다. ② 미수는 처벌한다. 저작권법 제109조(고소) 제106조 내지 제108조 그리고 제108b조의 사례의 경우 형사소추기관이 특별한 공익을 이유로 직권에 의해서 형사소추를 하는 경우를 제외하고

록에 의하면 존재한다고 한다. 왜냐하면 피의자 자신의 인터넷사이트에 저작권으로 보호되는 저작물에 링크가 설정되어 있는 경우 오로지 독자적인 링크가 문제 될 수 있고 타인의 링크가 문제 되는 사례의 경우 이것이 피의자 자신의 사이트에서 그의 인식하에 설정될 수 있기 때문이라고 한다. 저작권으로 보호되는 저작물이 문제 되고 있는지 그리고 소원제기자가 인식을 하였는지는, 곧바로 수색결정을 통해서 해명되었어야 한다고 한다.

검찰은 2008년 6월 2일 형사소송법 제170조 제2항[3])에 의하여 수사절차정지처분을 내렸다.

이에 대하여 소원제기자는 기본법 제13조의 기본권 침해를 주장한다. 소원대상인 법원의 결정들은 주거의 불가침 기본권의 적용범위를 기본적으로 부정하고 있다고 한다. 고소인이 제출한 스크린 샷은 범죄혐의로서는 애매한 근거이기 때문에 더 이상 제시되어서는 아니 된다고 한다. 수사기관은 스크린 샷에 복사된 글들을 인터넷포럼에서 조사하지 않았고 심지어 거기에 표시되어 있는 자칭 저작권으로 보호되고 있는 데이터에의 링크도 심사하지 않았다고 한다. 광범위하게 터키어로 작성된 토론글의 번역을 위해서 번역자에게 조언을 구하는 것도 아직 한번도 고려되지 않았다고 한다. 스크린 샷은 저작권법을 침해한 증거로서 제시되지 않는다고 한다. R 회사 인터넷사이트에의 링크 설정 자체는 (그러한) 내용이 거기에 있는지 그리고 경우에 따라

는 고소에 의해서만 그 범죄는 소추된다.

3) 형사소송법 제170조(소의 제기와 절차의 정지) ① 수사결과 공소제기를 위한 충분한 근거가 밝혀진 경우 검사는 관할법원에 공소장을 제출함으로써 공소를 제기한다. ② 그렇지 않으면 검사는 절차를 중지한다. 피의자에 대한 신문이 있었거나 피의자에게 구속영장이 발부된 경우 검사는 절차의 정지를 그에게 고지하며, 피의자가 결정통지를 요청하였거나 고지에 따른 특별한 이익의 존재가 명백한 경우에도 동일하다.

서는 어떠한 내용이 거기에 있는지에 대해 어떠한 것도 의미하지 않는다고 한다. 이미 R 회사의 인터넷사이트에의 링크설정을 근거로 소원제기자가 포럼의 운영자로서 아마도 링크로부터 파악되는 내용들을 그의 컴퓨터에 어떠한 경우에도 제공하지 않았다는 사실이 명백하게 되었다고 한다. 포럼에서 주장되고 있는 글들의 심사와 같이 다른 수사원칙들이 우선적으로 수행되었어야 한다고 한다.

이 헌법소원에 대하여 바이에른 주 사법 및 소비자보호 장관은 그의 입장표명에서 이 헌법소원은 아무런 근거가 없다는 견해를 밝히고 있다.

Ⅲ. 결정이유

본 헌법소원제기는 소원제기자의 기본권 관철을 위해서 예정되어 있기 때문에 결정을 위해서 수용된다(§93a Abs. 2 Buchstabe b BVerfGG). 이 결정을 위해서 지정재판부(Kammer)가 소집되었다. 중요한 헌법상의 문제들이 연방헌법재판소를 통해서 이미 결정되어 있고 헌법소원이 허용되고 명백한 근거를 가지고 있기 때문이다(§93c Abs. 1 BVerfGG). 소원대상인 법원의 결정들은 소원제기자의 기본권 제13조 제1항 및 제2항[4]의 기본권을 침해한다[12].

---

4) 기본법 제13조(주거의 불가침) ① 주거는 불가침이다. ② 수색은 법관에 의해서만 명하여지며 자체의 우려가 있는 경우 법률에 규정된 다른 기관에 의해서도 명하여질 수 있다. 수색은 법률에 규정된 형식으로만 행해질 수 있다.

1. 주거 불가침 기본권의 의의

기본법 제13조는 주거의 불가침을 보장하고 있다. 이로써 개인에게는 기본적인 생활공간이 보장되어 있다. 개인은 그 공간에서 아무런 침해를 받지 않고 지낼 권리가 있다. 기본적으로 수색은 보호되는 이러한 생활공간을 침해한다(참조: BVerfGE 59, 95, 97; 96, 27, 40). 기본권 침해의 중요성은 기본법 제13조 제2항이 수색명령을 기본적으로 법관에 유보하고 있다는 점과 상응한다. 이러한 법관유보는 독립적이고 중립적인 심급을 통하여 그러한 조치의 예방적 통제를 목적으로 하고 있다(참조: BVerfGE 20, 162, 223; 103, 142, 150 f.). 동시에 수색의 범위를 표기하고 상소법원을 통하여 통제가 가능할 수 있게 구체적으로 형성되고 공식화된 예방 명령의 문의가 필요하다(참조: BVerfGE 42, 212, 220 f.; 103, 142, 151 f.). 침해의 중요성은 수색의 요건으로서 애매한 근거와 단순한 추측을 넘어서 충분한 혐의의 근거를 요구한다. 이러한 요구에 대한 침해는 객관적으로 충분히 명백한 수색의 근거들이 존재하지 않는 경우에 있게 된다(참조: BVerfGE 44, 353, 371 f.; 59, 95, 97)[13].

비례성의 원칙에 의해 특별히 정당화가 필요한 것은 기본법으로 보호되는 당사자의 사생활영역의 중대한 침해에 상응한다. 수색은 명령에서 추구되는 목적의 관점에서 결과가 기대되어야 한다. 나아가서 이러한 강제처분은 비난받는 행위의 수사와 소추를 위해서 필요해야 한다. (하지만) 다른 덜 결정적인 수단이 이용되는 경우에는 다르다. 끝으로 침해는 범죄의 중대성 및 혐의의 강도와 적절한 관계에 있어야 한다(참조: BverfGE 96, 44, 51)[14].

2. 주거 불가침 기본권의 침해 여부

(그러나) 소원대상인 아웃스부르크 지원의 결정은 이러한 헌법상의 요구를 정당화하지 못하고, 또한 지법의 결정은 이러한 결함을 제거하지도 못했다[15].

침해를 위한 요건이 되고, 구체적인 근거에서 기원하는 저작권법 제106조 및 제109조에 의한 범죄의 혐의가 수용될 수 있는가에는 상당한 의심이 있다[16].

소원제기자에게 제기된 혐의의 근거들이 단순한 추측과 애매한 근거를 넘어서 충분하다는 점은 소원대상 결정으로부터 추론되지 않는다. 그러한 단순한 추측과 애매한 근거로는 어떠한 경우에도 주거수색을 정당화할 수 없다. 지원과 지법은 절차의 대상인 링크가 사실상 저작권으로 보호되는 영화 또는 프로그램이 저장되어 있는 인터넷주소를 알려 주고 있다는 사실에 대한 구체적인 근거를 제시하지 않고 있다. 고소인이 제출한－그리고 그들의 진정성 관점에서 심사되지 아니한－스크린 샷은 그러한 점에서 충분하지 아니하다. 왜냐하면 스크린 샷으로부터 알 수 있는 것은 링크가 설정되어 있다는 사실뿐이기 때문이다. 또한 지원이 T로 명명된 그림에서 범죄혐의를 상당히 뒷받침하고 있지만, 사실 그것으로부터는 표시된 인터넷주소에 동일한 이름을 가진 저작권으로 보호되는 영화가 저장되어 있었는지에 대해서 단순한 추측을 넘어서는 어떠한 암시도 추론되지 않는다. 이와 관련하여 수색결정에서－지법으로부터 아무런 이의 없이－명백하게 영화의 광고가 문제 되고 있음을 알 수 있었음에도 불구하고 어떻게 그 그림이 컴퓨터게임을 가리키는 것으로 추론되었는지를 이해할 수 없다[17].

소원대상 결정은 또한 소원제기자가 형법상 중요한 방법으로 절차의 대상인 링크의 설정에 대해 책임이 있다는 구체적인 근거를 제시하지 않고 있다. 소원제기자가 구체적인 경우에 텔레미디어법 제8조 내지 제10조의 책임면제 규정을 적용받을 수 있는지 불확실하다. 왜냐하면 이 면책규정은 지배설에 따르면 링크의 경우에는 적용되지 않는다고 하기 때문이다(참조: Hoffmann, in: Spindler/Schuster, (Hrsg.), Recht der elektronischen Medien. Kommentar, 2008, Vorb. §§ 7 ff. TMG Rn. 34 ff. m. w. N.). 그러나 어쨌든 소원제기자가 저작권으로 보호되는 영화 또는 프로그램을 R 회사가 제공하고 있는 저장공간에 업로드하고 그가 운영하고 있는 인터넷포럼에서 여러 이용자의 명의를 사용하여 거기에 설정되어 있는 링크를 널리 알렸다는 혐의는 소원제기자가 인터넷포럼의 운영자였다는 사실만으로는 도출되지 않는다. (그런데) 링크는 토론글에 포함되어 있기 때문에, 포럼의 모든 잠재적 이용자들은 추측 가능한 행위자로서 고려되었다. 어떠한 근거에서 소원제기자가 포럼의 수많은 이용자 중 한 사람으로서 링크를 공개적으로 접근 가능하게 하였는지는 소원대상 결정에서는 미미한 정도로도 설명되어 있지 않다[18].

소원제기사가 포럼에 설정되어 있는 제삼자의 타인링크를 인지하고 있었다는 사실을 고려하고 있다면, 형법상 어떠한 범죄참가형태로 그리고 어떠한 사실상의 근거로부터 이에 해당하는 범죄혐의가 도출될 수 있는지가 설명되지 않고 있다. 제삼자에 의한 링크 설정 사례에서 소원제기자의 보증의무(형법 제13조)와 텔레미디어법(TMG) 제7조 이하의 효력이 설명되었어야 했다는 점을 제외하더라도, 저작권법 제106조와 제109조의 구성요건 충족을 위해서 필요한 소원제기자의 고의행위를 나타내는 어떠한 구체적인 상황을 제시하지 못하고 있다. 소원제기자가 절차의 대상인 링크를 인식하고 있었는지 심지어 이를 용인하고 있었는지가 구체적인 상황들로부터 나타나고 있는지에 대해서 최소한 설명되었어야 했다. 예를 들어 그러한 상황으로서는 저작권으로 보호되는 저작물에 설정된 링크의 빈도수(매일 게시되는 글의 수 또는 포럼의 적극적 이용자 수와 관련하여) 또는 저작권자와 합의가 이루어졌는지 등이 고려되어야 한다[19].

하여튼 소원대상인 결정들은 주거수색에 있어서 요구되는 비례성의 원칙을 충족하지 못하고 있다. 왜냐하면 혐의의 근거는 모호한 근거 또는 단순한 추측의 경계영역 내에서 머무르고 있고 구체적인 사실관계는 가벌적인 행위를 명백하게 인정할 수 없게 하였기 때문에, 범죄의 수사 및 소추의 국가 이익은 기본법으로 보호되는 소원제기자의 사생활에 대한 중대한 침해를 정당화할 수 없다. 아마도 경미한 범죄행위를 증명하거나 제거하기 위해서 소원제기자의 기본권을 중대하게 침해하는 수색 명령이 있기 이전에 기본권을 조심하게 다루는 다른 수사절차가 선행되었어야 했다. 우선 수사기관은 고소인이 제기한 스크린 샷이 진실한 것이었는지 그리고 링크가 저작권으로 보호되는 저작물을 실제로 알리고 있는지 등을 심사할 수 있었다. 따라서 소원대상 결정에서는 인터넷포럼에 글을 게시한 사람의 신원에 대한 수사의 시도가 우선적 조치로서 고려되지 않았었다는 점에 대한 아무런 설명을 발견할 수 없다. 끝으로, 인터넷포럼에서 그 포럼의 크기와 거기에 매일 게시되는 토론글의 수와 관련하여 저작권법상 이론의 여지가 있는 링크가 그 전체 숫자에 포함되어 있는지, 즉 소원제기자가 아마도 스스로 형사책임을 질 근거가 되는 숫자에 포함되어 있는지가 심사될 수 있었다[20].

고려된 조치들이 아마도 완전한 사실관계를 즉시 해명하지 못했다는 사실은 여기에 주어져 있는 상황하에서는 가장 중대한 침해를 직접 수용한 사실을 정당화하지 못한다. 기본권 보호조치들을 수용하는 경우에 증거상황의 악화가 우려될 수 있음을 인정할 수 없다[21].

지법은 헌법위반을 계속하고 있다. 지법은 소원제기자의 상세한 항고제기에 관심을 보이지 않았다. 따라서 법원은 소원제기자에게 헌법에서 허용하는 수색의 정당성을 설명하지 않았다[22].

따라서 소원대상인 결정들은 연방헌법재판소법 제95조 제2항 제1문에 의해서 파기되어 당해사건을 지법으로 환송한다[23].

Ⅳ. 평석

본 헌법소원은 제삼자가 자신이 운영하는 인터넷포럼에 설정한 링크에 대하여 형사책임을 지는가에 대한 것이다. 수사기관인 경찰이 고소인의 주장만을 신뢰하여 피의자에게 수색명령을 법원에 신청하고 이에 대하여 법원은 경찰의 신청이유를 받아들여 수색명령을 결정했다. 이에 대하여 피의자는 항고를 하였으나 항고법원에서 이를 받아들이지 아니하고 기각하였다. 피의자는 이러한 법원의 결정에 대하여 헌법소원을 제기하였다. 헌법재판소의 결정에 따르면 이러한 법원의 결정은 기본법 제12조의 주거 불가침 기본권을 침해한 것으로 보았다. 헌법재판소가 제시하고 있는 기본권 침해의 근거들은 타당하다고 보인다. 즉 경찰의 부실한 수사와 이를 바탕으로 한 법원의 결정에는 기본권 침해의 이유가 충분하게 존재하기 때문이다.

독일법의 경우 인터넷포럼 운영자의 형사책임을 검토하기 위해서 우선 포럼 운영자의 법적 지위를 살펴보아야 한다. 이와 관련한 법률은 일반적인 ISP(인터넷서비스제공자)의 책임을 규정하고 있는 텔레미디어법(TMG)[5]이다. 이 점은 서비스제공자의 면책규정을 일반법이 아닌 저작권법에 두고 있는 우리의 법제와 다르다. 인터넷포럼 운영자가 이 법률에 의하여 책임을 면제받으려면 ISP에 해당해야 한다. 그런데 본 헌법소원과 관련한 법원의 결정들에서는 이에 대한 설명이 언급되어 있지 않다. 만일 인터넷포럼 운영자가 책임감경이나 면책규정에도 해당하지 않게 되면 일반법률에 따라 책임을 지게 되므로(텔레미디어법 제7조) 형법 제13조에 의한 부작위범의 일반이론에 의해서 형사책임이 검토되어야 할 것이다. 그런데 헌법소원의 대상인 법원의 수색결정에서 문제가 되는 것은 제삼자의 링크설정에 대한 소원제기자의 형사책임이다. 현재 독일의 지배설에 의하면 링크의 경우에는 텔레미디어법의 적용을 부정하고 있으므로 텔레미디어법의 ISP 면책규정은 소원제기자에게 적용되기 어렵다고 보인다.

이 사건이 우리에게 주는 시사점은 인터넷포럼 운영자나 링크 제공자가 ISP에 해당하는가 그렇다면 책임규정이 어떻게 적용되는가이다. 우리 저작권법의 경우 ISP와 관련한 규정이 있지만, 다른 사안의 경우에는 명확한 규정이 없으므로 ISP의 책임에 관한 일반규정을 입법하는 것이 바람직해 보인다. 물론 정보통신망법에서 불법정보나 청

---

5) 이 법률은 2007년 3월 1일부터 발효되었는데, 여기에 규정된 ISP의 책임관련 규정은 이전의 텔레서비스법(TDG)에 규정된 것과 동일한 내용이다. TDG상의 ISP의 책임과 관련한 내용으로는 박희영, 인터넷서비스제공자의 형사책임에 관한연구: 독일의 개정 전자적 정보통신서비스법(TDG)을 중심으로, 인터넷법률, 통권 제22호(2004.3), pp.109 - 143 참조.

소년유해정보 등의 경우 ISP에게 삭제나 차단조치의 의무를 부과하고, 이의 위반 시 형사처벌하거나 타인의 권리침해정보가 있는 경우에는 이를 임시차단하는 규정을 두고 있다. 하지만 이러한 규정이 인터넷포럼 운영자나 링크 제공자에게 적용될 수 있는지는 의문이다.

그리고 형사소송법상의 수색규정을 비교해 보면, 우리의 경우 수사상 강제처분의 하나인 수색은 '범죄수사에 필요한 때'라고 명시하고 있다(형사소송법 제215조 제1항과 제2항). 즉 수색의 필요성이란 수색의 대상과 범죄사실과의 관련성 및 수색대상이 존재할 개연성이 있음을 의미한다. 이에 반하여 독일의 경우 "범죄의 정범 또는 공범이나 증거인멸, 범인은닉 또는 장물취득의 혐의를 받는 자에 대하여 그를 체포할 목적으로 또는 증거방법의 발견이 추정되는 경우 주거와 기타 공간 및 그 신체와 물건에 대한 수색을 할 수 있다"고 규정하고 있다. 즉 독일의 경우 정범 또는 공범의 체포를 위해서, 증거인멸, 범인은닉 또는 장물취득의 혐의를 받는 자의 체포를 위해서 그리고 이들 범죄 증거방법의 발견이 추정되는 경우에 수색이 가능하다. 본 사건은 증거방법의 발견이 추정되는 경우에 해당하여 수색명령이 내려졌다. 하지만 연방헌법재판소는 주거수색의 경우 범죄혐의의 모호한 근거나 난순한 추정만으로는 수색이 가능하지 않다고 보고 있다. 우리의 수색 필요성과 비교하여 보면, 독일의 규정이 훨씬 구체적이고 제한적임을 알 수 있다. 이러한 점은 압수·수색영장이 남용되고 있는 우리의 형사실무에 시사하는 바가 크다고 보인다.

형법 제202c조 해커규정의 기본권 침해 여부

Keine Grundrechtsverletzung durch Hacker -

Paragraph(§ 202c StGB)

BVerfG, Beschluss vom 18.5.2009 - 2 BvR 2233/07

I. 결정요지

1. 이중사용툴(Dual Use Tools)은 형법 제202c조 제1항 제2호의 적합한 행위객체가 아니며 그 목적 또한 형법 제202a조(데이터 탐지) 또는 제202b조(데이터 취득)의 범행을 위한 컴퓨터프로그램도 아니다.

2. 형법 제202c조 제1항 제2호의 적합한 행위객체는 오히려 중대한 범죄에 사용할 의도로 고안되고 변형(수정)되어 있는 프로그램을 말하며, 여기에는 고안자의 이러한 의도가 객관적으로 나타나 있어야 한다.

3. 보안기업이 컴퓨터시스템의 사용권자의 양해하에 대상시스템을 테스트한다면, 구성요건표지인 무권한 행위는 탈락된다. 이러한 점에서 객관적 목적이 컴퓨터범죄를 범하는 데에 있는 악성프로그램도 기본적으로 취득되거나 교부될 수 있다. 또한 가령 의심

이 있는 인터넷포럼에서 프로그램을 구한 경우에 있어서와 같이 동일한 소스를 사용하는 다른 이용자가 순수한 의도를 따르지 않는다는 혐의가 있는 경우에도 이것은 가능하다. 따라서 이 헌법소원은 받아들일 수 없다.

Ⅱ. 사실관계

이 헌법소원은 형법 제202c조 제1항, 특히 제1항 제2호(데이터 탐지 및 취득의 예비)의 가벌성이 기본법과 일치하는가의 문제를 다루고 있다(즉 법률에 대한 헌법소원).

형법 제202조c는 2007년 8월 7일 컴퓨터범죄에 대응하기 위한 제41차 형법개정법률 제1조 제3호에 의해서 개정되어 2007년 8월 11일부터 발효되었다.[1] 이 개정법률에 의하여 형법상 컴퓨터 범죄 관련 규정인 제202a조,[2] 제202b조,[3] 제303a조, 제303b조[4] 등이 도입되거나 개정되었다.[5]

---

1) 이에 대해서는 박희영, 사이버범죄방지조약의 형사절차법 규정의 평가와 현행 형사절차법 관련 규정의 개정방향, 법무부, 인터넷법률 통권 제46호(2009.4), pp.156-202 참조.

2) 형법 제202a조 데이터 탐지죄 ① 권한 없이 행위자에게 특정되어 있지 아니하고 부당한 접근에 대하여 특별히 보안이 되어 있는 데이터에 접근보호조치를 침해하여 접근하거나 다른 사람으로 하여금 접근하게 한 자는 3년 이하의 징역 또는 벌금형에 처한다. ② 제1항의 데이터는 전기적, 자기적 또는 그 밖에 직접 인식할 수 없도록 저장되거나 중개되는 것을 말한다.

3) 형법 제202b조(데이터 불법 취득) 비공개 데이터 전송으로부터 또는 데이터 처리장치에서 방출되는 전자파로부터 행위자에게 특정되지 아니한 데이터(제202a조 제2항)를 기술적 수단을 사용하여 권한 없이 취득하거나 다른 사람으로 하여금 취득하게 한 자는 그 행위가 다른 규정에 의하여 중한 형벌로 처벌되지 아니하는 한, 2년 이하의 자유형 또는 벌금형에 처한다.

4) 형법 제303b조(컴퓨터 사보타지) ① 다음 각 호의 행위로써 다른 사람에게 현저히 중요한 데이터 처리에 중대한 장애를 일으킨 자는 3년 이하의 자유형 또는 벌금형에 처한다. 1. 제303a조 제1항의 범죄행위 2. 타인에게 손해를 줄 의도로 데이터(제202a조 제2항)를 입력하거나 전달하는 행위 3. 데이터처리장치 또는 데이터저장매체를 파괴, 손괴, 사용불능, 소거 또는 변작하는 행위

형법전에 새로 도입된 형법 제202c조는 데이터 탐지 및 취득죄의 예비행위를 규정하고 있다. 제1항에서는 "다음 각 호의 1에 해당하는 것을 제작하거나, 취득하거나 타인으로 하여금 취득하게 하거나, 판매하거나, 타인에게 양도하거나, 유포 또는 그 밖에 접근이 가능하도록 함으로써, 제202a조(데이터의 탐지)와 제202b조(데이터의 취득)에 의한 범죄행위를 예비한 자는 1년 이하의 자유형 또는 벌금형에 처한다"고 규정하고 있고, 각 호에 해당하는 것으로는 데이터의 접근(제202a조 제2항)을 가능하게 하는 패스워드(비밀번호) 또는 그 밖의 보안코드(제1호), 그러한 범죄를 행할 목적을 가진 컴퓨터 프로그램(제2호) 등을 규정하고 있다. 제2항에서는 제149조 제2항과 제3항을 준용하도록 하고 있다. 제149조는 통화 및 우표, 인지 등 위조의 예비를 규정하고 있다.

이 규정에 대하여 세 개의 헌법소원이 제기되었다. 소원제기자 F는 독일 V 회사의 대표였다. 이 회사는 정보통신기술의 보안분야의 서비스를 제공하고 있다. 업무의 운영과 관련하여 V 회사는 특히 소위 침입테스트를 수행하고 있다. 이 경우 접근시도의 시뮬레이션을 통하여 정보처리장치의 안전성검사가 문제된다. V 회사 직원들은 공격자의 입장에 서서 대상시스템의 안전상 결함을 찾기 위해서 그 시스템(선형적인 예는 기업의 네트워크)에 침입을 시도한다. 따라서 V 회사의 활동 대상은 특히 대상시스템이 얼마나 해커의 공격에 취약한가를 확인하는 것이다. 테스트 종료 후에 보고서가 작성된다. V 회사는 대상시스템에서 안전상 취약점이 발견된 경우에는 이 시스템의 소유자

---

5) 이에 대한 자세한 소개는 박희영, 독일의 컴퓨터 범죄 방지에 관한 개정형법의 분석 및 평가, 법무부, 인터넷법률, 통권 제40호(2007.10), pp.75-100 참조.

에게 대응조치를 할 수 있게 하여 시스템보안을 개선하도록 하게 한다. 이 경우 V 회사는 오로지 정보처리장치의 운영자의 위임과 양해하에서 테스트를 하게 된다. V 회사는 침입테스트를 실현하기 위해서 많은 정보처리프로그램을 투입한다. 대상시스템에서 이 프로그램의 설치가 가능한 영역이 항상 명백하게 정해져 있지는 않다. 경우에 따라서는 컴퓨터시스템의 정당한 이용자 내지는 관리자로부터 규정에 맞는 점검 및 관리뿐만 아니라 권한자의 의사에 따라서 또는 의사에 반하게 취약점의 탐지를 목적으로 사용될 수 있는 분석도구(즉 이중사용툴)가 문제 된다. 또한 일부 프로그램들의 출처는 인터넷상의 익명 해커 포럼이다. 이 프로그램들의 원제작자의 의도에 의하면 이들 프로그램들은 정보처리시스템에의 불법적인 침입을 목적으로 고안되었다는 점을 추측하게 한다(소위 malware 또는 악성소프트웨어).

소원제기자 F는 형법 제202c조가 기본법 제12조 제1항(직업의 자유)을 침해하고 있다고 주장하고 있다.

소원제기자 W는 베를린 기술전문대학교의 정보 및 미디어분야 대학교수이다. 그의 정보분야 강의는 그의 서비스제공의무에 속한다. 이 강의와 관련하여 특히 소위 보안분석도구의 이용권한의 부여가 문제이다. 이 분석도구는 시스템 테스트를 통하여 정보기술시스템의 취약점을 찾아내서 이 취약점에 대한 보안평가를 수행하는 소프트웨어프로그램이다. 실제의 연습과 관련하여 소원제기자는 학생들에게 이에 해당하는 프로그램이 담긴 저장매체를 전달하거나 학생들에게 그의 홈페이지에서 다운로드받을 수 있는 가능성을 제공하였다. 홈페이지에서는 제삼자도 소원제기자의 통제 없이 이를 취득할 수 있었다. 소원제기자는 형법 제202a조와 함께 형법 제202c조 제1항 제2호에 대해 헌법소원을 제기하였고 기본법 제12조 제1항, 제5조 제3항 (학문연구 및 교수의 자유), 제2조 제1항(일반적 인격권)의 침해를 주장하고 있다.

소원제기자 K는 컴퓨터시스템인 리눅스를 이용하고 있다. 그는 인터넷에 무료로 확보할 수 있는 프로그램인 소위 리눅스 배포버전을 컴퓨터 시스템에 설치하고 있다. 리눅스 배포버전은 리눅스 이용자들에 의해서 세계적으로 발전되었고 운영시스템을 개선하기 위해서 누구나 사용할 수 있다. 소원제기자 W 교수도 언급하고 있는 앤맵(nmap, 포트 스캔 유틸리티)툴은 소원제기자 K가 이용하고 있는 응용프로그램에 해당한다. 소원제기자 K에 의하면 이 프로그램 및 그가 이용하고 있는 다른 프로그램은 형법 제202a조를 침해하여 타인의 컴퓨터시스템에 침입하는 데 이용되고 있다는 점을 근거로 삼고 있다. 그는 헌법소원에서 일반적인 행위의 자유(기본법 제2조 제1항)와 형법상의 특정성의 원칙(기본법 제103조 제2항)의 침해를 주장하고 있다. 그는 이미 nmap과 같은 리눅스 배포버전의 설치로 인하여 이미 형법 제202c조 제1항 제2호에 의해서 처벌될 수 있다고 우려하고 있다.

하지만 연방헌법재판소는 다음과 같은 이유로 이 헌법소원을 받아들이지 않았다. 아래에서 그 결정이유를 살펴본다.

Ⅲ. 결정이유

이 헌법소원들은 받아들여지지 않는다[52]. 헌법재판소법 제93a조 제2항의 인용요건이 충족되지 않기 때문이다. 이 헌법소원에는 기본적으로 헌법상의 의미가 없을 뿐 아니라, 헌법재판소법 제90조 제1항이 언급하고 있는 권리의 수행을 위한 인용도 예고되어 있지 않다(vgl. BVerfGE 90, 22<24 ff.>; 96, 245<248 ff.>). 또한 소원대상 규정에 대한 소원제기자의 직접적인 당사자성의 부족으로 헌법소원은 허용되지 않는다[53].

연방헌법재판소의 일관된 판례에 따르면 법률에 대한 헌법소원의 허용 여부는 소원제기자가 기본권 침해규범을 통해서 자신이 현재 직접 관련되어 있어야 함을 요건으로 한다(vgl. nur BVerfGE 1, 97<101 ff.>). 헌법재판소에 의하면 법률로부터 직접 제기되는 소원은 특히 다음의 두 가지 경우에 인정되고 있다. 우선 법률이 이미 집행행위의 공포 이전에 당사자에게 중요한 처분을 야기하는 경우인데, 이러한 처분은 당사자가 이후의 법률집행으로 더 이상 회복(만회)할 수 없거나 수정할 수 없는 것을 말한다. 다음은 당사자가 전문법원(헌법재판소를 제외한 모든 법원)의 법적 보호를 실현할 수 있기 위해서 형사절차 또는 범칙금절차의 위험을 감수해야 하는 경우이다(vgl. BVerfGE 20, 283<290>; 46, 246<256>; 81, 70<82 f.>; 97, 157<165>)[54].

처벌의 위험은 다음의 경우에 이미 존재하게 된다. 기본권으로 보호되는 행위가 형벌규범의 문언으로부터 확실히 포섭될 수 있는 경우(vgl. BVerfGE 75, 329<341>), 즉 구성요건의 해석이 가능하고 그 해석이 확실히 고려되는 점을 근거로 이 형벌규범에 해당하는 경우이다. 이에 대해서 헌법상 보호되는 침해규범(소원대상규범)의 활동 영역이 법률 문언, 입법연혁 그리고 체계에 따라서 일의적으로 관련되어 있지 않는 경우에는(BVerfGK 8, 75<76>), 형벌규범을 통한 소원의 직접성이 결여된다. 왜냐하면 해석의 방법에서 형벌규범의 문언을 넘어서 적용하는 것은 기본법 제103조 제2항 때문에 헌법에 반할 수도 있으므로 기대가능성을 고려할 필요가 없다(BVerfGE 97, 157<168>)[55].

각각의 사례에서 소원제기자가 추구하는 행위들의 개별성을 충분히 실체화하여 설명하는 것은 헌법소원제기자의 일이다. 따라서 연방헌법재판소는 직접 당사자성의 문제를 판단하는 입장에서 생각해 본다(§ 23 Abs. 1 Satz 2 i. V. m. § 92 BVerfGG)[56].

이러한 기준에 따르면 소원제기자는 소원대상인 형벌규범을 통해서는 소원을 제기할 수 없다[57].

소원제기자 F가 그의 헌법소원을 형식적으로 형법 제202c조 제1항 제1호에도 확장한다면, 그는 이러한 구성요건에도 더 관심을 기울여야 하는데 그러하지 않고 있다(즉 구체적인 근거를 제시하지 않고 있다). 그러므로 패스워드 또는 그 밖의 보안코드와 관련한 특정한 예비행위의 금지로부터 헌법소원의 당사자성은 인정될 수 없다[58].

또한 소원제기자의 소원제기 근거로부터 그가 설명한 활동영역은 형법 제202c조 제1항 제2호의 형벌 금지에 의해서 파악될지도 모른다는 것은 확정될 수도 없다. 따라서 형사소추의 위험은 존재하지 않는다. 무엇보다도 소원제기자가 설치한 프로그램은 헌법상 허용되는 해석의 한계 내에서 형벌규정의 행위객체로서 이미 적합하지 아니하다(이에 대해서는 [60] 이하 참조). F의 헌법소원 사례에서는 적합한 행위객체가 있을 수 있는 한에서는, 소원제기자에게는 적어도 형법 제

202c조 제1항 제2호에서 요구하는 예비행위의 고의가 없다(이에 대해서는 [71] 이하 참조)[59].

형법 제202c조 제1항 제2호의 행위객체는 형법 제202a조(데이터의 탐지) 또는 제202b조에 의한 범죄를 범할 단순한 프로그램일 수 있다. 이에 따르면 프로그램은 언급한 범죄를 범하기 위해서 이것을 설치할 의도로 제작되거나 변형되어 있어야 한다. 나아가서 이러한 의도는 객관적으로 표명되어 있어야 한다[60].

소위 이중사용툴(dual use tools)에 적용되듯이 프로그램은 언급한 컴퓨터범죄를 범하기 위해서만 적합하거나 또한 특별히 적합하여야 한다는 사실이 문언에 따르면 이미 충분하지 않을 수도 있다. 일반적인 언어사용에 따르면 '목적'이란 누군가가 어떠한 행위로써 의도한 바를 실현하거나 달성하려는 시도로 이해되고 있다(Duden, Das Große Wörterbuch der deutschen Sprache, 3. Aufl. 1999, S.4706). 이러한 목적론적인 차원에서 목적의 개념은 적성의 개념과 명백하게 구별된다. 체계적 그리고 입법연혁적 고려가 이러한 판단을 증명한다[61].

체계적인 관점에서 법률은 다른 측면에서 특정 범죄를 범하기 위한 대상의 적성을 명백하게 고려하고 있다는 것을 알 수 있다. 특히 형법 제149조와 제275조가 이 점을 고려하고 있다. 형법 제149조는 일반적으로 입법근거와 관련하여 해석되고 있어서, 거기에 언급된 위조수단들에는 위조를 위한 특별한 사용가능성이 내재되어 있어야 한다(Ruß, in: Leipziger Kommentar zum Strafgesetzbuch, Bd. 5, 11. Aufl. 2005, § 149 Rn. 3; Hoyer, in: Systematischer Kommentar zum Strafgesetzbuch, § 275 Rn. 2<März 2007>). 따라서 이러한 수단들은 위조화폐의 제작을 위해서만 적합할 수 있다고 한다. 그 때문에 이미 (단지) 화폐의 위조를 위해서도 사용될 수 있는 것, 가령 컬러복사 기능을 가진 복사기와 같은 (vgl. Fischer, StGB, 55. Aufl. 2008, § 149 Rn. 3; Erb, in: Münchener Kommentar zum StGB, 2005, § 149 Rn. 3) 그러한 대상은 형법 제149조의 적용영역에서 배제되어야 한다고 한다. 형법 제149조에서 언급되어 있는 컴퓨터프로그램에, 오로지 위조를 위해서만 설치될 수 있다는 사실은 최소한 한계를 지을 수 있는 프로그램모듈이 포함되어 있어야 한다고 한다(Rudolphi/Stein, in: Systematischer Kommentar zum Strafgesetzbuch, § 149 Rn. 2<März 2007>). 이러한 모든 것은 적성 혹은 특별한 적성의 개념보다는 제202c조 제1항 제2호에서 협의의 의미에서의 목적 개념으로 이해할 것을 지지하고 있다[62].

형법 제202c조 제1항 제2호의 입법연혁은 프로그램의 적성 또는 단지 특별한 적성과도 연관되어 있지 않아야 한다는 것을 명백히 입증하고 있다. 소프트웨어 '목적'과의 연관성을 통해서 협의의 요건들은 단순한 '적합성'과 비교하여 정립되어야 한다고 한다(vgl. Popp, GA 2008, S.375<388>). 연방참의원(연방상원, Bundesrat)의 입장에 대해서 연방정부는 다음을 명백히 하고 있다. 프로그램의 기능적 목적이 명백하게 범죄적이지 않고, 이의 적용을 통해서 비로소 범죄자의 범행도구로 되거나 정당한 도구가 될 수도 있는 프로그램의 경우에 있어서, 형법 제202c조의 객관적 구성요건은 충족되지 않는다고 한다(vgl. BTDrucks 16/3656, S.18 f.). 컴퓨터범죄를 범하기 위한 소프트웨어의 단순한 적성은 충분하지 않으므로, 컴퓨터범죄를 범하기 위해서만 남용될 수 있는 그러한 프로그램도 구성요건에서 제외된다고 한다. 법사위원회는 연방의회(연방하원, Bundestag)에 제출한 보고서에서 오해를 풀기 위해서 관련 범죄를 범하기 위한 프로그램의 단순한 적성은 형법 제202c조에 의한 가벌성이 아님을 명백히 하고 있다. 목적 특성의 요구는 소위 악성소프트웨어가 문제 된다는 의미에서 컴퓨터 프로그램의 적성이어야 한다고 한다(vgl. BTDrucks 16/5449, S.4)[63].

이 모든 것에 따르면 형법 제202c조 제1항 제2호와 관련하여 컴퓨터프로그램의 목적을 특정하기 위해서 그것의 적성 또는 특별한 적성을 고려하는 것은 지지될 수 없다고 한다. 그러한 해석은 규범의 문언이나 입법자의 의사에 모순되고 동시에 기본법 제103조 제2항에도 위반된다고 한다. 연방의회의 법사위원회를 통한 전문가청문회 (vgl. schriftliche Stellungnahmen des Sachverständigen Prof. Dr. Borges vom 19. März 2007, S.6 ff.)에서 그리고 문헌(vgl. Gröseling/Höfinger, MMR 2007, S.626<629>; Schreibauer/Hessel, K&R 2007, S.616<618>; Cornelius, CR 2007, S.682 f.)에서 부분적으로 형법 제202c조 제1항 제2호의 객관적 구성요건은 일반적으로 소위 이중사용툴도 포섭하는 것으로 해석하는 입장을 지지하는 견해들이 있는데 이들은 유지될 수 없다[64].

이에 대해서 이 규정의 입법사는 이미 각 프로그램 제작자의 의도를 그것의 목적 특성을 위해서 중요한 것으로 고려할 것을(so auch Popp, GA 2008, S.375<384>) 명백히 지지하고 있다. 형법 제202c조 제1항 제2호의 입법기원이 되는 유럽의회의 사이버범죄방지조약 제6조 제1항 (a)(i)는 명백하게 제2조 내지 제5조에 규정된 범죄를 범할 의도로 주로 고안되고 채택된 프로그램과 관련시키고 있다("designed or adapted primarily for the purpose of committing any of the offences established in accordance with Articles 2 through 5"). 여기서 프로그램의 생성(기원)과정은 그것의 구체적인 형성에서 보인다. 법사위원회의 결정권고에 따르면 "형법 제202a조, 제202b조에 의한 범죄를 범하기 위해서 우선 고안되고 채택한 프로그램만"이 이에 상응한 것으로 고려되고 있다[66].

만일 법률 규정의 문언 이외에 조약의 주석서와 입법절차에서의 수많은 의견들 그리고 목적론적·실용적 견해들이(vgl. Popp, GA 2008, S.375<384>; Böhlke/Yilmaz, CR 2008, S.261<262>) 이 규정과 같이 고려되는 목적 특정의 객관적 성격을 강조한다면, 그것은 해석을 통해서 고려될 수 있다. 이 경우 프로그램 제작자의 의도에서 출발하지만, 추가적으로 이러한 의도가 외부적으로 확정될 수 있는 공개적 표명을 요구하는 것으로 해석되어야 한다. 그러한 표명은 프로그램의 형성시에 - 물건 자체에서 해석상 알 수 있게 하는 사용목적이란 의미에 있어서(Popp, GA 2008, S.375<382>) - 또는 제작자의 명백한 불법사용을 목적으로 하는 운영정책과 광고를 통해서(vgl. Cornelius, CR 2007, S.682<688> 저작권법과 미국 판례에서의 유사한 사례를 제시하여) 할 수 있다. 개별적인 경우 이를 해명하는 것은 이에 대한 관할이 있는 전문법원의 임무이다.

객관적으로 표명된 프로그램 제작자의 의도를 중심으로 하는 형법 제202c조 제1항 제2호의 해석은 문헌의 주장들과 일치할 수도 있다. 이 견해들에 의하면 프로그램은 다음의 세 가지 경우에 구성요건을 충족해야 한다고 한다. 즉 프로그램이 곧바로 제202a조, 제202b조에 의한 범죄의 특별한 행위유형과 관련하여 서술되어 있는 경우(Fischer, StGB, 55. Aufl. 2008, § 202c Rn. 5), 이에 상응한 범죄의 범행가능성이 핵심구성요건의 요소로서 거기에(행위유형) 내재해 있는 경우(Böhlke/Yilmaz, CR 2008, S.261<263>) 그리고 프로그램이 이의 제작방법에 의해서 이미 불법적인 목적에 기여할 것으로 겨냥되어 있는 경우(Ernst, NJW

2007, S.2661<2663>)이다. 이러한 해석은 연방헌법재판소가 이미 도로교통법(StVG) 제22b조 제1항의 해석을 위해서 정립한 기준들과 상응한다(BVerfGK 8, 75<77>)[67].

소원제기자의 상황의 경우 다음의 결론이 도출된다[68].

소원제기자 W 교수는, 그의 학생들에게 사용하도록 한 그 프로그램과 관련하여 보면, 이 프로그램은 컴퓨터범죄를 범하기에 적합하고, 따라서 그러한 목적에 사용될 수 있는 것으로만 설명하고 있다. 그는 구체적으로 nmap 툴을 예로 들어 설명하고 있다. 하지만 형법 제202c조 제1항 제2호의 객관적 구성요건을 충족시키지 못한다. 소원제기자는 – 간접적으로도 – 관련 소프트웨어의 불법적인 목적특성을 추론하게 하는 어떠한 진술도 하지 않고 있다. 이 프로그램을 '보안분석도구'로써 표시한 것은 완전히 정반대로 다음의 사실을 암시한다. 보안분석의 – 정당한 – 목적은 이 도구의 경우에 매우 중요하다. 관련프로그램 제작자의 범죄적 의도에 대해서 소원제기자는 의견표명을 하거나 그러한 의도의 확정을 암시하지도 않았다. 소원제기자 K도 그가 사용한 리눅스 프로그램의 배포(버전)를 통하여 형법 제202c조 제1항 제2호의 객관적 구성요건이 충족됨을 설명하지 않았다. 그는 W 교수와 같이 다만 그가 사용한 프로그램이 컴퓨터범죄를 범하기 위한 적성에만 관심을 보이고 있다[69].

이에 대하여 소원제기자 F는 그의 직업상의 활동과 관련하여 컴퓨터범죄를 범하기에 객관적으로 적합한 소프트웨어, 즉 이중사용소프트웨어뿐만 아니라, 이를 넘어서 인터넷상에서 출처가 의심스러운 '악성소프트웨어'를 침입테스트에 설치하여 사용하기 위해서 획득하거나 취득하게 했다고 설명하고 있다. 그의 주장에 따르면 사용된 (단순한) 이중사용소프트웨어는 형법 제202c조 제1항 제2호의 객관적 구성요건에 해당하지 않는다. 하지만 소원제기자가 설명한 악성소프트웨어의 출처나 사용방법의 관점에서 보면 그것은 곧 위험한 범죄를 범할 목적으로 제작되었고 이러한 목적 특정이 나타나 있는 적성을 지닌다는 사실이 전적으로 수용될 수 있다[70].

그러한 점에서 형법 제202c조 제1항 제2호(경우에 따라서는 형법 제25조 제1항 유형 2, 제25조 제2항, 제26조 또는 제27조)에 의한 소원제기자의 가벌성은 가능하지만, 컴퓨터범죄의 예비의 주관적 표지에서 그 가능성은 좌절된다[71].

이 점에 있어서 법률에 의해서 포섭된 고의 형식의 관점에서 형법 제202c조에 대한 문헌에서는 미필적 고의로도 충분하다는 광범위한(포괄적인) 적성이 지배적이다(vgl. Fischer, StGB, 55. Aufl. 2008, § 202c Rn. 7; Schumann, NStZ 2007, S.675<678 f.>; Popp, GA 2008, S.375<391>). 예비적 표지의 관점에서 동일하게 형성된 형법 제149조, 제275조, 제263a조 제3항에 대해 적절하게 형성되어 있는 일치된 견해들은 체계적인 관점에서 이를 찬성하고 있다(vgl. Ruß, in: Leipziger Kommentar zum Strafgesetzbuch, Bd. 5, 11. Aufl. 2005, § 149 Rn. 6; Sternberg-Lieben, in: Schönke/Schröder, StGB, 27. Aufl. 2006, § 149 Rn. 8; Fischer, a.a.O., § 263a Rn. 34; Hoyer, in: Systematischer Kommentar zum Strafgesetzbuch, § 263a Rn. 61<März 2007>; Kindhäuser, in: Nomos Kommentar zum Strafgesetzbuch, Bd. 2, 2. Aufl. 2005, § 263a Rn. 44; Gribbohm, in: Leipziger Kommentar zum Strafgesetzbuch, Bd. 7, 11. Aufl. 2005, § 275 Rn. 11; Hoyer, in: Systematischer Kommentar zum Strafgesetzbuch, § 275 Rn. 4<März 2007>; Puppe, in: Nomos Kommentar zum Strafgesetzbuch, Bd. 2, 2. Aufl. 2005, § 275 Rn. 11)[72].

이러한 견해를 근거로 한다면(입법연혁사의 관점에서의 비판에 대해서는 Popp, GA 2008, S.375<391 f.> 참조), 행위자는 범행대상(범행의 구체적인) 프로그램이 장래 범죄의 범행에 사용되고(인지적 요소), 이 프로그램은 동의하에 사용된다(자발적 요소)는 점만을 고려해야 한다. 연방대법원의 판례에 따르면, 행위자가 추구하려는 목적을 위해서 그것을 감수하는 경우에(vgl. nur Fischer, a.a.O., § 15 Rn. 9a)는, 그가 원한 결과는 아니지만 필수불가결한 결과에 동의한다고 한다. 다른 한편 곧 미필적 고의의 자발적 요소 확정은 미필적 과실과의 한계에 있어서 개별적인 사례에서 구체적으로 사실상의 근거를 요건으로 한다(vgl. BGH, Beschluss vom 5. März 2008 - 2 StR 50/08 -, juris Rn. 4; Beschluss vom 26. August 2003 - 5 StR 145/03 -, juris Rn. 46, 49 m.w.N.; vgl. auch Beschluss vom 16. April 2008 - 5 StR 615/07 -, juris Rn. 5)[73].

소원제기의 근거에 대한 기준에 따르면 소원제기자 F 및 그의 직장동료와 관련하여서는 그들이 객관적으로 형법 제202c조 제1항 제2호의 구성요건에 해당하는 프로그램을 획득하거나 이를 기업 내부에서 교부하는 한, 형법 제202a조 또는 형법 제202b조에 의한 범죄예비의 주관적 표지를 충족하고 있다고는 보이지 않는다. 왜냐하면 이러한 활동에 있어서 예견되는 프로그램의 사용은 침입테스트의 관점에서 형법 제202a조 또는 제202b조의 구성요건을 확실히 충족하지 않기 때문이다. 소원제기자가 활동할 또는 활동하고 있는 기업을 위해서 점검되는 컴퓨터시스템에 대한 사용권한을 위임받아서 그리고 승낙하에 행위를 하기 때문에, 연방검찰총장도 강조한 바와 같이, '무권한' 행위의 구성요건표지가 탈락한다. 그러나 그러한 정당한 목적을 위해서 명백하고 입법 과정에서 나온 의견들과 유럽이사회의 사이버범죄방지조약 제6조 제2항을 통해서 발효된 형법 제202c조 제1항 제2호의 문언에 의하면 객관적인 목적이 컴퓨터범죄를 범하는 데 있는 악성프로그램도 기본적으로 획득되거나 배포될 수 있다. 또한 가령 의심의 여지가 있는 인터넷포럼에서 프로그램들의 출처를 근거로 하여, 동일한 출처의 다른 이용자가 순수한 의도로 (사용)하지 않을 것이라는 혐의(의심)가 있는 경우에도(vgl. auch Böhlke/Yilmaz, CR 2008, S.261 <264>; Popp, GA 2008, S.375<392 f.>) 동일하게 적용된다. 소원제기자가 이 경우에 형사소추의 위험이 있다고 본다면, 특히 그는 절차과정이나 그의 활동을 위해서 위탁자가 부여한 동의에 대해서 포괄적으로 문서화함으로써 이러한 위험을 줄일 수 있다(vgl. Böhlke/Yilmaz, a.a.O., S.261<266>)[74].

객관적으로 형법 제202c조 제1항 제2호에 해당하는 프로그램을 허용된 목적을 위해서 투입하는 것과 관련하여 가벌성의 위험이 발생할 수 있다고 한다면, 관련 프로그램은 판매, 양도, 배포 또는 그 밖의 방법으로 신뢰성을 근거로 할 수 없는 사람들에게도 접근될 수 있다. 프로그램의 정당한 사용을 목적으로 의도하고 있는 행위자라 하더라도 이러한 점을 고려하고 그의 행위로 인하여 프로그램의 접속을 획득한 개인 또는 다수가 최소한 이를 특히 위법한 목직에 설치한다는 것을 동의하여 감수하는 경우에는 처벌된다. 연방법무성이 헌법소원에 대한 그의 입장표명에서 강조한 바와 같이, 예를 들어, 행위자가 그 프로그램을 그가 더 이상 조망할 수 없는 인적 범위에서 그 프로그램에 접근할 수 있도록 한 경우, 가령 인터넷에 자유롭게 업로드하거나 관련 동료그룹이 있는 포럼 내에서 사용하게 하는 경우에는 그러한 고의는 수용된다. 그러나 V 회사가 악성프로그램을 기업 외부로 유포하려 했거나 그의 영업상 활동의 이행을 위해서 이에 의지한다는 것이 진술되지도 의도되지도 않았다. 이러한 점에서 소원제기자의 새로운 사업주인 C 회사에게도 특별히 다를 게 없다. 특히 소원제기자는 그와 그의 동료가 합법적으로 적용하는 소프트웨어를 공개 또는 반공개 포럼에서 입수하기도 하고 스스로 소프트웨어를 업로드하거나 유포하는 것을 설명하지도 않았다[75].

W 교수의 소원제기 사례에서 이 교수가 미필적 고의의 자발적 요소를 충족하는 방법으로 그가 유포한 프로그램의 위법한 설치를 감수하는 것에서 출발했는가는 아직 해결되지 않은 상태로 남아 있을 수 있다. 왜냐하면 이 경우에는 헌법소원제기자 K의 경우에서와 같이 적합한 행위객체가 결여되어 있기 때문이다[76].

Ⅳ. 평석

형법 제202c조는 컴퓨터범죄에 대응하기 위한 제41차 형법개정법률에 의해서 2007년 8월 11일 발효되었다. 연방헌법재판소 제2원 제2감머(지정재판부)는 이 규정에 대한 세 개의 헌법소원을 접하고 헌법재판소법 제93a조, 제93b조에 의해서 (본안)결정으로 수용하지 않았다. 제2감머는 이러한 불수용에 대하여 순전히 형식적인 근거를 제시하고 있다. 제2감머는 형법 제202c조 제1항 제2호의 해석을 통하여 헌법소원제기자들이 제시한 활동들의 경우 아무런 형사소추의 구체적 위험이 없고 직접 당사자성도 없다고 판단하고 있다. 제2감머는 헌법소원에서 평가할 만한 대상의 흠결을 이유로 형법 제202c조 제1항 제1호에 대해서는 아무런 내용적인 관심을 가지지 않았다.

형법 제202c조 제1항 제2호의 객관적 구성요건은 사실상 다음을 요건으로 한다. 즉 컴퓨터프로그램의 목적은 형법 제202a조 및 제202b조에 의한 범죄를 범하는 것이다. 그러나 컴퓨터프로그램의 목적은 항상 명확한 것은 아니다. 몇몇의 일반적인 프로그램툴은 보안상의 하자를 발견하기도 하고, 데이터를 탐지하기 위해서도 이용될 수 있다. 그러한 프로그램을 이중사용소프트웨어라고 한다. 다양한 사용목적에 있어서 범죄구성요건의 충족을 위해서 객체의 단순한 적합성이 필요한가 하는 문제는 중요하다. 소프트웨어가 실제로 해커공격을 위해서 프로그램되어 있지만, 보안점검을 위해서도 설치되는 경우, 이러한 소프트웨어의 설치가 이 규정의 금지대상에서 제외되는가 하는 문제이다 헌법재판소는 이러한 문제를 다루고 있다.

제2감머는 일치된 의견에 의하여 소원대상 규범을 통한 소원제기는 부적합한 것으로서 본안결정으로 받아들이지 않았다. 여기서 중요한 것은 직접적인 개별적 당사자성의 부족이다. 특히 범죄구성요건에 있어서 당사자의 직접성은 경미하게 요구되어야 한다. 왜냐하면 형사절차나 범칙금절차의 위험이 기대 가능하지 않기 때문이다. 이러한 입장에서 보면 헌법재판소는 상당히 유연한 입장을 취하고 있다. 가벌성은 이성적인 관점에서 고려되는 것이 아닐 수 있기 때문에 당사자성을 부정하였다. 소프트웨어의 단순한 적합성은 범죄를 위해서 충분하지 아니하다는 법률문언의 해석은 지지되지 않는다고 한다. 여기서 헌법재판소는 이중사용프로그램과 악성소프트웨어 사이의 한계를 컴퓨터프로그램의 종류에 따라 구별하고 있다.

이중사용프로그램은 이미 구성요건상 형법 제202c조에 포섭되지 않는다고 한다. 그런 점에서 문언적 · 체계적 · 역사적 해석은 규범의 의미와 목적에서도 제2캄머의 견해에 의해서 명확하게 되었다. 따라서 이 결정은 실무에 중심을 둔 해결방법이라는 데 목적이 있음을 알 수 있다. 제2캄머 재판관들의 견해에 따르면 헌법소원 제기자인 W 교수와 K는 이중사용프로그램만을 이용하고 유포했다고 보고 있다. 따라서 적합한 객체에 하자가 있으므로 가벌성은 처음부터 배제된다. 보안심사를 목적으로 권리자의 양해하에 악성 및 해커프로그램의 설치는 IT 보안서비스제공자인 F의 헌법소원인 경우에는 본인이 권리자의 위임을 받은 것이기 때문에 권한 없이 행위 한 게 아니다. 그런 점에서 형법 제202a조 또는 형법 제202b조에 의한 컴퓨터범죄의 예비의 주관적 표지에 하자가 있다고 한다. 이러한 구성요건들은 권한 없는 행위들을 요건으로 하고 있다. 제2캄머는 무권한 표지를 이 경우에 구성요건표지로 보고 있다. 하지만 문헌에서는 이것을 정당화요소로 보고 있다. 객관적 구성요건의 충족 부족으로 헌법재판소는 사용된 이중사용프로그램뿐만 아니라 양해를 근거로 하여 헌법소원제기자를 형사소추로 위협하지 않으므로 자기관련성이 없다고 보고 있다.

위임에 근거하여 타인의 컴퓨터시스템을 침입테스트하기 위해서 구성요건에 해당하는 프로그램을 설치한 자는 제2캄머가 지지한 바와 같이 고의의 대상에 대한 견해의 장점을 토대로 하는 경우에 한해서만 불가벌이 된다. 왜냐하면 그 고의는 가령 형법 제202a조와 같은 컴퓨터범죄에 향해 있지 아니하기 때문이다. 물론 헌법재판소 결정은 (Rn. 76) 이것을 컴퓨터시스템에의 침입 무권한성에 대해서 적절하지 않은 것으로 확정하고 구성요건을 배제하는 양해로 받아들이고 있다. 그러나 지배적 학설에 따르면 형법 제202a조에서 '권한 없이'는 구성요건표지가 아니라, 위법성의 요소로서 선언적인 것으로 보고 있다. 즉 정당화되는 승낙(Einwilligung)으로 보고 있는 것이다.

구성요건에 해당하는 프로그램과 아무런 해가 없는 프로그램 사이의 경계는 상당히 불문명하다. 개념의 증명에 있어서, 즉 이론에서 알려져 있는 보안의 흠결을 위해서 Exploit(컴퓨터시스템에 보안상의 결함을 찾기 위해서 이용하는 프로그램)을 구체적으로 설명하는 하나의 코드에 있어서, 객관화된 목적 특성은, 비록 프로그램의 제작자가 IT보안을 촉진하고 컴퓨터범죄를 후원하지 않으려고 한다 하더라도 범죄를 위해서 구성될 수 있는가 하는 것은 문제 된다. 메타스플로이트 프레임워크(Metasploit Framework)와 같은 해커 툴은 동일한 문제가 있다. 그리고 많은 보안상의 흠결이 알려지지 않고 또한 범죄 목적을 위해서 직접 이용될 수 있는 것도 유사하다. 가벌성의 위험을 최소화함으로써 파악하는 헌법재판소의 설명에서, 결론적으로 제2캄머는 이중사용툴의 중요한 범위에서 객관적 구성요건과 관련짓고 있다는 점을 명확히 하고 있다. 또한 인터넷과 같이 다운로더들을 알 수 없는 인적 범위에서 프로그램에 접근되도록 하는 경우에 형사소추기관이 미필적 고의로도 사실상 충분하다고 한다면, 그 프로그램의 공개에 있어서 이론석인 설명으로 제한하고 Exploit이 공표를 중지하고 악성소프트 외에 해커 툴도 암호화하여 보관하는 것이 IT보안전문가에게는 더 좋은 일이 될지도 모른다.

중립적이고 직업에 상당한 행위를 통한 방조의 가벌성은 미필적 고의의 판례에 의하면 방조범이 인식 있는 행위의향에서 범죄수단을 획득한 경우에(BGH NStZ 2000, 34)만 존재한다. 이에 대해서 전체 수신자의 신용성을 근거로 하지 않는다는 것이 형법 제202c조에 침해된다고 해야 하는가 하는 문제가 제기된다. 이러한 가벌성의 위험이 경제활동과 직업상의 자유를 상당히 침해하는가의 문제를 제2감머는 다행히도 피해 갈 수 있었다. 왜냐하면 적절한 행위수단에의 접근을 위해서 제2감머는 모든 소원제기들에게 이에 상응하는 헌법소원의 제기를 원했기 때문이다.

이러한 점에서 이번 결정은 형법도그마틱상이나 형사정책적으로도 충분하지 아니한 점이 있어 보인다.

우리 형법은 독일 형법 제202c조와 같은 컴퓨터범죄 예비죄를 두고 있지 않다. 유럽을 비롯한 많은 나라에서 이미 유럽이사회의 사이버범죄방지조약을 국내법으로 전환하고 있다. 유럽이사회의 회원국이 아닌 미국은 이미 국회의 비준을 거쳤고, 일본의 경우도 컴퓨터범죄의 예비죄에 대한 법률안을 마련하여 현재 국회에서 논의 중에 있다.6) 사이버범죄가 날로 심각해지고 있는 현실에서 이러한 예비범죄를 도입해야 할 것인가를 진지하게 고민해야 할 것이다.

---

6) 범죄의 국제화 및 조직화와 정보처리의 고도화에 대처하기 위한 형법 등 일부개정법률안 제168조의 2 부정지령 전자적 기록 작성 등 죄 및 제168조의 3 부정지령 전자적 기록 취득죄 참조.

온라인 시위 선동 및 DoS 공격의 형법적 평가

Strafbarkeit einer Online – Demo

OLG Frankfurt/M., Beschluss vom 22.5.2006 – 1 Ss 319/05(AG Frankfurt/M.)[1]

Ⅰ. 결정 요지

독일 루프트한자 항공사의 인터넷사이트를 2시간 동안 차단하도록 선동한 행위는 형법 제303a조의 데이터은닉[2] 및 형법 제240조의 강요행위[3]를 공연히 선동한 죄(형법 제111조[4])에 해당하지 아니한다.

---

1) OLG Frankfurt/M ZUM 2006, SS.749–754; MMR 2006, SS.547–553; K&R 2005, SS.472–475; NStZ 2006, SS.399–401.

2) 형법 제303a조(데이터 변경) ① 데이터(제202a 제2항)를 위법하게 소거, 은닉 또는 사용 불능케 하거나 이를 변작한 경우에는 2년 이하의 자유형 또는 벌금형에 처한다. ② 미수범은 처벌한다. ③ 제1항의 범죄를 예비한 경우에는 제202c조를 준용한다.

3) 형법 제240조 ① 위법하게 폭력 또는 가혹한 해악을 고지한 협박을 통하여 타인에게 작위, 용인 또는 부작위를 강요한 자는 3년 이하의 자유형 또는 벌금형에 처한다. ② 의도한 행위가 폭행의 행사 또는 해악의 고지가 비난받을 것으로 간주되는 경우에 그 행위는 위법하다. ③ 미수는 처벌한다. ④ 특별히 중대한 경우에는 6월에서 5년 이하의 자유형에 처한다. 특별히 중대한 경우란 일반적으로 행위자가 1. 다른 사람에게 성적 행위 또는 혼인을 강요하거나 2. 임신부에게 낙태를 강요하거나 3. 공무원으로서 권한이나 지위를 남용하는 경우를 말한다.

4) 형법 제111조(공연범죄선동) ① 집회 중에 또는 문서(제11조 제3항)의 유포를 통하여 위법한 행위를 선동한 자는 교사범(제26조)과 같이 처벌한다. ② 선동의 결과가 없는 경우에는 5년 이하의 자유형 또는 벌금형에 처한다. 1문의 형은 선동의 결과가 발생한 경우에 위하되고 형보다 중하여서는 아니 된다. 제

II. 사실관계 및 사건 전개 과정

프랑크푸르트(암 마인) 지방법원지원(AG Frankfurt/M.)은 피고인의 공연범죄선동에 대하여 일수 정액 10유로에 90일간의 일수벌금형으로 유죄판결했다. 지원이 인정한 사실관계는 다음과 같다. 피고인은 2001년 인터넷 도메인 'libertad.de'⁵⁾와 'sooderso.de'⁶⁾를 소유하고 있었다. 피고인은 2001년 3월 7일 독일 항공사인 루프트한자에 대하여 유인물과 인터넷을 통하여 인터넷 시위를 하도록 처음으로 호소(선동)하였다. 이 시위는 루프트한자가 국외로 추방될 사람들을 더 이상 항공으로 운송하지 않도록 하려는 정치적 배경을 가지고 있었다. 이러한 새로운 형태의 시위를 하게 된 계기는 루프트한자가 인터넷상에서 영업상의 활동을 왕성하게 수행하고 있었고, 특히 고객들에게 온라인 항공예약을 가능하게 했다는 점에 있다. 따라서 이 시위의 의도는 새로운 미디어(인터넷)에서 고객들의 신뢰와 루프트한자의 이미지를 침해하여, 이러한 영업에서 루프트한자에게 손해를 입히려는 것이었다.

피고인의 호소(선동)에 따르면 온라인 시위의 날은 2001년 6월 20

49조 제1항 제2호는 준용한다.

5) Libertad는 정치범 수용자들의 자유를 위한 연방차원의 단체로서 국가의 탄압과 억압에 대항해서 설치되었다. 그 시초는 1992년 세계경제정상회담을 반대하는 회의를 통해서였다. 이 단체는 1993년 가을 '모든 정치범 수용자들에게 자유를' 이라는 슬로건으로 호소하였는데, 거기에는 '정치적 수용자들의 자유를 위한 국제적인 날'의 이념이 포함되어 있었다. 이리하여 이 단체는 공중에 알려지게 되었으며, 1996년 이후부터 다른 좌익단체인 Roten Hilfe 및 반유대 베를린 이니셔티브와 함께 3월 18일 행동의 날을 연방 차원에서 거행해 오고 있다. 2001년에는 외국인 추방에 참여해 온 독일 루프트한자 항공사에 대해서 'Kein Mensch ist illegal' 단체와 함께 온라인 시위를 주도하기도 하였다. 2004년 이후 이 단체는 관타나모 수용소에서의 고문 등에 반대하는 캠페인과 온라인 행동을 위한 캠페인을 주도하고 있다. 한편, 이 단체는 한때 독일 헌법수호청으로부터 극좌단체로 분류되기도 하였다. 자세한 내용은 다음 홈페이지 참조: http://www.libertad.de

6) http://www.sooderso.net/는 정치적 수용자들의 자유를 위한 국제연대의 인터넷 신문 홈페이지다.

일로 잡혀 있었다. 이날을 택하게 된 것은 루프트한자가 이날 쾰른에서 주주총회를 개최하기 때문이다. 현장에서의 오프라인 시위 외에 인터넷상에서의 온라인 시위도 있었다. 구체적인 시점인 오전 10시에서 12시 사이에는 루프트한자 주식회사의 이사회 의장인 Weber의 총회개최연설이 있었다. 이 외에 루프트한자의 인터넷사이트에 아주 짧은 간격으로 대규모의 공격이 가능한 특별한 소프트웨어도 개발되어 있었다. 이 소프트웨어는 모든 운영시스템에 통용되도록 되어 있었고, 2001년 6월 18일 설치설명서와 함께 다운로드받을 수 있도록 피고인의 사이트에 링크로 연결되어 있었다. 이 소프트웨어는 다음의 세 가지를 보장하고 있었다. 우선 루프트한자의 인터넷사이트에서 접근속도가 다양한 방식으로 최적화되어 있었는데, 이러한 방식은 이 사이트의 수동적인 반복 작업을 통해서는 인터넷브라우저에서 처리되지 않을 수도 있는 것이었다. 뿐만 아니라 루프트한자 컴퓨터에 실제로 질문들이 반복되도록 되어 있었고, 또한 첫 번째 질문이 각 인터넷브라우저의 캐시에 저장되어 처리되지 않도록 되어 있었다(캐시에 저장될 경우 동일한 질문은 진행되지 않을 수 있기 때문이다).

2001년 6월 10일 이 시위는 쾰른 시 공안당국에 예정한 날인 2001년 6월 20일자로 신고가 되었다. 이에 대해서 쾰른 시는 온라인 시위의 신고에 관한 규정은 없다고 해명하였다. 시위 직전인 2001년 6월 18일 루프트한자의 이사회 의장인 Weber에게 전자우편으로 인터넷시위가 있음이 통보되었다. 루프트한자는 그 이전에 이미 이를 인식하고 있었고, 이에 상응하게 대비하였다. 특히 데이터처리를 위한 설비를 더 추가했음에도 불구하고, 이 시위는 피고인의 입장에서는 성공적이었다. 루프트한자 홈페이지는 소프트웨어의 작동시간대인 10시에서 12시 사이에 강력한 공격을 받아 사이트의 접속이 심하게 지체되었고(3분에서 10분), 심지어 다른 네트워크에서는 사이트의 접속이 전면 중단되기도 하였다. 이리하여 Weber 회장의 연설은 중계되지 않았다. IP주소 13.614로부터 접근횟수가 약 1,262,000번이나 있었다. 루프트한자는 부정적인 이미지뿐 아니라 5,496.39유로에 해당하는 실질적인 손해를 입었으며, 그 외에 42,370.80유로의 외부손해(제3자 손해)도 입었다. 당시 자회사인 루프트한자 ecommerce가 산정한 외부손해는 Fa. T-System의 24,297유로, Lufthansa//eCommerce의 6,340.50유로, Fa. 2e-Systems GmbH의 733.30유로에 해당한다.

1심법원인 프랑크푸르트 지원은 피고인에 대하여 형법 제240조 및 제111조에 의한 강요행위를 선동한 죄로 유죄판결을 하였다.[7] 즉 지원은 인터넷상에서 특히 온라인 예약서비스를 제공하고 있는 루프트한자 항공사의 인터넷사이트를 두 시간 동안 차단하여 이 사이트가 이용될 수 없거나 심각한 장해를 받고서야 겨우 이용될 수 있게 한 행위는 형법 제240조의 강요에 해당하고, 그러한 온라인 시위를 호소한 행위는 범죄를 공연히 선동한 것으로서 형법 제111조에 의해서 가벌적이라고 판단했다. 또한 여러 사람들이 인터넷사이트의 서비스 기능을 제한할 목적으로 그 서비스 기능에 동시에 접근하는 것은 기본법 제8조 집회의 자유에 해당하지 않는다고 보았다. 이유는 공동의 행위장소와 참여자들의 필요한 내부적 연대감이 결여되어 있기 때문이라고 한다.

---

7) AG Frankfurt CR 2005, S.897 ff.; MMR 2005, S.863 ff. (Gercke의 평석 포함) 이 판례의 소개와 간략한 평석은 박희영, 독일에 있어서 사이버범죄의 형사법적 대응에 관한 최근 동향, 인터넷법률, 법무부, 통권 제35호(2006.5), p.87 참조.

이 판결에 대하여 피고인은 형사소송법 제335조에 의하여 프랑크푸르트 고등법원에 곧바로 비약상고를 제기하였다.[8]

Ⅲ. 판결이유

피고인은 지원의 판결에 대해서 형식과 기간에 맞게 상고를 제기하였다. 비약적 상고의 대상은 피고인의 무죄이다. 피고인이 강요행위를 선동했다고 한 지원의 인정사실은 상고심 법원의 심사에서 유지되지 못한다. 피고인이 선동했다는 행위는 폭행의 구성요건에도, 가혹한 해악을 고지한 협박의 구성요건에도 해당하지 아니한다. 폭행의 개념에 대해서는 판례와 문헌에서 다툼이 있다. 본 사안에서 폭행이 인정되어야 하는지의 문제는 헌법상의 특정성 원칙에 있다.

1. 공연선동 및 강요죄(형법 제111조 및 형법 제240조)의 성립 여부

연방헌법재판소의 설명에 따르면 언어사용에 있어서 다양한 의미로 사용되고 있는 폭행의 개념은 규범의 구조와 관련하여 이해되어야한다고 한다. 연방헌법재판소에 따르면 입법자는 형법 제240조(강요죄)에서 제삼자의 의지에 대한 모든 강제효과를 형벌로 위하하는 것은 아니라고 한다. 그렇지 않으면 사회생활에서, 가령 교육현장이나 노동현장 또는 교통분야에서 경우에 따라서는 필요하거나 피할 수 없는

---

8) 형사소송법 제335조(비약상고) ① 항소가 허용된 판결에 대하여는 항소를 대신하여 상고로써 불복할 수 있다.

수많은 행위도 형벌로 위하될 것이라고 한다. 입법자는 이를 피하기 위해서 처벌되는 행위를 작위, 용인, 부작위에 대한 협박으로 기술하는 것에 만족하지 않고, 이러한 행위의 가벌성을 특정한 강요수단을 선택하여, 즉 폭행이나 가혹한 해악을 가진 협박에 의존하여 했다고 한다. 판례와 문헌의 일치된 견해에 따르면 가령 강요수단을 술수나 암시로 확대하는 해석방법은 고려되지 않는다고 한다. 만일 이러한 수단이 양자(폭행이나 가혹한 해악을 가진 협박)를 법률에서 처벌하고 있는 것과 같이 강요의 피해자에게 유사한 효과를 가지는 경우에는 이것은 동일하게 적용된다고 한다. 그러나 기본법 제103조 제2항은 구성요건을 보충할 뿐만 아니라, 구성요건의 확대해석에 제한을 가한다고 한다. 입법자가 처벌되는 수단을 표현하는 데에 이용한 개념들의 해석은, 이를 통해서 야기되는 가벌성의 제한을 결과적으로 다시 없애는 것으로 되어서는 아니 된다고 한다. 제삼자의 의사에 강제력을 행사하는 것이 이미 강요(Nötigung)의 개념에 포함되어 있고, 형법 제240조 제2항에서 특정한 강요수단의 한계가 가능한 전체 강요행위 중에서 '가벌적인 강요행위'를 한계 짓는 기능을 가지기 때문에, 폭행은 강제와 일치할 수 있는 것이 아니라, 이를 초과해야 하는 것이라고 한다. 그 때문에 행위자의 측면에서 보면 유형력의 행사 초기 협박과는 달리 폭행의 수단과 관련되어 있다고 한다. 유형력의 행사가 아닌 정신적 · 심리적인 영향에서 기인하는 강제효과는, 경우에 따라서는 폭행의 행사가 아니라, 협박의 구성요건을 충족한다고 한다. 판례는 그 이후 폭행의 표지로서 신체성을 유지해 왔다. 하지만 유형력의 행사를 상당히 포기함으로써, 어떤 사람이 행위자의 존재를 통해서 자기의 의지를 관철하는 것을 심리적으로 방해받는 경우에는, 그 사람이 받아들이거나 그렇지 않기를 원하는 위치에서 신체적으로 존재하는 것은 이미 폭행의 구성요건표지의 충족을 위해서 충분하다고 한다. 이를 통해서 폭행의 구성요건표지는 다음의 방법으로 한계를 제거하게 된다고 한다. 입법자에 의해서 부여하려고 했던 기능, 즉 제삼자의 의사의 자유에 대해 필요하고 피할 수 없거나 일상적인 강제효과하에서 가벌적인 강제효과를 특정 짓는 기능은 포괄적으로(광범위하게) 상실하게 된다고 한다. 그것은 사회상당한 것으로 고려될 필요한 수많은 행위태양을 구성요건과 관련시킨다고 한다. 이의 가벌성은 형법 제240조 제2항의 비난조항의 교정을 통해서 비로소 배제된다고 한다. 따라서 최고법원 판례의 폭행개념의 해석은 기본법 제103조 제2항이 규정하고 있는 모든 효과를 가진다. 그 때문에 다른 사람을 심리적으로 방해하는 어떠한 신체적 행위가 금지되어야 하고 금지되어서는 아니 되는가는 더 이상 완전히 확실하게 예견될 수는 없다.

따라서 원하지 않는 가벌성의 흠결이 발생하는 것을 폭행개념의 확대로 해결하려는 것도 정당화될 수 없다. 비록 규범의 확대해석으로 파악된 행위가 가벌적인 것으로 된다고 하더라도, 가벌성의 흠결을 보충하는 것은 입법자의 임무이다(BVerfGE 91, 1, 16 ff.).

이런 기본원칙에서 줄발한다면 당해사건에서는 이미 필요한 유형력의 행사가 결여되어 있다. 연방헌법재판소가 결정한 사안과는 달리 마우스의 작동과 같은 적극적인 행위는 있었지만, 적극적인 모든 행위(작위)가 당연히 폭행의 요건을 충족할 수는 없다. 그것이 일반범죄론의 행위개념과 일치할 수 있다고 한다면, 구성요건표지에서 각각의 식별력을 얻을 수도 있다(LK – Träger – Altvater, StGB, § 240 Rdnr. 37). 신체에 대한 유형력(Körperkraft)은 오히려 피해자에게 신체적인 효과

를 유발할 것을 목적으로 해야 한다. 즉 피해자의 신체에 향해져야
한다(LK a.a.O.). 만일 유형력 행사의 기준이 가령 양 사례에서 기술적
인 반응이 유래할 수도 있는 어떤 무기의 제거를 유발하는 것과 상응
하다고 지원이 암시하고 있다면, 지원은 이를 오해하고 있는 것이다.
지원의 견해와 몇몇 문헌의 견해(Kraft/Meister, MMR 2003, 366, 370;
NK‒Toepel, § 240 Rdnr. 65)와는 달리 당해사건에서는 기술적으로 상
당히 강화된 유형력의 행사가 결여되어 있다. 만일 단순한 근육 자극
의 전달이 유형력의 투입을 위해 필요한 요건이라 한다면, 그것만으
로는 충분하지 않다. 키보드에서 보내지는 손가락의 표면적인 측면이
아니라, (폭행을 야기하는) 힘(유형력)이 투입되고, 이를 통해서 물리
적으로 작용하는('폭행을 가하는 것'으로 분류할 수 있는) 유형력의
효과가 피해자에게서 유발되는 과정의 시작으로서 신체에 대한 행위
의 의미는 폭행개념에서의 신체에 대한 유형력의 행사 개념에 속한
다(Paeffgen, in: FS Grünwald, S.433, 444). 당해사건에서 키보드를 누르
는 효과는 지원이 기술적인 구조로서 설명하고 있는 인터넷의 영역
으로 제한된다. 그 효과는 사용자의 신체에 향해져 있지 않다.

　또한 연방헌법재판소의 판결에 의하면 심리적으로 전달될 뿐만 아
니라, 물리적인 성격이어야 하는 필요한 강제효과도 피해자에게 존재
하지 않는다. 그러한 점에서 피해자가 전혀 경험할 수 없거나 단지
중대한 유형력의 행사로 경험할 수 있거나 또는 기대할 수 없는 방법
으로 경험할 수 있는 강제가 신체적으로 간주된다고 한 지원의 논증
에는 애초부터 하자가 있다(하지만 이렇게 보고 있는 판례도 있다.
OLG Köln NJW 1996, 472 f.). 지원의 논증은 피해자의 가능한 반응만
을 목표로 하고 있고‒연방헌법재판소의 판결이 필요하다고 한‒행위

자의 행위를 특징짓지는 않고 있다(vgl. LK‒Träger/Altvater, a.a.O., Rdnr. 32). 타인에게 가혹한 해악이 가해지고 이를 통해서 그가 의도한 행위를 하지 못하게 되는 경우에는 강요된 폭행이 항상 존재한다고 한 연방대법원의 고려(JR 1988, 75)도 연방헌법재판소의 판결을 근거로 더 이상 유지될 수 없다(이에 대해서는 다음 참조: Schönke/Schröder‒Eser, StGB, Vorbem. § 234 Rdnr. 13). 더구나 연방대법원의 논증은 논리적인 결함을 가지고 있다. 고지된 해악의 실현은, 만일 고지될 수 있는 모든 '가혹한 해악'이 논리적으로 폭행의 개념에 해당할 수 있는 경우에 한해서 모든 사례에서 폭행의 행사로 간주될 수 있다고 한다. 이러한 해석에 하자가 있다는 것은 이미 규정의 문언에서 나온다. 형법 제240조 제1항은 '타인에게 가혹한 해악을 가하거나 고지하여 강요한 자'라고 되어 있지 않기 때문에, 폭행개념에 독자적인 의미가 부여되어서는 아니 된다(vgl. Arzt/Weber, Strafrecht BT, § 9 Rdnr. 71). 만일 이것이 이 경우에 해당하지 않는다면, 입법자는 다양한 형벌규정에서 '가혹한 해악을 고지한' 협박과 '폭력을 동반한' 협박을 구별할 필요가 없을 것이며, 무엇보다도 다양한 법적 효과를 이와 연관 지을 필요도 없을 것이다(Meurer/Bergmann, JR 1988, 49, 50).

해악의 고지(행사)는 표면적이 고찰방법이 경우에 중대한 불법의 실현으로 간주될 수 있다. 하지만 가벌성의 흠결을 보완하는 것은‒연방헌법재판소도 인용된 판결에서 강조한 바와 같이‒판례의 임무가 아니라, 절대적으로 입법자의 임무이다. 또한 이 경우에 불법의 확대는 부득이하게 강요죄 구성요건의 특별한 불법내용, 즉 의사활동의 자유 침해에 해당하는 것이다. 협박자가 협박을 실현했지만 그 이상의 협박을 유지하지 못한다면, 경우에 따라서는 강요될 자에 대해 행한 협박수단은 그 효과를 잃게 된다(Sommer, NJW 1985, 769, 771).

프랑크푸르트 지원이 전산망에 대한 영향을 물건에 대한 영향과 동일시하고, 이 행위가 연방헌법재판소 판결의 요구에 상응하도록 물리적인 강제로써 작용한다는 견해를 취하는 한, 이 견해는 문헌의 지배적인 입장들과 일치하지 않는다. 이러한 입장은 연방헌법재판소의 판결에 의해서 '물건에 대한 폭행'이란 표제하에 논의된 사례들에서는 폭력을 인정하지 않는다(Schönke/Schröder‒Eser, StGB, Rdnr. 10; MK‒Gropp/Sinn, StGB, § 240 Rdnr. 63; Buchwald, DRiZ 1997, 513, 520; Paeffgen, a.a.O.). 인터넷이 물건과 동일시될 수 있는가 하는 문제는 이미 의심이 있다. 그 효과가 두 사례에서 주로 사람에 대해 향해 있는 것이 아닌 점에서 이 사례들은 동일하다.

하지만 '물건에 대한 폭행'의 복잡성에 관한 판례를 근거로 하더라도 폭행은 본 사례에서 긍정될 수 없다. 이러한 원칙들의 발전을 고려하는 것은 우선 제국법원과 이후 이를 따르는 고등법원의 판례가 물건에 대한 영향이 유형적으로 발생하고 단지 강제가 물건의 차단을 통해서 행사되지 아니하는 경우에만 폭행을 인정하고 있다는 결과에서 나온다. 이 판례가 근거로 하고 있는 것은 제국법원의 판결들이다. 제국법원은 이에 대해서 다음과 같이 상세하게 설명하고 있다. 폭행이 사람에 대해서 행해진 것으로 인정되기 위해서는 물리적으로 지각되어야 한다고 한다(RGSt 20, 354, 356). 형법 제240조에서 필요한 폭행을 통한 타인에 대한 강요에서는 외형상 오로지 물건에 대해서만 사용된 행위들이 단지 이러한 요건하에서만 해당한다고 한다. 그러므로 관련자의 심정과 결정을 야기할 수 있거나 야기하는 효과를 고려한 단순한 상태의 야기로는 충분하지 않다고 한다. 그러한 상태의 초래는 절도와 그 밖의 다른 범죄에서 받아들여질 수 있다. 이 경우에 이미 문언에서 도출되는 바와 같이(RGSt 20, 354, 355) 형법 제240조의 형벌규정을 고려하는 것은 입법자의 목적이 되지 않았다고 한다. 제국법원은 이 견해의 근거를 입법사에서 끌어내고 있다(RGSt 3, 139). 이에 의하면 제2차 형법초안은 "다른 사람을 강요하기 위해서 그에게 폭행을 행사하는 자"로 언급하고 있다. 입법이유서 117면에는 프로이센을 제외한 독일 대부분 형법전의 견해와 일치시키기 위해서 타인에 대한 폭행개념이 이 법률에 수용되었다는 것이 특별히 언급되어 있다. 폭행 그 자체를 가벌적으로 하기 위해서 폭행은 다른 사람에 대해 향해 있어야 한다는 규정들이 이 법전들에 대부분 포함되어 있다고 한다. 형법 제240조에 포함된 표현인 '폭행을 통한 타인의 강요'에는 다른 의미가 부여되어서는 아니 된다는 점이 이로부터 나오지 않는다고 한다면, 오로지 물건에 대한 폭행이 법률에서 형벌로 처벌되는 강제에 포함될 수 없다(RGSt, a.a.O.)는 점은 상술한 개념을 설명하는 초안이 사용한 것보다 더 넓게 따를 수 있다고 한다. 이런 근거를 토대로 해서 제국법원(RGSt 7, 269, 271)은 주거에 대한 영향력을 통하여 주거 그 자체로서 존재하는 것보다는 이를 다소 다른 방법으로 이의 부결성을 침해하는 경우에는 폭행을 인정히었다. 즉 가구가 치워져 있고, 문이나 창문의 잠금장치가 결여되어 있는 주거공간은 일반적으로 그 이후의 주거자를 위해서 그 목적을 더 이상 충족시킬 수 없으므로 그가 이곳을 떠나도록 결심을 강요할 수 있을 것이라고 한다. 고등법원 판례들은 이러한 사례들에서 제국법원의 판례를 토대로 하여 부분적으로 폭력을 부정하거나(OLG Köln StV 1996, 266; OLG Neustadt MDR 1957, 309; BayObLG NJW 1959, 496) 긍정하였다(OLG Köln MDR 1959, 233; OLG Karlsruhe MDR 1959, 233; OLG Hamm NJW 1983, 1505; OLG Köln NJW 1996, 472). 지원이 근거로 하고 있는 Träger/Altvater(LK‒Träger/Altvater, a.a.O., § 240 Rdnr. 50)의 견해도 다음과 같이 설명하고 있다. 피해자의 물건(객체)에 대한 취거나 파괴 또는 피해자의 환경에 대한 영향은, 피해자의 행위가능성을 제한하는데, 단순히 강요된 폭행으로 단계화될 수 없다고 한다. 왜냐하면 이것은 절도와 재물손괴, 또한 불가벌인 재물박탈 또는 계약상 의무의 침해는 강요죄의 구성요건을 충족할 수도 있을 것이기 때문이라고 한다. 재물박탈 또는 재물손괴와 관련되는 강제를 물리적으로 설명하지 않는다는 것을 통해서 확실히 이를 모면할 수 없다고 한다. 당사자는 이 사례들에서 자기의 의사에 따라서 행위 할 수 없다고 한다. 즉 이와 모순되는 방해는 오로지 신체적인 특성이지 심리적인 특성이 아니라고 한다.

하지만 물리적인 강제효과가 필요하다는 이러한 해석은 이 표지에게 모든 식별력을 부여한다. 왜냐하면 이러한 해석은 신체적인 효과를 물리적인 원인의 투입으로 단순화하여, 그것은 최종적으로 모든 행위에 있어서 주어져 있을 것이기 때문이다(vgl. Lesch, StV 1996, 152, 153). Träger/Altvater가 주장하는 그 밖의 차이점도 설득력이 없다. 이러한 점에서 그 행위가 완료된 사실의 형성으로 제한되고, 행위자가 그 밖의 아무런 목적을 추구하지 않으며, 이러한 피해자의 효과가 그에게 문제 되지 않는 경우에는 강요가 존재하지 않는다고 그들은 설명하고 있다. 비록 이러한 신체적인 강제가 있고 이것이 폭력을 의미한다고 하더라도, 피해자가 불편한 상황을 받아들이도록 최소한 일시적으로 강제당한다는 것이, 여기서는 충분하지 않다고 한다. 피해자에게 필요한 결과로서 그의 행위와 결부되어 있는 손해보다는 행위자에게 그것이 더 문제라는 것이 필요하다고 한다. 강요는 이 사례들에서 단지 행위자에게 곧바로 이러한 효과가 중요하거나 더 나아간 목적이 추구되는 경우에 한하여 수용될 수 있다. 여기서 구성요건의 충족이 행위자의 내부적 의사의 방향에 달려 있다는 것은 통상적인 것이 아니고 특히 심정형법의 비난을 정당화하지 못한다고 한다. 그래서 중립적인 행위 그 자체가 방조로써 평가될 수 있는가의 문제는 대개 내부적 구성요건을 보면 그 답이 나온다고 한다. 하지만 이에 대해서 강요된 폭행의 개념은 행위자의 의도와는 독립되어 정해질 수 있다고 이의가 제기될 수 있다. 왜냐하면 그렇지 않으면 그의 행위가 '강요된 폭행'으로 또는 단순한 강제로 평가될 수 있을지는 이 자에게 달려 있기 때문이라고 한다. 그러나 물건박탈(Sachentziehung)의 사례들에서 강제효과는 피해자의 행위를 달성하기 위해서 또는 물건을 소지하기 위해서 물건이 취거되었는가는 관계없이 항상 동일하다. 물건을 가져간 자는 절도를 범했지만, 강요를 범한 것은 아니다. 비록 보호자가 물건의 상실을 감내하거나 상실된 물건의 지배 때문에 다른 행위가능성을 선택해야 하는 경우에도 동일하다. 따라서 그 강제는 또한 설취(Wegnahme)로 인한 절도의 행위자가 곧바로 피해자의 다른 가능성에 도달할 것이라는 것을 통해서 강요된 폭행으로 되지 않는다(MK‒Gropp/Sinn, StGB, § 240 Rdnr. 63). 이에 상응하게 문헌에서는 세입자를 위해서 난방공급을 중단한 사례들에서는 이 행위가 물리적으로 행사된 경우, 즉 세입자가 추워지기 시작한 경우에 한하여 폭행을 인정했다(MK a.a.O.; NK‒Toepel, § 240 Rdnr. 71). 마지막으로 Träger/Altvater도 물건박탈의 사례에서 행위자의 주관적인 관넘만을 목적으로 하지 않는다. 그들이 열거한 예시사례들로부터 보여주는 바와 같이, 그들도 중요한 상황을 물리적인 요소로 보고 있다. 난방공급의 중단 사례에서 그들은 다음의 경우에는 이를 폭행으로 평가한다. 즉 이미 난방공급의 중단이 신체상에 작용하고 있고 이 물리적인 효과가 당사자를 직접 움직이도록 하기에 적합한 경우를 말한다. 만일 이것이 바로 그 사례라는 경우에만 폭행이 존재한다고 한다. 겨울에 난방을 끄는 것은 폭행이라고 한다. 여름에 이러한 행위는 아마도 중첩적 협박(폭행을 포함하는 협박)으로 파악될 수도 있다고 한다. 이 예가 보여 주는 것은 Träger/Altvaterdp 의해서 대변되는 견해 그 자체가 설득력이 있는 게 아니라, 오히려 한계의 문제가 된다는 것이다. 즉 실제와 같은 기준으로는 해결될 수 없고, 헌법상 특정성의 원칙과 일치할 수 없는 한계의 문제가 된다는 것이다. 이에 따라 폭행의 요건에 필요한 물리적인 지배설의 의미에서 피강요자에 대한 물리적인 효과는 당해사건에서는 주어져 있지 않다.

피해자와 이용자에의 효과는 그들이 루프트한자의 웹사이트를 불러올 수 없는 상황에 국한되어 있다. 따라서 물리적인 침해는 이와 관련되어 있지 않다. 피고인은 또한 이용자들에게 이러한 영향으로 작위, 용인 또는 부작위의 의미에서 그 이상의 목적을 추구하지도 않았다. 이 새로운 매체에 대한 고객의 신뢰와 루프트한자의 이미지를 침해하려고 했던 의도는 고객의 의사의 영향에만 향해져 있었고 형법 제240조의 작위, 용인 또는 부작위에 향해 있지 않았다. 따라서 상황은 위에서 언급한 원칙들에 따라서 폭력으로 평가될 수 없는 단순한 물건의 박탈과 일치할 수 있다.

Kraft/Meister(MMR 2003, 366, 370)에 의하면 온라인 시위는 연좌시

위의 사례와 일치하고, 기술적인 과정을 전체로 보면 해당 홈페이지를 방문하는 것은 불가능할 수도 있다고 설명하면서 이를 부정한다. 이러한 설명은 애초부터 문제가 있다. 왜냐하면 연좌시위의 사례에서는 피해자가 행동의 자유로 제한되기 때문이다. 이는 온라인 시위 사례에서는 존재하지 않는 것이다. 인터넷 사용자는 나아가서 무제한적으로 행동할 수 있고 다른 행동으로도 나아갈 수 있다. 물건이 이용될 수 없는 것에 유일한 제한이 있는 절도의 사례와 아무런 차이가 없다. Kraft/Meister에 의해서 대변되는 해석은 입법자로부터 폭행의 개념을 통해서 의도된 제한은 다시 중지되어야 한다는 것이다. 하지만 인용된 연방헌법재판소 판결의 기본원칙들로부터 이러한 해석은 헌법상 허용되지 않는다.

따라서 형법 제240조의 폭행이 부정되기 때문에, 루프트한자를 강요하기 위해서 인터넷 이용자인 제삼자에 대한 폭력이 충분한가 하는 것은 더 이상 설명이 필요 없다.

인정한 사실관계는 가혹한 해악을 가진 협박의 형태인 강요의 미수 구성요건도 충족하지 못한다. 협박은 해악을 고지하는 것이다. 이 때 해악의 실현은 피협박자가 행위자의 의사에 의해서 반응하지 않는다는 점에 날려 있다(Schönke/Schröder – Eser, a.a.O., Vorbem. § 234 Rdnr. 30). 해악은 협박자의 의사에 의존하는 것이어야 한다. 행위자가 영향을 미칠 수 있거나 그럴 수 있다고 구실로 삼을 수 있는 경우에는(Tröndle/Fischer, StGB, § 240 Rdnr. 36), 제삼자의 행위나 결정으로 협박을 받을 수 있다. 여기서 피고인은 루프트한자가 강제추방에 협력하는 것을 중지하는 것과 독립해서는 온라인 시위를 실행할 수 없었다. 2001년 5월 14일자의 호소는 오히려 요건을 갖추고 수행된 것이 아니었다. 시위는 강제추방에 협력하는 루프트한자를 대상으로 하고 있었다. 하지만 이러한 상황만으로는 본 사건에서 이를 해명하는 문언에 반해서 중첩적 협박을 받아들이기에 적합하지 아니하다. 지원이 인용한 판례는 관련이 없다. 이에 의하면 고지된 해악의 효과가 피강요자에게 장기간 지속되고 곧바로 장기간에 대한 두려움이 피강요자를 행위자가 의도한 행위를 유발하게 하거나 이를 통해서 해악을 방지하기에 적합한 경우에 한해서 중첩적 협박으로부터 출발할 수 있다고 한다. 협박은 단지 고지함으로써, 가령 장래에 암시하는 것으로 개념화될 수 있고, 사건의 실현에 있어서 동시에 고지가 존재하지 않을 수 있는 경우에는 기본적으로 효력이 있다(BGH NStZ 1984, 854). 그러므로 해악의 실현이라는 예외적인 사례에서만 더 나아간 해악의 고지가 포함될 수 있다(Sommer, NJW 1985, 770, 771). 이러한 예외사례는 여기서 존재하지 않는다. 시위는 처음부터 시간상 제한되어 있었다. 호소 시의 시간대는 2001년 6월 20일 10시에서 12시까지로 명확하게 언급되어 있었다. 시위를 계속하거나 반복하도록 한 의도에 대한 근거는 인정되지 않는다. 만일 피고인의 호소로부터 짧은 시간 동안 시위의 성공으로 인해서 인터넷 미디어에서의 루프트한자의 고객 신뢰가 장시간 손상되고 루프트한자가 이미지에 손상을 입고, 그리하여 중첩적 협박이 근거를 가질 것이라는 사실을 만일 프랑크푸르트 지원이 설명한다면, 이러한 논증을 불러일으키지는 않을 것이다. 따라서 지원은 오히려 의도된 효과만을 설명하고 피고인의 중첩적인 강요에 대해서는 설명하지 않았다. 따라서 강요를 공연히 선동하는 범죄의 구성요건은 성립하지 않는다.

2. 공연선동 및 데이터변경죄(제111조 및 제303a조)의 성립 여부

또한 데이터변경의 선동에 대한 가벌성((§ 111 StGB i.V.m. § 303a StGB)도 판결 선고의 기초로써 불가능할 수 있다. 우선 지배설 (Schönke/Schröder – Stree, a.a.O., § 303a Rdnr. 3; LK – Tolksdorf, StGB, § 303a Rdnr. 5; NK – Zaczyk, § 303a Rdnr. 32; Hilgendorf/Valerius, Computer und Internetstrafrecht, Rdnr. 197; Kraft/Meister, MMR 2003, 372)에 따르면, 구성요건에는 타인의 처분권에 대한 침해가 필요하다. 하지만 본 사안에서 제삼자의 경우 인터넷상에서 루프트한자 웹서버에 접근할 수 없으므로 데이터의 은닉을 위해서는 아무런 역할을 하지 못한다. 오히려 처분권자, 즉 일반적으로 웹사이트의 운영자가, 데이터에 접근할 수 없는 점이 문제가 된다(Hilgendorf/Valerius, a.a.O.). 처분권자가 데이터의 접근에 방해를 받았는지는 판결에서 추론되지 않는다. 따라서 이 점은 고려되지 않는다. 재판부의 견해에 의하면 데이터변경의 구성요건은 이미 은닉의 구성요건표지가 존재하지 않기 때문에 배제된다. 인용된 사실인정에 따르면 데이터의 억류를 위해서 호소한 시간은 기껏해야 2001년 6월 20일 10시에서 12시 사이가 고려되었다.

문헌에서 시시되고 있는 견해에 반해서(Tröndle/Fischer, StGB, § 303a Rdnr. 10; LK – Tolksdorf, a.a.O., Rdnr. 27; NK – Zaczyk, a.a.O., Rdnr. 8; SK – Heuer, StGB, Rdnr. 9; Hilgendorf, JuS 1996, 891) 은닉의 표지는 데이터가 단지 일시적으로(여기서는 겨우 2시간 동안) 그리고 비영구적으로 차단되어 있는 경우에는 주어져 있지 않다. 반대견해로부터 설명되고 있는 논증은 설득력이 없다. 장기간 차단에 대한 요구로 데이터의 은닉이 데이터의 횡령으로 새로운 해석을 하는 것이 적용된다고 하는 한, 규정의 체계적인 위치를 근거로 이러한 논증은 이미 애초에 결함이 있음을 오해하고 있는 것이다. 이 규정은 절도와 횡령의 장에 속하는 것이 아니라 재물손괴의 장에 속한다. 경우에 따라서는 독자적이고 다른 유형의 범죄 성격을 가진 횡령범죄를 근거로 하여 은닉의 구성요건표지 해석을 할 때, 이러한 설명에서는 아무것도 도출되지 않는다.

문서은닉죄의 구성요건(§ 274 StGB, vgl. LK‒Tolksdorf, a.a.O., § 303a Rdnr. 27)에서 은닉의 구성요건표지의 해석을 준용하는 것도 이와 동일하게 적용된다. 이 규정에 대해 문헌에서(Tröndle/Fischer, a.a.O., § 274 Rdnr. 5; LK‒Gribbohm, StGB, § 274 Rdnr. 31) 지지되고 있는 견해는, 제국법원의 판례로 소급하고 있다(RGSt 39, 81). 이 견해는 은닉의 구성요건표지를 위해서 일시적인 억류로 충분하다고 한다. 제국법원은 결정된 사안에서 각각의 제한 없이 문서의 일시적인 은닉을 구성요건에 해당하는 것으로 간주하였다. 제국법원은 오히려 문서의 일시적인 억류도 은닉일 수 있다는 것을 상세히 설명하고 있다. 이것은, 즉 다음의 경우에 해당한다고 한다. 억류로 인한 그 이상의 이익이 행위자를 위해서 존재하지 않음에 반해서(RGSt, a.a.O.), 문서는 어느 정도의 시간적 간격 내에서 억류됨으로써 의도한 손해가 곧바로 야기될 수 있는 경우에야 비로소 이에 해당한다고 한다. 제국법원은 은닉 구성요건의 해석에 있어서 문서은닉의 관점에서 (따라서) 형법 제274조에서 포함된 가해고의의 구성요건표지를 도출해 내고 이로써 어떠한 상황하에서 문서의 일시적인 억류가 충분한지를 확정하기 위해서 특정성의 원칙에 충분하고 적절한 기준을 발견하였다. 하지만 본 사건에서는 일시적 이용의 제한적 해석을 위해서 도출될 수 있는 그 밖의 구성요건표지는 존재하지 않는다. 일시적 이용의 경우 어떠한 시간대가 충분할 수 있는지에 대한 적절한 기준은 반대견해로부터도 설명되지 않았고 의도되지도 않았다. 이들의 관점에서 그리고 데이터변경의 구성요건의 법적 견해는 무한히 확대되어 파악되었다는 관점에서(Frommel, JuS 1987, 667; Hilgendorf, JuS 1996, 891) 제한적인 해석이 허용되고 있다. 그렇지 않으면 최후보충성 원칙의 침해로 아무런 해가 없는 활동도 형법 제303a조의 구성요건 영역으로 끌어들일 수 있다(Hilgendorf, a.a.O.). 나아가서 문언의 의미도 시간적 요소는 포함하고 있지 않다. 은닉은 Duden 사전에 의하면 '유치하다 또는 발행하지 않게 하다'는 것을 의미한다. 일시적인 은닉은 충분한 것으로 고려되지 않는다는 견해를 위해서 이로부터는 아무것도 도출되지 않는다. 무엇보다도 입법이유서에서 입법자가 일시적인 박탈을 충분한 것으로 보았다는 어떠한 근거도 발견되지 않는다. 이에 의하면 데이터가 권리자의 접근으로부터 제지되어 더 이상 사용될 수 없는 경우에만 데이터의 은닉이 존재한다(BT-Drs. 10/5058, S.35). 입법이유서에 표현되어 있는 입법자 의사의 관점에서 그리고 해결될 수 없고 특정성의 관점에서도 이론의 여지가 있는 한계의 문제(이는 반대견해도 이어지는) 때문에, 여기서 지지되는 견해는 장점을 가지게 된다. 따라서 인정된 사실관계는 데이터변경의 선동 구성요건으로 포섭될 수 없다.

따라서 원심판결은 존립할 수 없다. 본 사건을 반송할 필요 없이 재판부는 본 사건을 결정할 수 있다(§ 354 Abs. 1 StPO). 따라서 피고인은 무죄로 선고되어야 한다.

Ⅳ. 평석

온라인 시위를 다룬 1심법원인 프랑크푸르트 지원은 피고인에게 강요행위의 공연선동을 이유로 벌금형을 선고하였다. 하지만 프랑크푸르트 고등법원은 1심법원의 판결을 번복하고 피고인에게 무죄를 선고하였다.

이 판결에서 다루고 있는 온라인 시위의 방법은 소위 DoS 공격 (Denial of Service)에 해당한다. DoS 공격은 대량의 정보를 인터넷서버에 보내어 서버의 기능에 장해를 주는 해킹 기법의 일종이다. 대량의 정보를 받은 서버는 보통 부하에 걸리게 되어 해당서버가 제공하던 서비스가 호출되지 않거나 호출이 지연됨으로써 해당 서버의 기능에 장해를 입히게 된다.

법원은 (개정 전) 형법 제303a조 및 제303b조의 경우 시간이 정해져 있는 DoS 공격은 포섭되지 않는다는 견해를 취하고 있다. 시간이 정해진 공격은, 그것이 다른 범죄, 예를 들어 강요와 같은 다른 범죄와 결부되어 있지 않는 한, 소추될 수 없다는 것을 의미한다. 또한 해당 회사는 수사권을 가지고 있지 않을 뿐 아니라, 인터넷서비스제공자의 협력도 받을 수 없기 때문에 DoS 공격자에 대하여 민사법상의 절차로도 해결이 어렵다.

하지만 고등법원의 판결은 법률흠결의 당연한 결과가 아니라, 처분권과 관련하여 기술적 고려를 충분히 하지 아니한 결과이며 또한 은닉 구성요건을 극도로 제한한 해석의 결과라고 생각된다.

우선 기술적 분석의 미비성과 관련하여 살펴보면, 법원은 지배설에 따라 형법 제303a조의 구성요건은 타인의 처분권에 대한 침해를 요건으로 하고 있다는 점을 환기시켜 주고 있다. 그러나 법원은 오로지 인터넷사이트의 운영만을 처분권이 있는 것으로 보는 견해를 부정하고 있다. 이용자가 타인정보의 소비자로서 간주되어 오로지 읽기권한만 가지고 행위 하는 일방적인 정보제공이 문제 되는 사례에 있어서는 법원의 견해는 적절하다. 그러나 공격의 대상인 루프트한자의 해당 인터넷사이트는 순수한 정보의 호출만이 아니라 다양한 지위에 있는 이용자들에게 독자적인 쓰기권한과 같은 적극적인 접근도 제공하고 있다. 따라서 보너스 프로그램에 등록된 참여자도 로그인할 수 있고 그들이 제공한 개인정보, 예를 들어 주소 등을 변경할 수도 있다. 따라서 DoS 공격을 통해서 루프트한자는 그들의 고객 정보의 가능성뿐만 아니라, 이용자들에게 이용자 계정에의 접근가능성도 가지게 된다. 이러한 배경에서 호출할 권리가 있는 이용자가 형법 제303a조의 무결성보호와 연관 짓는 것은 정당화될 수 있는 것으로 보인다. 하지만 법원은 기능에 대한 충분한 기술적 분석으로 이를 부정하고 있다.

또한 은닉 구성요건의 제한적 해석과 관련하여 법원은 문헌의 지배설과 다른 견해를 취하고 있다. 즉 데이터가 단지 일시적으로 접근하지 못하도록 된 경우에는 은닉의 구성요건표지가 관련되지 않는다고 한다. 문서범죄와 관련하여 은닉의 구성요건표지에 대한 제국법원의 판례를 상세히 검토함으로써 법원은 다음의 견해를 지지하고 있다. 즉 구성요건을 보다 더 제한하는 요건 없이는 데이터의 일시적 은닉은 특정성의 원칙과 충돌할 수 있다고 한다. 오로지 시간적인 요소를 고려하는 경우에는 그 한계가 명확히 그어지지 않는 한에서 이 점에 동의할 수 있다. 그러나 시간적인 요소가 배제되어 질적인 관점에서 구성요건표지의 해석과 관련이 더 이상 없게 된다면, 이러한 사고방식은 극복될 수 있다. 예를 들어 항공기의 운영시스템과 같은 서버시스템이 공격을 받아서 짧은 시간 동안 방해를 받게 된다면, 그 범위와 강도는 쉽게 개관할 수 있는 시간적인 침해에도 불구하고 형법 제303a조의 은닉의 구성요건에 해당하게 될 수도 있다.[9] 또한 이러한 판결을 따르게 되면 데이터의 은닉과 삭제 사이의 차이가 더 이상 가능하지 않을 수도 있다.[10]

그리고 법원은 사용불능의 구성요건표지에 대해서 아무런 검토를 하지 않았다. 사용불능은 규정에 따른 데이터의 사용가능성이 침해된 경우에 관련된다.

독일은 2007년 8월 11일 발효된 제41차 형법개정으로 사이버범죄와 관련한 규정들을 대폭 보완하였다. 본 사안과 관련되는 규정으로 형법 제303a조(데이터 손괴죄), 형법 제303b조(컴퓨터업무방해죄), 형법 제202c조(앞 두 범죄의 예비죄) 등이다. 이 규정들은 유럽이사회의 사이버범죄방지조약과 유럽연합의 정보시스템의 공격에 대한 기본결정을 국내법에 전환한 것이다.[11] 이리하여 데이터의 입력 또는 전달을 통해서 데이터처리에 장애를 일으키는 행위도 처벌되게 되었다. 따라서 다른 사람에게 손해를 끼치게 할 의도로 짧은 시간 동안 장애를 일으키는 행위는 은닉의 구성요건표지의 해석과 상관없이 포섭되게 된 것이다.

한편 이러한 온라인 시위는 기본법 제8조 제1항 집회의 자유, 제5조 제1항 표현의 자유, 제2조 제1항 일반적 행위의 자유에 해당하는

---

9) Gercke, MMR 2006 Heft 8, S.552.

10) Hilgendorf, jurisPR－ITR 10/2006 Anm. 5.

11) 이에 대해서는 박희영, 독일의 컴퓨터 범죄 방지에 관한 개정형법의 분석 및 평가, 2007, 인터넷법률, 법무부, 통권 제40호(2007. 10), pp.75－100 참조.

지 의문이다. 하지만 1심법원은 공동의 행위장소와 참여자들의 내부적 연대감의 결여를 이유로 여러 사람들이 인터넷사이트의 서비스 기능을 제한할 목적으로 그 서비스 기능에 동시에 접근하는 것은 기본법 제8조 집회의 자유에 해당하지 않는다고 보고 있다. 정보화사회의 결과로 디지털 공간에서의 집회 자유를 확대하거나 형성하는 것이 필요하다고 본다.

우리 형법상 관련 규정과 비교해 보면, 우선 일반적으로 공연히 범죄를 선동하는 행위를 처벌하는 독일 형법 제111조(공연범죄선동죄)와 같은 규정은 존재하지 않는다(다만, 개별 규정으로 형법 제90조 제2항, 제101조 제2항, 제120조 제2항이 있다). 교사범과 동일하게 처벌하는 독일 형법 제111조는 특히 문서 유포를 통한 선동도 규정하고 있기 때문에 인터넷과 같은 곳에서도 적용되어 가벌성의 범위를 상당히 넓혀 주고 있다. 하지만 이러한 규정이 필요한가에 대해서 형벌 규정의 확장 측면에서 신중한 고려가 필요하다. 또한 우리 형법 제324조의 강요죄는 폭행 또는 협박으로 사람의 권리행사를 방해하거나 의무 없는 일을 하게 한 행위를 처벌하고 있다. 우리 형법상 폭행의 개념은 일반적으로 세 가지 의미(광의의 협박, 최협의의 협박, 협의의 협박)로 나누어지는데, 협박죄의 협박은 상대방이 현실로 공포감을 느낄 수 있을 정도의 해악의 고지가 있을 것을 요하는 협의의 협박에 해당한다. 강요죄에서의 협박도 이에 준한다. 폭행의 경우는 4가지(최광의의 폭행, 광의의 폭행, 협의의 폭행, 최협의의 폭행)로 구분하고 있는데, 강요죄의 폭행은 사람에 대한 직간접 유형력의 행사를 말한다. 이 경우 폭행은 사람에 대한 유형력을 의미하지만, 반드시 사람의 신체에 대하여 유형력이 가하여질 것을 요하지 않고 물건에 대한 것이라 할지라도 간접적으로 사람에 대한 것이라고 볼 수 있으면 족하다고 보고 있다. 즉 강요죄에서의 폭행과 협박은 반드시 상대방의 반항을 불가능하게 하거나 곤란하게 할 정도에 이를 것을 요하지 아니하지만, 적어도 상대방에게 공포심을 주어 그 의사결정과 활동에 영향을 미칠 정도에 이를 것을 요한다. 또한 폭행·협박의 상대방이 반드시 피강요자와 일치할 필요는 없다. 따라서 제3자에 대한 폭행이나 협박은 피강요자에게 고통을 주거나 그 의사결정에 영향을 미치면 그것으로 충분하다. 강요죄의 해석론은 독일과 별로 차이가 없으므로 유사한 결론에 이를 수 있다.

따라서 강요죄보다 본 판결의 대상이 된 사건에 직접 적용될 수 있는 우리 형벌법규로는 우선 정보통신망법상 악성프로그램전달 및 유포죄(동법 제62조 제4호 및 제48조 제2항)와 정보통신망장애죄(동법 제62조 제5호 및 제48조 제3항)를 고려해 볼 수 있다. DoS 프로그램이 악성프로그램에 해당한다면 악성프로그램유포죄가 적용될 수 있지만, 루프트한자의 컴퓨터서버가 정보통신망에 해당하는지는 의문이기 때문에 정보통신망장애죄가 성립하는지는 의문이다. 이 경우에는 오히려 형법상 컴퓨터손괴업무방해죄가 적용될 가능성이 있다.

09 스키밍(Skimming)과 데이터 탐지죄

Kein Ausspähen von Daten beim Skimming

BGH, Beschluss vom 14.1.2010 − 4 StR 93/09(LG Münster)

I. 판결요지

은행의 지불카드(현금 및 신용카드 등)의 복제본을 만들기 위해서
이 카드의 자기 띠에 저장되어 있는 데이터를 단순히 읽어 내는 행위
(소위 스키밍: Skimming)만으로는 형법상 데이터 탐지죄(제202a조)[1]의
구성요건을 충족하지 않는다.

---

1) 형법 제202a조(데이터의 탐지) ①: 자신을 위해서 특정되어 있지 않고 무권한 접근에 대해서 특별히 보
  호되어 있는 데이터를 권한 없이 자신 또는 다른 사람이 탐지하도록 한 자는 3년 이하의 자유형 또는 벌
  금형에 처한다. ②: 제1항의 데이터란, 전자적, 자기적 또는 그 밖에 직접 인식할 수 없게 저장되어 있거
  나 전달되고 있는 데이터만을 의미한다.

II. 사실관계

뮌스터 지방법원은 4가지 사안에서 피고인 V, Ch, N에 대하여 보증기능이 있는 지불용 카드의 영업적 및 조직적 위작[2]과 데이터 탐지의 상상적 경합으로 인한 유죄판결을 선고하였다(그 중에서 2가지 사례는 영업적 및 조직적 컴퓨터사기죄와 상상적 경합관계에 있다). 그리고 피고인 P에 대해서는 3가지 사안(이 중에서 2가지 사례에서 영업적 및 조직적 컴퓨터사기의 방조와 상상적 경합관계 있다)에서 보증기능이 있는 지불카드의 영업적 및 조직적 위작과 데이터 탐지의 상상적 경합 그리고 보증기능이 있는 지불카드의 위작 방조에 대하여 각각 유죄판결을 선고하였다.

지방법원은 피고인 V와 N에게는 유기징역 5년을, 피고인 Ch에게는 유기징역 5년 9개월을 그리고 피고인 P에게는 유기징역 5년 3개월을 각각 선고하였다. 피고인들은 상고신청에서 자신들의 실체적인 권리를 침해당하였다고 비난하고 있다. 게다가 피고인 P와 Ch는 절차에 대해서도 이의를 제기하고 있다.

상고는 다만 부분적으로 허용되었다.

III. 판결이유

1. 상상적 경합으로 각각 범해진 데이터 탐지죄에 대한 비난은 연

---

[2] 형법 제152a조 제1항의 행위(지불카드, 수표 및 어음의 위작).

방검찰청의 동의로 형사소송법상 소추의 제한(제154a조 제1항, 제2항)[3]에 근거하여 형사소추로 받아들여졌다. 제4부의 견해에 의하면 은행 지불카드를 복제하기 위해서 이 카드의 자기 띠에 저장된 데이터를 단순히 읽어 낸 행위는, 형법상 데이터 탐지죄의 구성요건을 충족하지 않는다. 형법상 데이터 탐지죄를 규정한 제202a조 제1항은 특히 다음을 요건으로 한다. 즉 행위자가 자신 또는 다른 사람을 위해서 접근보호조치를 극복하여 무권한 접근으로부터 특별히 보호되고 있는 데이터에 접근하는 것을 요건으로 한다. 그러나 제202a조는, 데이터가 단지 읽히기만 한 경우에는, 그러한 접근보호조치의 극복을 필요로 하지 않는다. 이러한 행위는 거래상 관행으로 사용되는 카드 리더기[4]와 경우에 따라서는 시중에서 구입할 수 있는 소프트웨어를 사용하여 쉽게 가능하다.

데이터가 자기적으로 저장되어 있고 직접 인식할 수도 없도록 저장되어 있다는 사실만으로는 무권한 접근에 대한 특별한 보호조치로 볼 수 없다. 오히려 형법 제202a조 제2항에 의하면, 이러한 방식으로 저장되어 있는 데이터에 한해서만, 동 조 제1항 의미의 데이터가 문제 된다. 이로부터 알 수 있는 것은, 이러한 종류의 저장은 형법 제202a조 제1항의 의미의 특별한 저장이 아니라, 이 밖에 데이터에의 무권한 접근을 배제하거나 적어도 상당히 어렵게 하는 보호장치가 강구되어 있어야 한다는 점이다(vgl. Fischer StGB 57. Aufl. § 202a Rdn. 8). 제4부

---

3) 제154a조(소추의 제한) ①: 한 개의 범죄행위 중 분리 가능한 개별행위 또는 동일한 행위에 의해 이루어진 수 개의 법률 위반 중 개별행위가. 1. 예상할 수 있는 형벌이나 보안처분에 의해서 그다지 중요하지 않은 경우. 그 행위의 나머지 부분이나 나머지 법률위반에 대해서 소추가 제한될 수 있다. 제154조 제1항 제2호는 준용한다. 이 제한은 문서로 되어야 한다. ②: 공소장의 제출 이후 법원은 절차의 어느 단계에서나 검사의 동의를 얻어 이러한 제한을 할 수 있다.

4) 카드의 자기 띠에 기록된 데이터를 읽어 내는 장치.

는 2005년 5월 10일 제3형사부의 판결(3 StR 425/04)(NStZ 2005, 566)[5] 때문에 유죄판결의 변경에 방해가 있다고 본다. 법적인 문제를 규명하기 위해서 필요한 문의절차의 수행[6]과 아마도 이에 의하여 허용되는 대형사부의 요청을 통해서 상소절차의 종료는 상당히 지체될 수도 있다는 점을 고려한다면, 부는 이 절차에 있어서 이러한 법적인 문제의 해명을 중단한다. 그 외에 3년 이하의 자유형 또는 벌금형으로 위하되는 데이터 탐지죄는 보증기능이 있는 지불카드 위작의 중죄보다는 상당히 중요하게 고려되지 않는다.

2. 형사소추가 제한되면 이에 상응하게 유죄판결도 변경된다. 형법 제202a조의 형벌구성요건의 실현은 보증기능이 있는 지불카드의 위작과 함께 상당히 중요하게 여겨지지 않는다. 하지만 그럼에도 불구하고 제4부가 배제할 수 없는 것은, 피고인의 유죄판단은 데이터 탐지 때문에 개별형벌의 양정에 영향을 미친다는 점이다. 왜냐하면 지방법원은 이 형벌구성요건의 상상적 경합 실현을 모든 피고인에게 명백하게 형벌을 강화한 것으로 평가하였기 때문이다. 이는 피고인 V, Ch, N의 관점에서 전체 유죄판단의 무효를 위해서 필요하다.

피고인 P의 관점에서는 앞서 언급한 근거로부터 공소사건 1 내지 3에서 선고된 개별형벌들 및 전체 형벌에 대한 유죄판결은 변하지 않는다. 이에 반해서 보증기능이 있는 지불카드 위작의 방조에 대한 공

---

5) 이 판결은 독일 은행의 하나인 슈파카세(Sparkasse)에서 발급한 EC 카드(현금카드)에 저장된 데이터를 알아낸 경우, 이에 대한 고소권자는 이 카드의 소유자가 아니라, 이를 발급한 은행이며, 나아가서 이 카드의 수많은 복제행위는, 그 복제행위가 지속적인 작업 과정에서 장소적·시간적으로 결합되어 있는 경우에는 개정 전 형법 제152a조 제1항의 행위(지불카드의 위작)에 해당한다고 판시하였다(BGH, Urteil vom 10.5.2005 - 3 StR 425/04(LG Mönchengladbach).

6) 법원조직법 제132조 ③ 각 부의 결정이 다르게 될 경우 부는 이를 인정한 부에 그의 법적 견해를 계속 유지할 것인가를 질문으로 밝힌 경우에만, 대부(대민사부 및 대형사부) 또는 통합대부(민형사통합대부)에의 제소가 허용된다.

소사건 4에서 피고인에게 선고된 1년 6개월의 개별형벌의 양정은 피고인의 불이익에 대하여 법적 결함이 있음을 나타낸다.

Ⅳ. 평석

본 사안에서 연방대법원 제4형사부는 형법상 데이터 탐지죄가 소위 스키밍에도 적용되는가를 다루고 있다. 물론 제4형사부는 그 적용을 부정하고 있다.

스키밍이란 카드리더기(Skimmer)를 사용하여 타인의 현금카드나 신용카드의 자기 띠에 기록된 데이터를 읽어 낸 후, 이를 기록이 안 된 다른 빈 카드에 옮겨서 저장한 다음, 복제본을 제작한 후 미리 알아낸 비밀번호(PIN)를 이용하거나 다른 방법으로 이를 알아내어 이 카드를 남용하는 것을 말한다.

최근 유럽 및 미국 등지에서 이러한 스키밍 공격에 의한 현금 및 신용카드의 남용사례가 자주 발생하여 많은 피해자를 발생시키고 있다. 독일의 경우도 스키밍에 의한 범죄가 날로 증가하고 있다. 현금자동인출기범죄의 경우 2008년의 경우 전년도에 비해 149%나 증가하였다고 한다. 이러한 폭발적인 증가의 배후에는 소위 스키밍 공격에 의한 범죄가 자리 잡고 있다고 한다. 지난해에는 18,000명의 독일인이 이러한 카드사기의 피해자가 되었는데, 그 손해액은 연간 40,000,000 유로에 이른다고 한다. 올해에는 그 피해가 더욱 증가할 것이라고 보안기관은 내다보고 있다.[7]

종래 이러한 사안에 대하여 연방대법원 제3형사부는 지난 2005년

5월 10일 판결(3 StR 425/04)에서 "수많은 카드의 복제행위가 지속적인 작업 과정에서 장소적·시간적으로 결합되어 있는 경우에, 이러한 카드 복제행위는 개정 전 형법 제152a조 제1항의 행위(지불카드의 위작)에만 해당한다"고 판시한 바 있다. 또한 제3형사부는 EC 카드의 복제는 이후에 사용할 의도로 제작되기 때문에, (예비행위로서의) 복제와 (실행행위로서의) 사용은 범죄동일성과 관련되어 있으며(vgl. BGH NStZ – RR 2001, 240; BGHSt 46, 48, 52; 146, 152), 이러한 카드 복제행위는 컴퓨터사기와 상상적 경합관계에 있다고 판시하고 있다.[8]

본 사안에서도 연방대법원 제4형사부는 은행의 지불카드의 복제본을 만들 목적으로 카드의 자기 띠에 수록된 데이터를 단지 읽기만 한 행위에 대해서는 형법 제202a조의 데이터 탐지죄의 구성요건은 충족되지 않는다고 판단하고 있다.

형법 제202a조 제1항에 의하면 특별한 접근보안조치의 부재와 그러한 접근보안장치의 제거의 부재로 가벌성은 탈락한다. 특별한 접근보안조치는 데이터에의 접근을 배제하기 위하거나 적어도 상당히 어렵게 하기 위한 보호조치가 마련되는 경우에만 있게 된다. 이러한 예로는 기계적인 조치(예를 들어 잠금장치나 봉인)나 기술적 조치 특히 시스템 내재적인 보호조치(예를 들어 비밀번호나 생체인식절차 등)가 있을 수 있다.[9]

하지만 자기 띠에 저장된 계좌번호나 경우에 따라서 거기에 있는 은행번호는 이러한 보호조치를 통해서 저장되어 있는 것이 아니다. 이러한 점에서 형법 제202a조 제1항에 의한 가벌성은 접근보호조치

---

7) jurisPR – ITR 9/2010 Anm. 6.

8) Ausspähen von Daten der von einer Sparkasse ausgegebenen EC – Karte. NStZ 2005. S.566.

9) Weidemann. in: BeckOK – StGB, Stand: 01.10.2009, §202a Rn. 13.

의 부재로 인하여 탈락한다. 설사 언급한 보호되지 않는 정보 외에 암호화된 데이터가 자기 띠에 존재한다고 할지라도, 형법 제202a조 제1항의 구성요건은 실현되지 않는다. 이 사례에서 접근보호조치의 존재는, 지배설에 의하면 데이터의 암호화도 형법 제202a조의 보안조치에 해당하기 때문에 긍정된다.[10) 하지만 지불카드의 자기 띠에 저장된 데이터를 단순히 읽고 저장하는 경우에는 이것이 극복되지 않는다.[11) 데이터를 읽어 내는 것은 상업적 관행으로 사용하는 카드리더기를 통해서 그리고 경우에 따라서는 시중에 거래되고 있는 소프트웨어를 통해서 간단히 가능하다.

그러나 극복(Überwinden)이란 구성요건표지는 접근보호조치를 무력하게 하거나 우회하는 행위도 포섭한다.[12) 하지만 여기에는 문제가 있다. 암호화된 데이터는 암호가 해독되지 않고 오히려 암호화된 상태로 저장되기 때문이다. 따라서 접근보안조치의 극복은 존재하지 않기 때문에, 자기 띠에 기록된 데이터를 읽어 내는 행위는 형법 제202a조 제1항의 구성요건을 충족하지 않는다.[13) 이러한 점에서 연방대법원 제4형사부의 판단은 옳다고 본다.

이 사건 이후 제4형사부는 이와 유사한 사건[14)에서 법원조직법상 문의절차를 통하여 제3형사부에게 문의를 했다. 이 사건에서 원심법원인 지방법원은 피고인에게 보증기능이 있는 지불카드의 영업적 · 조직

---

10) Fischer, StGB, 57. Aufl. 2010, §202a Rn. 9a.

11) Weidemann, in: BeckOK StGB, §202a Rn. 17.

12) jurisPR-ITR 9/2010 Anm; 이에 대한 반대견해로는 Braun/Heidberg, StRR 2010, S.91 참조. 하지만 저자는 상세한 설명 없이 보호조치의 존재와 이의 극복을 긍정하고 있다.

13) 참조: Gröseling/Höfinger MMR 2007, S.551.

14) BGH, Beschl. v. 18.03.2010 – 4 StR 555/09.

적 위작과 영업적·조직적 컴퓨터사기 및 데이터 탐지의 상상적 경합으로 유죄 판결하였다. 이에 대하여 제4형사부는 2010년 3월 18일 결정에서 "복제카드를 제작하기 위해서 보증기능이 있는 지불카드의 자기띠에 수록되어 있는 데이터를 단순히 읽어내는 행위는 형법 제202a조의 데이터 탐지죄의 구성요건을 충족하지 않는다"고 판단하기로 의도하고 있으므로, 제3형사부가 2005년 5월 10일 내린 판결(3 StR 425/04)을 계속 유지할 것인가에 대해서 문의를 하였다. 제4형사부는 만일을 대비하여 제1, 2, 5 형사부에도 이 판결이 모순되는지를 함께 질문했다.[15]

제3형사부는 이러한 질의에 대하여 2005년 5월 10일의 판결은 더이상 유지하지 않는다고 하였다. 그동안 유사한 사안에서 지방법원은 상세한 근거 없이 형법 제202a조의 데이터 탐지죄를 적용하여 유죄판결을 내려 왔는데, 제3형사부는 이에 대하여 이의를 제기하지 않았다. 하지만 이번 결정을 통하여 이러한 점이 해결된 것이다.

우리 형법의 경우 스키밍에 적용 가능한 규정은 형법 제316조 제2항을 생각해 볼 수 있다. 제2항은 전자기록 등 특수매체기록을 기술적 수단을 이용하여 그 내용을 알아낸 경우를 처벌하고 있는데, 현금카드나 신용카드에 저장되어 있는 기록은 특수매체기록에 해당하며, 카드리더기인 스키머는 기술적 수단에 해당한다. 그런데 지불카드에 수록되어 있는 기록은 대부분 암호화되어 있어서 일반적으로 그 내용을 알 수 없기 때문에 제2항을 침해범으로 보는 경우 이 규정을 적용할 수 없다. 스키머를 통해서 내용을 읽어 내는 행위는 그 내용을 알아내는 것이 목적이 아니라 이를 다른 카드에 옮겨 저장하여 복제카드를 제작하는 데 있으므로 내용의 탐지 여부는 중요하지 않다. 물론 내용의 불탐지

---

15) BGH·4 StR 555/09 - 18.

에 대해서 미수를 생각해 볼 수 있으나, 제316조 제2항은 미수범 처벌 규정이 아니다. 따라서 형법 제316조 제2항은 적용되지 않는다.

타인의 공개 무선랜을 무단사용한 경우의 가벌성

Strafbarkeit des Schwarz – Surfens

LG Wuppertal, Beschluss vom 19.10.2010 – 25 Qs 10 Js
1977/08 – 177/10

I. 결정요지

암호 설정되지 않은 타인의 무선랜을 무단사용하는 행위는 현행법
상 범죄를 구성하지 않는다. 피고인의 행위는 전기통신법 제89조 제1
항 제1문[1]의 통신내용(Nachrichten)의 무권한 청취의 구성요건이나 연
방데이터보호법 제44조[2] 및 제43조 제2항 제3호[3]에 의한 개인정보의

---

[1] 전기통신법 제89조(수신시설 운영자의 청취금지, 비밀유지의무) 무선설비 운영자. 1997년 6월 23일의
아마추어 무선방송에 관한 법률상의 무선아마추어. 일반공중 또는 불특정한 인적범위를 위해 특정되어 있
는 통신정보(Nachrichten)만이 무선실비에 의해서 수신될 수 있다. 전기통신법 제148조(형사처벌규정)
① 1. 제89조 제1문 또는 제2문에 반하여 통신정보를 청취하거나, 청취된 정보의 내용 또는 청취하였다
는 사실을 타인에게 전달한 자는 2년 이하의 자유형 또는 벌금형에 처한다.

[2] 연방데이터보호법 제44조(형벌규정) ① 제43조 제2항에 기술한 사용료에 대한 고의행위로 또는 자신 또
는 타인에게 이득을 보게 할 의도로 또는 타인에게 손해를 입힐 목적으로 행위 한 자는 2년 이하의 자유
형 또는 벌금형에 처한다. ② 범죄는 단지 고소에 의해서만 소주된다. 고소권자는 당사자. 책임을 지는
기관. 연방데이터보호관이다.

[3] 연방데이터보호법 제43조(범칙금규정) ② 2. 고의 또는 과실로 권한 없이 일반공중에게 접근되어서는 아
니 되는 개인정보를 자동화된 절차를 통하여 호출할 수 있도록 한 자는 질서위반행위를 한 것이다.

무권한 호출 및 취득의 구성요건을 충족하지 않는다. 또한 이러한 행위는 형법 제202a조(데이터 탐지), 형법 제202b조의(데이터취득), 형법 제263a조 제1항 및 제2항, 제263조 제2항, 제22조에 의한 컴퓨터사기죄의 미수, 형법 제265a조(자동판매기등 편의시설 부정이용)의 가벌성도 인정되지 않는다.

검사의 즉시항고가 허용되어 제기되었지만, 그 이유가 없다. 부퍼탈 지방법원지원(AG Wupertal)은 기각결정을 통하여 공판개시결정을 법률상의 이유로 정당하게 거절하였기 때문이다.

Ⅱ. 사건개요

피고인은 인터넷 사용료를 지불하지 않을 의도로 2008년 8월 26일과 8월 27일 자신의 노트북으로 증인 J의 공개 무선망에 동의 없이 접속하였다. 검사(항고제기자)는 2008년 12월 8일 이러한 피고인의 무선망 무단 접속행위를 이유로 기소하였다.

공소장과 수사결과가 증명하는 바와 같이 피고인에게 문제가 되는 것은 증인의 네트워크에서 회선을 선택하여 증인의 인터넷 접속을 공동으로 이용할 수 있었던 점이다. 이 경우 IP주소를 수신하게 되는데, 이는 타인의 통신내용을 감청하는 것이 아니라고 한다. 왜냐하면 이를 통해서는 타인의 통신비밀이 침해되지 않기 때문이다.

검사의 공소제기에 대하여 부퍼탈 지방법원지원(AG Wupertal)은 2010년 8월 3일의 결정4)으로 법률상의 근거로 공판절차의 개시를 거부하였다. 왜냐하면 피고인의 가벌적인 행위가 결여되어 형사소송법

제203조의 충분한 범죄혐의가 인정되지 않았기 때문이다. 피고인의 행위는 전기통신법 제89조 제1문, 제148조 제1항에 의한 통신내용의 무권한 감청의 구성요건도, 연방데이터보호법 제44조, 제43조 제2항 제3호에 의한 개인정보의 무권한 호출 또는 취득의 구성요건도 충족하지 않는다고 보았다. 또한 형법 제202b조에 의한 가벌성도 존재하지 않는다고 한다.

검사는 공판개시결정을 거부한 부퍼탈 지원의 결정에 대하여 2010년 8월 11일 부퍼탈 지방법원에 즉시항고를 제기하였다.

Ⅲ. 결정이유

즉시 항고는 허용되지만 그 근거가 없다. 형사소송법 제203조에 의한 충분한 혐의가 존재하지 않기 때문이다. 부퍼탈 지원이 결과적으로 적절하게 설명한 바와 같이, 가벌적인 행위가 확실하지 않기 때문에, 행위를 사전에 평가 한바 피고인의 유죄판결이 공판절차에서 있을 법하지 않다.

---

4) AG Wuppertal, Beschluss 26 Ds－10 Js 1977/08－282/08. 이에 대해서는 박희영, 타인의 공개 무선랜을 무단사용한 경우의 가벌성, AG Wuppertal, Beschluss 26 Ds－10 Js 1977/08－282/08, 최신독일판례연구, 로앤비(www.lawnb.com), 2010.9. 1－5 참조.

1. 전기통신법 위반 여부

암호 설정 없이 운영되는 증인 J의 무선망을 선택하여 비난받는 행위는 전기통신법 제89조 제1문과 제148조 제1항 제1호에 의한 통신내용의 무권한 감청을 충족하지 않는다. 암호 설정 없이 운영되는 무선랜에 접속하는 모든 컴퓨터는 무선랜 라우터에 있는 DHCP[5] 서버로부터 자동적으로 내부(사적) IP주소가 자유롭게 배당된다. 피고인으로부터 유발된 이 일은 전기통신법 제89조 제1문, 제148조 제1항 제1호의 통신내용의 가벌적 감청의 요건을 충족하지 않는다.

지원은 이와 관련하여 전기통신법상의 감청이 존재하지 않는다고 설명하고 있다. 이러한 결론은 이미 규정의 문언으로부터 나온다고 한다. 감청이란 직접 엿듣거나, 타인에게 듣게 하거나 또는 녹화장치의 설치로 이해하여야 한다고 한다. 경우에 따라서는 이것은 다른 사람들 사이에서 일어나는 통신의 과정을 요구한다고 하는데, 이 통신의 과정을 제삼자가 행위자로서 함께 엿듣는 것을 말한다고 한다(vgl. Bär MMR, 2005, 434, 440). 통신내용의 감청이라고 말할 수 있기 위해서는 행위자를 통하여 의식적이고 목적이 있는 수신이어야 한다고 한다. 그러한 의식적이고 목적지향적인 피고인을 통한 정보내용의 감청을 위해서는 아무런 근거가 없다고 한다. 공소장과 수사결과가 증명하는 바와 같이 피고인에게 중요한 것은 단지 증인의 네트워크에 접속하여 인터넷 접속을 공동으로 이용할 수 있는 것이다. 이 경우 필요한 IP주소의 수신은 타인의 통신내용을 감청하는 것이 아니라고

---

5) 동적호스트설정통신규약(dynamic host configuration protocol).

한다. 그 이유는 이를 통해서는 타인의 통신의 기밀성이 침해되지 않기 때문이라고 한다(vgl. Popp, jurisPR-ITR 16/2008 Anm. 4).

이러한 논증을 본 형사부도 찬성한다. 이에 대해서 지원이 이와 유사한 사실관계를 다룬 2007년의 판결(AG Wupertal, Urteil vom 03.04.2007, Az: 22 Ds 70 Js)에서 전기통신법 제89조 제1문, 제148조 제1항 제1호에 의한 가벌성을 여전히 수용하는 한, 이 판결은 설득력이 없다. 왜냐하면 이 경우에는 공개 무선랜의 이용자가 스스로 중요한 통신의 과정을 유발한다는 점이 고려되지 않았기 때문이다. 전기통신법상의 감청금지는, 이미 전기통신법 제89조의 체계적인 지위에서 '통신비밀'의 장에서 나오는 바와 같이, 비밀스런 통신에 기여한다(vgl. Popp jurisPR-ITR 17/2008, Anm. 4). 이 보호목적은 IP주소의 부여와 수신의 경우에 영향을 주지 않는다. 피고인은 다른 통신파트너들 사이에 비밀스럽게 주고받는 데이터를 인지한 것이 아니라, 오히려 그가 데이터의 전달을 촉진하고 이로부터 전달되는 데이터를 수신하게 함으로써, 스스로 문제가 되는 통신 과정의 참가자였던 것이다(vgl. Bär MMR 2008, 632, 633). 타인의 네트워크를 자신의 통신을 위해서 이용한 것이 행위자에게 문제 되는 것이라면, 타인의 통신비밀을 침해하지 않는 것이다. 이것은 마치 물어보지도 않고 타인의 전화를 자기의 통화로 이용한 자와 같다(vgl. Popp jurisPR-ITR 17/2008 Anm. 4).

게다가 부여받은 IP주소는 또한 통신내용이 아니다. 그것은 피고인, 일반공중 또는 불특정 사람들을 위해서 특정되어 있지 않다. 오히려 증인 J는 무선랜을 암호 설정 없이 운영함으로써 DHCP 서버를 통하여 피고인의 노트북에 부여된 IP주소가 피고인에게 특정되어 있다는 사실을 설득력 있게 진술하고 있다. 무선랜에서 어느 컴퓨터가 선택되도록 하는 것은 사전에 간단하게 처리할 수 있다. 예를 들어 암호를 설정해 두고 이 암호를 인식하는 컴퓨터만이 DHCP서버를 통하여 내부 IP주소를 부여받을 수 있게 하는 것이다. 공개 무선랜의 운영자는 라우터의 DHCP 설정을 통해서 그리고 암호를 설정하지 아니함으로써 모든 기기가 접근하는 범위 내에서 라우터와 접속을 할 수 있도록 기술적으로 의사를 표현할 수 있다(Ernst/Spoenle CR 2008, 439, 440). 무선랜 라우터 운영자는 비록 이후에 다른 의도를 형성하고 외부로 알렸다 하더라도 기기와 관련한 규정을 고려하여야 한다(vgl. Bär MMR 2008, 632, 634). 끝으로 라우터는 내부 IP주소만을 전송한다. 이러한 전송은 이에 적합한 설정을 통해서 라우터에 발생하는 행위방식에 따라서, 접속데이터가 더 이상의 심사 없이 부여되도록 하는 한 암호 설정 없이 운영되는 네트워크의 경우에 해당하는 방식에 따라서 진행된다.

2. 연방데이터보호법 위반 여부

증인 J의 인터넷 접속을 공동으로 이용할 목적으로 암호 설정 없이 운영되는 무선랜 망을 접속하게 하여 비난받는 행위는 연방데이터보호법 제43조 제2항 제3호 이하의 개인정보의 무권한 호출이나 취득의 구성요건을 충족하지 않는다. 따라서 일반적으로 접근이 가능하지 않는 무권한 개인정보를, 이득을 취할 의도로 호출하는 자는 처벌된다. 암호 설정 없이 운영되는 무선랜에 접속하는 경우에 그리고 이어서 이를 통하여 발생하는 인터넷 접속을 이용하는 경우에는, 지원이 적절하게 설명하고 있는 바와 같이, 개인정보가 호출되지 않는다. 개인정보는 특정된 또는 특정될 수 있는 자연인의 인적 또는 물적 관계에 관한 개별정보를 말한다(연방데이터보호법 제3조 제1항). 따라서 무선랜 라우터로부터 전달되는 내부 IP주소는 이미 개인관련성이 없다. 왜냐하면 이를 통하여 어떤 자연인이 특정될 수 없기 때문이다. 오히려 부여된 주소들은 세계적으로 매일 무한한 단말기로부터 – 물론 다른 사람에게 외부로부터 차단된 사적 네트워크에서도 – 이용된다(vgl. Ernst/Spoenle CR 2007, 439, 441).

또한 인터넷 접속의 구축을 위해서 서비스제공자로부터 증인 J에게 부여되는 외부 IP주소는 피고인에게는 아무런 개인정보가 아니다. 우선 IP주소 자체에는 인터넷 접속을 운영하는 자가 명확하게 표시되지 않는다. 또한 이 자는 공개 무선랜의 이용자에게도 일반적으로 외부 IP주소에 의해서 특정될 수 없다. 왜냐하면 자연인이 데이터를 호출하는 곳에서 이를 사용할 수 있는 수단을 통하여 신원이 확인될 수 있는 경우에(vgl. Ernst/Spoenle CR 2007, 439, 441), 그리고 호출되는 장소가 그 자와의 관련성을 만들 수 있는 경우에(vgl. Ambs in Erbs/Kohlhaas, Strafrechtliche Nebengesetze, Stand November 2006, D 25 § 3 Rn. 3.) 한해서만, 자연인이 특정될 수 있기 때문이다. 전기통신접속에 부여되는 외부 IP주소는 기본적으로 접속소유자를 개별화하는 데 적합하다. 하지만 그러한 개별화는 단지 접속중개자에게 존재하는 모든 접속소유자의 사용자정보를 가진 데이터뱅크를 필요로 한다(vgl. Ernst/Spoenle CR 2007, 439, 441). 피고인은 이 데이터뱅크에 접속할 수 없었고 또한 그가 다른 방법으로 추가적인 ID확인을 위한 표지를 사용할 수 있었는지는 명확하지 않기 때문에, 외부 IP주소는 그에게 아무런 개인정보가 아니다(so auch: Ernst/Spoenle CR 2007, 439, 441; Bär, MMR 2008, 632, 635).

3. 형법 제202a조(데이터탐지죄)

나아가서 형법 제202a조에 의한 데이터 탐지의 가벌성도 고려되지 않는다. 왜냐하면 피고인이 암호를 설정하지 않고 운영되는 네트워크에 단지 접속함으로써 접근하게 되는 데이터는 곧 무권한 접근에 대한 특별한 보호조치가 되어 있지 않기 때문이다.

4. 형법 제202b조(데이터취득)

타인의 암호 설정 없이 운영되는 네트워크에 접속한 행위는 형법 제202조에 의한 데이터 취득의 가벌성도 근거 짓지 못한다. 이에 대해서는 이미 비공개 데이터 전달의 표지에 흠결이 있다. 데이터 전달의 비공개를 위해서 결정적인 것은 전송과정의 종류(기술)이지, 데이터의 종류와 내용이 아니다(vgl. Eisele in Schönke/Schröder, Strafgesetzbuch, 28. Auflage, 2010, § 202b Rn. 4). 형법 제202b조는 전기통신법 제89조에 규정되어 있는 감청금지와 같이 데이터 전달의 기밀성을 보호하기 때문에(vgl. Bär MMR 2008, 632, 634), 불특정 사람들(예를 들어 아무추어 무선방송의 경우처럼 수신준비가 된 모든 참가자들)에게 인식될 수 있는 그러한 데이터 전달은 처음부터 고려되지 않는다(vgl. Gröseling/ Höfinger MMR 2007, 549, 552). 제한된 이용자들에게 객관적으로 인식할 수 있도록 특정되어 있는 데이터 전달은, 무권한자를 통한 인식가능성이 문제됨이 없이, 비공개에 해당한다(vgl. Gröseling/Höfinger MMR, 2007, 549, 552). 이것은 본 사안의 경우 해당되지 않는다. 왜냐하면 어떠한 방법으로든 객관적으로 인식될 수 없기 때문이다. 증인 J에 의해 운영되는 무선랜이 단지 제한적인 이용자들에게만 이용될 수 있다는 것은, 오히려 객관적인 이해에 있어서 IP데이터는 수적으로 제한되지 않는 인적 범위로 정해져 있고 피고인도 통신의 참여자로서 특정되어 있다.

5. 형법 제263a조(컴퓨터사기의 미수)

타인의 인터넷 접속을 이용할 고의로 네트워크에 접속하는 것은 형법 제263a조 제1항, 제2항, 제263조 제2항, 제22조에 의한 컴퓨터사기죄의 미수의 가벌성도 발생하지 않는다. 피고인은 자신의 범행의 의도에 따라 권한 없이 데이터를 사용하지 않았다. 형사부가 따르고 있는 연방대법원의 일관적인 판례에 의하면, 무권한 표지는 사기에 특유하게 해석되어야 한다(vgl. statt aller BGHSt 47, 160ff.). 그것이 자연인에 대해서 기망의 성격을 가지게 되는 경우에는 그 사용은 무권한이 된다(vgl. Fischer, Strafgesetzbuch und Nebengesetze, 57. Auflage, 2010, § 263a Rn. 11). 그러한 기망과 비교할 행위가 결여되어 있다. 암호 설정 없이 운영되는 무선랜의 경우 클라이언트에게 라우터를 통해서 자동적으로 내부 IP가 부여된다. 이 경우에 어쨌든 유사한 접근권한의 심사는 - 암호 설정된 무선랜의 운영에서와는 달리 - 라우터를 통해서 일어나지 않기 때문에, 접속의 선택으로 연결되는 IP주소의 사용은 기망의 가치에 해당하지 않는다(vgl. Bär MMR 2005, 434, 437).

6. 형법 제265a조(자동판매기 등 편의시설 부정이용)

형법 제265a조에 의해서도 피고인에게 비난되는 행위는 가벌적이지 않다. 형법 제265a조의 객관적 구성요건은 기술되지 아니한 구성요건표지로서 편취되는 급부의 유상성을 요건으로 하고 있다(vgl. Perron in Schönke/Schröder, aaO, § 265a Rn. 2). 피고인이 획득하게 된 급부는, 즉 증인 J가 운영하는 무선망의 이용은, 일반적으로 사용료의 지불에 대해서 제공되는 것이 아니기 때문에, 거기에는 유상성이라는 구성요건이 결여되었을 수도 있다. 그러나 어쨌든 피고인은 그가 사용한 급부를 편취하지 않았다. 자동화된 급부 이용의 측면에서도 전기통신망의 이용 측면에서도 편취는 권한 없이 무상의 사용에는 존재하지 않는다. 오히려 그 사용은 허용되지 않는 이용에 대한 권리자에 의해서 마련된 보호조치를 우회하여 일어난다는 것을 무시하여야 한다(vgl. Perron in Schönke/Schröder, aaO, § 265a Rn 8). 여기에는 무선랜의 선택과 이로 인한 인터넷에의 접속은 적절하게 그리고 어떠한 보안조치의 감시 없이 일어난다는 점이 결여되어 있다. 권한은 없지만 적절하게 타인의 전화기를 사용한 것과 같이(vgl. hierzu Fischer, aaO, § 265a Rn. 18) 공개 – 그리고 기술적으로 누구나 이용할 수 있는 – 무선랜의 적절한 이용은 형법 제265a조에 의해서 가벌적이지 않다.

Ⅳ. 평석

본 결정은 암호화되어 있지 않은 타인의 사설 공개 무선랜을 무단 사용한 행위의 가벌성을 다루고 있다. 결론은 현행 법률규정에 의하면 불가벌이라고 한다. 이러한 결론은 우선 부퍼탈 지원이 내린 결정과 같다. 즉 피고인의 행위는 전기통신법 제89조 제1항 제1문 및 연방데이터보호법 제44조 및 제43조 제2항 제3호의 구성요건을 충족하지 않을 뿐 아니라, 형법 제202b조의 구성요건도 충족하지 않는다고 판단했다. 지법은 또한 형법 제202a조(데이터 탐지), 형법 제263a조 제1항 및 제2항, 제263조 제2항, 제22조에 의한 컴퓨터사기죄의 미수, 형법 제265a조(자동판매기 등 편의시설 부정이용)의 가벌성도 부정하고 있다.

특히 부퍼탈 지법은 무선랜 라우터의 운영 시 자동적으로 부여되는 내부 IP주소의 법적 문제에 대해서 그동안 연구된 문헌을 인용하여 적절하게 논증하고 있다. 현행법의 해석론상 부퍼탈 지원의 결론은 정당하다고 본다.

이 결정과 관련하여 생각해 볼 점은 무선랜 운영 자체에 대한 운영자의 형사책임과 이를 이용하여 제삼자의 권리를 침해한 경우 무선랜 운영자의 책임이다. 독일의 경우 무선랜 운영자의 형사책임 문제가 법원에서 다루어졌지만,[6] 피고인이 무선랜을 직접 운영하였는지의 사실관계를 확정할 수 없어 다른 규정으로 처벌된 사례가 있다. 하지만 현행 독일 법률규정에는 무선랜 운영 자체를 처벌하는 규정은 존재하지 않는다. 이에 반하여 무선랜 운영의 민사적인 문제를 다룬 최근의 연방대법원 판례에 의하면, 무선랜 운영자에게 제삼자의 저작권 침해에 대한 부작위로 인한 방해자로서의 책임을 지우고 있다.[7]

생각건대 공개된 무선랜을 운영하는 경우, 형사 및 민사책임의 문제는 오늘날 무선랜이 일반화되어 가고 있는 시점에서 이를 어떻게 해결해야 할 것인가는 입법정책의 문제로 귀결된다고 보인다.

---

6) Hornung, Die Haftung von W-LAN Betreibern, CR 2/2007, S.90.

7) BGH, Urteil vom 12.5.2010 - I ZR 121/08.

공개 무선랜의 운영과 관련하여 우리나라의 법적 상황은 독일과는 매우 다른 것 같다. 무선랜 운영의 경우에는 전기통신사업법 제30조 및 제97조 제7호에 의해서 그리고 무선랜 이용자의 경우 정보통신망법 제48조 제1항 및 제72조 제1항 제1호에 의해서 처벌이 가능하기 때문이다. 우리나라의 이러한 입법정책이 과연 적절한지는 차후 검토가 필요하다고 보인다.[8]

---

8) 이에 대한 상세한 내용은 박희영, 공개 무선랜 운영자와 이용자의 형사책임과 형사정책의 방향, 입법과 정책 제2권 제2호 2010.12 국회입법조사처 pp.33-64 참조.

팩스로 전송된 서류의
형법상 문서성 인정 여부

Telefax und strafrechtlicher Urkundsbegriff

BGH, Beschluss vom 27.1.2010 – 5 StR 488/09

I. 판결요지

1. 스캔된 문서의 출력본이 형법 제267조의 문서개념을 충족하기 위해서는 원본과 너무 흡사하여 교환의 가능성이 있을 수 있는 경우에 한한다. 하지만 스캔한 다음 컴퓨터로 조작한 공증된 문서의 경우에는 이에 해당되지 않는다. 왜냐하면 컴퓨터데이터의 단순한 출력은 공증된 내내계약 및 이의 작성을 나타내는 전형적인 신뢰성의 표지가 아니기 때문이다.

2. 팩스로 출력된 서류에 전송자가 짧게 표시되는 것은 공증과 동일시할 수 없다. 법률거래에서 이러한 팩스출력서류에 그러한 의미를 부여하지 않기 때문이다. 수신자에게 출력되어 나타나는 것은 수신된 서류의 내용상 정당성을 증명하는 것이 아니라, 이는 단지 수신자가 팩스기에 그 서류를 넣어서 전송한 사실만을

증명할 뿐이다.

Ⅱ. 사실관계 및 사건 경과

원심법원인 Cottbus 지방법원지원(LG Cottbus)이 인정한 사실에 의하면, 피고인은 2003년 말과 2004년 초에 피해자와 다음을 약속하였다. 즉 피해자는 571,000유로의 자금을 독일에서 태국을 거쳐 스위스로 이체하려고 하는데, 이러한 자금 흐름을 숨기기 위해서 피고인이 보유하고 있는 태국의 은행계좌를 통해서 도와주기로 한 것이다. 당시 이혼절차가 임박해 있던 피해자는 이렇게 함으로써 당시 배우자가 이 자금에 대해 접근하지 못하도록 하고 싶었다. 그런데 태국은행이 자금의 출처가 증명되지 않는다는 이유로 피고인이 다른 사람에게 스위스은행으로 재이체하는 것을 거부하기 때문에, 자금의 일부인 520,000유로를 자신의 스위스 계좌로 이체하였다. 피고인은 자신의 계좌에서 피해자의 스위스 계좌로 이 자금을 다시 이체하고자 했던 것이다.

그런데 스위스은행도 그 돈이 정당한 출처에서 기인한 것인지에 대한 증명을 요구하였다. 적어도 이때쯤 피고인은 그 자금을 자기 자신을 위해서 사용하기로 마음먹었다. 그는 피해자에게 돈의 행방을 속이고 난 다음 연락을 끊었다.

피고인은 돈을 지불받기 위해서 조작한 토지매매에 관한 공증문서를 스위스은행에 행사했다. 이를 위해서 피고인은 다음과 같이 진행했다. 즉 피고인은 자신과 피해자가 2003년 9월에 체결한 공증된 매매계약서의 스캔본이 저장되어 있는 시디를 이용했다. 스캔본은 여러 면에서 변경되어서 피고인이 스스로 조작을 했는지를 원심법원이 확정할 수 없었다.

공증된 매매계약서 원본에는 피고인의 거주지주소가 독일로 기재되어 있었는데, 이것은 수취인란에서 태국으로 변경되었다. 당시의 매매가격인 80,000유로가 571,000유로로 변경되었으며, 만기날짜는 2003년 11월 1일에서 2004년 2월 5일로 연기되었다. 그리하여 변조본에는 매매대금이 태국에 있는 피고인의 계좌로 이체될 수 있도록 지정되어 있었다.

피고인은 2004년 4월 초 매매계약의 변조본을 프린트하여, 2004년 4월 5일 팩스를 이용하여 스위스 은행으로 전송했다. 은행은 이 증명서를 수락하고 난 다음, 그 돈의 상당량을 피고인을 위해서 다양한 기금으로 투자하였다.

피고인의 이러한 행위에 대하여 원심법원은 피고인을 문서위조죄와 배임죄의 상상적 경합으로 인한 10개월의 자유형으로 유죄 판결하였으나, 보호관찰을 조건으로 그 집행을 유예하였다. 이에 대하여 피고인은 절차법 규정 위반에 대한 비난과 일반적인 실체법 규정 위반에 대한 비난을 이유로 상고를 제기하였다.

이에 대하여 연방대법원은 절차상 하자에 대한 비난의 경우 연방검찰의 공소장을 근거로 받아들이지 않았으나, 일반적인 실체법상의 하자에 대한 비난의 경우 문서변조로 인한 유죄판결을 철회하고 무죄판결을 선고함으로써, 원심법원이 선고한 단일벌금형 및 자유형의 병합은 탈락하게 된다. 문서변조죄를 인정하지 아니한 이유는 아래와 같다.

Ⅲ. 판결이유

1. a) 변호인의 견해에 반해서 사실 확정으로부터 배임으로 인한 유죄판결이 선고된다. 즉 피해자로부터 피고인에게 부여된 위임이 법적·윤리적으로 비난받는 목적으로 이용되었다는 점에서 형법 제266조 제1항의 적용가능성과 모순되지 않는다(BGHSt 8, 254, 256 ff.; BGH NJW 1984, 800; Fischer, StGB 57. Aufl. § 266 Rdn. 46).

b) 이에 대해서 문서위조에 대한 유죄판결은 법적인 심사를 유지하지 못한다. 피고인은 조작된 매매계약서의 출력본을 통해서 부진정문서 또는 위조문서를 작성하지도 않았고, 이 출력본을 발송함으로써 그러한 문서를 작성하거나 행사하지도 않았다.

aa) 조작된 문서의 출력본은 형법 제267조에 의한 문서개념을 충족하지 못한다. 형법상의 문서는 그것의 사상적 내용에 의해서 권리관계를 증명하기 위해서 적절하고 특정되어 있으며, 이의 작성자를 알 수 있게 하는, 사람의 의사가 물건에 화체되어 있는 것을 말한다(st. Rspr.; vgl. etwa BGHSt 4, 60, 61; 24, 140, 141; Fischer aaO § 267 Rdn. 2 m.w.N.). 스캔된 문서의 변조와 같이 컴퓨터기술을 이용하여 원칙적으로 (부진정)문서가 작성될 수는 있다(vgl. BGHR StGB § 267 Abs. 1 Urkunde 5). 하지만 이를 위해서는 그 변경된 문서가 특정한 작성자에 의해서 기인한다는 관념의 표현(즉 의사표시: 민법상 의사표시는 아님)이라는 외관을 전달해야 하고, 원본문서와 너무 유사하여 교체가 가능할 수 있어야 한다(Bay-ObLG NJW 1989, 2553, 2554; Fischer aaO § 267 Rdn. 12d).

본 사안에서는 이 점이 결여되어 있다. 컴퓨터데이터의 단순한 출력은, 공증된 매매계약 및 그러한 매매계약의 작성을 특정 짓는 신뢰성 표지를 제시하지 못한다. 그 출력본은 이를 보는 사람에게 다른 문서의 복사본이라는 점만을 인식할 수 있게 할 뿐이다. 따라서 그 출력본이 재출력된 것으로 보이는 한에서는, 증명기능과 작성인의 인식가능성의 부재로 또한 문서의 성격을 부여할 수 없는 단순한 복사본과 동일하다(vgl. BGHSt 20, 17, 18 f.; 24, 140, 141 f. m.w.N.; BGH wistra 1993, 225; 341).

bb) 변조된 문서를 모사전송기(팩스기)로 전송하여 이를 수신자의 기기에서 출력하는 것으로는 역시 피고인이 문서를 작성한 것이 아니다. 기존의 문서를 수신자에게 도착하게 하는 팩스복사는 (일상적인) 사진복사의 경우에 있어서와 같이 – 수신자와 모든 제삼자에게 확실히 – 각 문서에 화체되어 있는 의사표시를 그림으로써 재현하는 것에 불과할 뿐이다(vgl. OLG Zweibrücken NJW 1998, 2918; OLG Oldenburg NStZ 2009, 391; Erb in MünchKomm – StGB § 267 Rdn. 89; Zieschang in LK 12. Aufl. § 267 Rdn. 125; Fischer aaO § 267 Rdn. 12d; Beckemper JuS 2000, 123). 따라서 작성자의 인식가능성과 이와 관련한 내용의 정당성에 대한 독자적인 보증기능의 결여로(vgl. BGH wistra 1993, 341) 어쨌든 여기서 존재하는 상황하에서는(고려될 사례형성에 대해서는 위의 Beckemper 참조) 그것에 증거로서의 의미가 부여될 수 없다.

수취인의 기기(모사전송기)를 통해서 통상적으로 송신자의 표시가 팩스본에 짧게 찍혀 있는 경우 – 원심법원이 명백히 확정하지 아니한 것 – 에도 다르지 않다. 그렇게 찍혀 있는 문구는 문헌에서 지지되는 견해(Cramer/Heine in Schönke/Schröder, StGB 27. Aufl. § 267 Rdn. 43 m.w.N.)와는 달리 공증과 일치할 수 없다. 법률상 거래는 팩스본에 그러한 의미를 부여하지 않는다. 나아가서 수취인의 기기에 찍힌 문구는 송부된 문서의 내용적 정당성을 증명하지 못하고(공증에 있어서의 상황에 대해서 BGHR StGB § 267 Abs. 1 Gebrauchmachen 4), 기껏해야 도착한 팩스본은 송신자가 이를 모사전송기에 넣어서 발송했다는 사실을 말해 줄 뿐이다. 그러한 점에서 피고인은 그 과정을 적절하게 재현했을 뿐이다.

cc) 따라서 전달된 팩스본에는 문서로서의 자격이 결여되어 있기 때문에(위의 aa) 참조), 부진정 또는 변조된 '원본'의 위조문서의 행사는 존재하지 않는다(vgl. dazu BGHSt 24, 140, 142; Fischer aaO Rdn. 24).

2. 다른 형벌구성요건은 충족되지 않는다. 즉 형법 제269조 제1항은 변경된 데이터의 사용의 형태에서 배제된다. 왜냐하면 CD에 저장되어 있었고 피고인의 컴퓨터 램에서 읽힌 화상은 위의 근거로부터 문서의 표지를 포함하지 않는다(vgl. BGHR StGB § 269 Verfälschen 1).

3. 이상에서 문서위조에 대한 일일 5유로의 90일간의 일수벌금(단일벌금)형 및 병합자유형은 탈락된다. 배임으로 인한 9개월간의 자유형은 이로부터 영향을 받지 않는다. 따라서 이는 그대로 적용될 수 있다.

IV. 평석

본 판결은 이전에 스캔하여 보관하고 있던 문서에 변경을 가하여 이를 팩스로 전송한 경우, 전송된 팩스문서를 형법 제267조 제1항의 문서로 볼 것인가, 나아가서 문서로 인정할 경우 문서변조 및 이의 행사로 볼 것인가를 다루고 있다. 따라서 문제의 핵심은 팩스문서의 문서성에 있다.

독일 형법상 문서개념은 일반인 또는 일정한 범위의 사람이 이해할 수 있어야 하고, 법적 거래에서 증명을 위해서 적절하고 특정되어야 하며, 이의 작성자가 인식될 수 있도록 의사표시가 물건에 체화되어 있는 것을 말한다.[1] 이러한 문서개념에 포섭되기 위해서는 본질적으로 다음의 세 가지 기능을 갖추어야 한다. 즉 문서는 계속적 기능, 증명적 기능 그리고 보장적 기능을 갖추어야 한다.[2]

독일에서 팩스로 전송된 문서(이하 팩스복사)의 경우 종래 사진복사와 같이 다루어져 왔다. 사진복사는 단순복사와 같이 문서성을 인정받지 못하고 있다. 왜냐하면 우선 사진복사는 독자적인 관념의 표시가 결여되어 있기 때문이다. 복사본은 단지 특정의 문서작성자가 이전에 의사 표시한 것을 증명하는 것에 불과하기 때문이다. 뿐만 아니라 사진복사는 이의 작성자를 일반적으로 인식하기 어렵다.[3] 따라서 복사문서를 작성하는 것은 불가벌이다.[4] 하지만 이러한 사례들에는 예외가 인정된다. 즉 복사로 인하여 원본문서의 외관을 보여 주고 이러한 복사는 명의인으로부터 기인한다는 원본문서로서 간주될 수 있는 사례가 그 경우이다. 예를 들어 축구경기장 원본입장권을 컬러

---

1) 이에 대해서는 다음 참조: BGHSt 3, 84, 85; BGHSt 4, 284, 285; BGHSt 13, 235, 239; BGHSt 16, 96; OLG Koblenz BeckRS 2008, 264＝JBlRhPfz 2007, 378, 379; OLG Celle BeckRS 2007, 19084＝NStZ-RR 2008, 76; OLG Stuttgart NJW 2006, 2869; BayObLG NStZ-RR 2002, 305; OLG Koblenz NJW 1995, 1624, 1625; OLG Köln NJW 1999, 1042; AG Waldbröl NJW 2005, 2870, 2871; Schönke/Schröder/Cramer/Heine StGB § 267 Rn 2; LK/Zieschang StGB § 267 Rn 4; Rengier BT/Ⅱ § 32 Rn 1.

2) BGHSt 13, 235(239)＝NJW 1959, 2173; Hecker, JuS 2002, 224(225); Fischer, StGB, 57. Aufl.(2010), § 267 Rdnr. 2.

3) Erb, NStZ 2001, 317; Jahn, JuS 2006, 855(856); a.A. Puppe, in: NK-StGB, 3. Aufl.(2010), § 267 Rdnr. 50.

4) BGH NStZ 2003, 543; wistra 1993, 341, 342; OLG Zweibrücken NJW 1998, 2918; OLG Düsseldorf NJW 2001, 167; Radtke JuS 1995, 236.

복사한 경우, 장애인증명서 또는 진단서를 컬러복사한 경우 등이다.[5] 이러한 사례들에서는 복사본이 원본문서와 너무 흡사하여 교환의 가능성이 있을 수 있는 경우에 인정된다.[6] 특히 이러한 문제는 부진정문서를 사진복사하여 이를 행사한 경우에 주로 발생한다.

사진복사에 적용된 원칙들이 팩스의 경우에도 적용되는가. 이에 대해서는 팩스를 일반적인 문서의 자격이 있는 것으로 보는 견해와 팩스를 사진복사와 같이 원격복사로 보아 문서의 자격을 부정하는 입장이 있다.[7] 종래 판례의 입장은 부정설에 서 있다.

이번 사안에서도 연방대법원은 종래의 입장을 그대로 고수하고 있다. 즉 연방대법원에 의하면, 조작된 문서의 출력본은 원칙적으로 형법 제267조에 의한 문서의 개념을 충족하지 못한다고 한다. 스캔된 문서의 변조와 같이 컴퓨터기술을 이용하여 원칙적으로 (부진정)문서가 작성될 수는 있지만, 이를 위해서는 그 변경된 문서가 특정한 작성자에 의해서 기인한다는 의사 및 관념의 표현이라는 외관을 전달해야 하고, 원본문서와 너무 유사하여 교체가 가능할 수 있어야 한다고 한다. 하지만 본 사안에서는 이 점이 결여되어 있다고 한다. 컴퓨터데이터의 단순한 출력은, 공증된 매매계약 및 그러한 매매계약의 작성을 특정 짓는 신뢰성 표지를 제시하지 못하며, 그 출력본은 이를

---

5) 이에 대해서는 다음 참조: Park JuS 1999, 888; Deutscher StRR 2008, 51, 52; OLG Stuttgart NJW 2006, 2869, 2870=NStZ 2007, 158; OLG Nürnberg StV 2007, 133, 134=NStZ-RR 2007, 16.

6) OLG Nürnberg StV 2007, 133, 134=NStZ-RR 2007, 16; OLG Stuttgart NJW 2006, 2869, 2870=NStZ 2007, 158; OLG Dresden wistra 2001, 360; OLG Düsseldorf JR 2001, 82; BGH StV 2001, 614; BayObLG NJW 1990, 3221; BayObLG JZ 1988, 727; BayObLG NJW 1989, 2553; OLG Köln StV 1987, 297.

7) OLG Oldenburg NStZ 2009, 391; OLG Zweibrücken NJW 1998, 2918; Fischer StGB § 267 Rn 12d; Lackner/Kühl StGB § 267 Rn 16.

보는 사람에게 다른 문서의 복사본이라는 점만을 인식할 수 있게 할 뿐이라고 한다. 따라서 그 출력본이 재출력된 것으로 보이는 한에서는, 증명기능과 작성인의 인식가능성의 부재로 문서의 성격을 부여할 수 없는 단순한 복사본과 동일하다고 한다.

이러한 논증은 설득력이 있으며, 종래의 판례와 지배설의 입장을 표현하고 있다고 생각된다. 이어서 형사부는 팩스의 전송을 통해서 어느 정도로 (위조)문서가 작성될 수 있는가를 다루고 있는데, 판례에 따르면, 변조된 문서를 팩스기로 전송하여 이를 수신자의 기기에서 출력한 것을 두고 피고인이 이 문서를 작성한 것이라고 할 수 없다고 한다. 기존의 문서를 수신자에게 도착하게 하는 팩스복사는 일상적인 사진복사의 경우에 있어서와 같이 각 문서에 화체되어 있는 의사표시를 그림으로써 재현하는 것에 불과할 뿐이므로, 작성자의 인식가능성과 이와 관련한 내용의 정당성에 대한 독자적인 보증기능의 결여로 이에 증거로서의 의미가 부여될 수 없다고 한다.

형사부는 그 근거로 수취인의 기기를 통해서 통상적으로 송신자의 표시가 팩스본에 짧게 찍혀 있는 경우에도 다르지 않다. 그렇게 찍혀 있는 문구는 공증과 일치할 수 없으며, 법적 거래는 팩스복사에 그러한 의미를 부여하지 않는다고 한다. 나아가서 수취인의 기기에 찍힌 문구는 송부된 문서의 내용적 정당성을 증명하지 못하고, 기껏해야 도착한 팩스복사는 송신자가 이를 모사전송기에 넣어서 발송했다는 사실을 말해 줄 뿐이라고 한다.

우리나라의 경우 복사문서의 문서성 인정 여부와 관련하여 많은 논란이 있었다. 특히 대법원이 복사문서의 문서성을 인정한 이후(대법원 1989.9.12, 87도506 전원합의체판결) 이와 관련한 논란이 심했으나, 복사문서의 문서성을 인정하는 형법 제237조의 2를 신설함으로써 이 논란은 일단락되었다. 현재 판례는 사본을 다시 복사한 재사본도 문서성을 인정하고 있다(대법원 2000.9.5, 2000도2855). 여기의 복사문서에는 복사기, 사진기, 모사전송기(팩스)를 사용하여 원본을 복사한 것을 말한다. 하지만 복사문서의 문서성을 인정한 형법규정은 문서에 관한 죄에만 규정되어 있고 다른 공공의 신용에 대한 죄에는 준용규정이 없기 때문에 사진복사 된 위조유가증권이 위조유가증권행사죄의 객체가 될 수 있는 데 대해서는 여전히 논란이 있다(김성돈, 581 각주 62면). 또한 이 규정이 입법론적으로 위조범죄의 보호법익을 규범적으로 판단하는 목적론적 해석을 포기하고 현실을 규범적으로 설정하는 방법을 택한 문제점을 가지고 있는 것이라는 점에서 폐지되어야 한다는 견해도 있다(류전철, 보호법익으로서 공공의 신용의 형법해석상의 의미, 형사법 연구 제18호, 2002, 329면).

어쨌든 우리의 경우 입법으로 이 문제를 해결하고 있지만, 독일의 경우 아직 그러한 법률규정이 존재하지 않고, 판례 및 지배설은 복사문서의 문서성을 부정하고 있다. 법적 거래에서 팩스의 의미가 증대하고 있는 점을 고려하면 팩스의 경우 이를 차별화하여 판단하는 것이 사리에 적합할 것으로 생각된다. 즉 팩스본이 법률거래에서 원본으로 파악되도록 적합하고 특정되어 있는 경우에는 문서의 성질을 부여하고, 이에 반해서 팩스를 통하여 전송된 다른 문서들은 사진복사와 같이 취급하는 것이다.[8]

---

8) Beckemper JuS 2000, 123, 127, 128; Beck JA 2007, 423, 425; Rengier BT/Ⅱ §32 Rn 28; Haft BT Ⅱ, 188; ähnlich differenzierend auch LK/Zieschang StGB §267 Rn 122 bis Rn 125; Joecks StGB §267 Rn 45 und MünchKommStGB/Erb StGB §267 Rn 89).

비밀 온라인 수색의 불허용

Unzulässigkeit einer verdeckten Online-Durchsuchung

BGH, Beschluss vom 31.1.2007 – StB 18/06

Ⅰ. 결정요지

'비밀 온라인 수색'은 수권의 근거가 없어서 허용되지 않는다. 비밀 온라인 수색은 특히 범죄혐의자의 수색을 규정하고 있는 현행 형사소송법 제102조[1]의 지지를 받을 수 없다. 이 규정은 비밀리에 수행된 수색을 허용하지 않기 때문이다.

---

1) 형사소송법 제102조(범죄혐의자에 대한 수색) 어떤 범죄의 정범 또는 공범으로서 또는 증거인멸, 범인은닉 또는 장물취득의 정범 또는 공범으로서 혐의를 받는 자에 대하여, 그를 체포하기 위하거나 증거방법을 발견하기 위해 수색이 되어야 한다고 추정되는 경우에는 주거와 기타 공간 및 그 신체와 그에게 속한 물건을 수색할 수 있다.

Ⅱ. 사실관계

　　연방검찰청은 테러단체의 조직 및 그 밖의 범죄혐의를 근거로 하여 피의자 및 그 밖의 사람들에 대하여 수사절차를 진행하면서, 연방대법원의 영장판사(수사판사)에게 다음을 청구하였다. 형사소송법 제102조, 제105조 제1항, 제94조, 제98조, 제169조 제1항 제2문에 의해서 수색은 피의자가 이용한 개인용 컴퓨터와 노트북, 특히 하드드라이브와 임시기억장치에 보관되어 있는 데이터의 수색과 이의 압수를 명하고, 수사기관에게 이러한 조치를 비밀리에 수행하도록 허용하며, 컴퓨터의 저장매체에 보관되어 있는 데이터를 복제하고 열람할 목적으로 수사기관에 전달하기 위해서 이를 위해 고안된 컴퓨터프로그램을 피의자에게 몰래 건네주어 피의자가 이를 인식하지 못한 상태에서 설치하게 하는 것이다(이러한 것을 '비밀 온라인 수색'이라고 한다). 오늘날의 수사현실에 따르면 형사절차상 중요한 정보가 컴퓨터에 저장되어 있음은 자명하다. 하지만 연방대법원의 영장판사는 2006년 11월 25일의 결정으로 이러한 검찰의 청구를 기각하였다.

Ⅲ. 판결이유

　　1. 연방대법원 수사판사는 당사자의 기본권을 중대하게 침해하는 비밀 온라인 수색을 정당하게 허용하지 않았다. 그 이유는 법률상 요구하는 수권 규정이 존재하지 않기 때문이다[3].

　　1) 연방검찰청의 견해와는 달리 비밀 온라인 수색은 형사소송법 제

102조(혐의자에 대한 수색) 및 동법 제110조(종이문서 또는 전자적 저장매체의 수색, vgl. BVerfGE 115, 166＝NJW 2006, 976 [980]＝NStZ 2006, 641; BVerfGE 113, 29＝NJW 2005, 1917 [1921]; BGH, NStZ 2003, 670; Meyer－Goßner, StPO, 49. Aufl., § 110 Rdnr. 1) 그리고 동법 제94조 이하(압수)에 의해서 보호되지 않는다(동일한 견해: Hoeren/Sieber, Hdb. MultimediaR, Rdnr. 704; Bär, CR 1995, 489 [494]; Zöller, GA 2000, 563 [572f.]; Böckenförde, Die Ermittlung im Netz, S.222f.; a.A. BGH [Ermittlungsrichter], wistra 2007, 28; Hofmann, NStZ 2005, 121 [123ff.]; Graf, DRiZ 1999, 281 [285])[4].

a) 비밀리에 수행되는 수색명령은 형사소송법 제102조 이하에서는 그 근거를 찾을 수 없다. 이것은 다음의 점과는 관련이 없다. 즉 수색의 대상이 컴퓨터이고 그 목적이 특정 데이터의 발견이라는 것이 정보자기결정권(vgl. BVerfGE 65, 1＝NJW 1984, 419; BVerfGE 115, 166＝NJW 2006, 976 [979f.]＝NStZ 2006, 642)도 침해하는지 또는 유형적 대상을 찾는 것이 허용되어야 하는지와는 관련이 없다. 형사소송법상 정당한 수색의 모습은 수사기관이 수색의 장소에 물리적으로 참석하여 조사활동을 공개하는 것이다(vgl. BVerfGE 115, 166＝NJW 2006, 976 [981]＝NStZ 2006, 641; Hoeren/Sieber, Rdnr. 704; Schäfer, in. Löwe/Rosenberg, 25. Aufl., § 102 Rdnr. 1; Nack, in: KK－StPO, 5. Aufl., § 102 Rdnr. 1; Bär, CR 1995, 489 [494]; Zöller, GA 2000, 563 [572f.]; a.A. Graf, DRiZ 1999, 281 [285]; Hofmann, NStZ 2005, 121 [123])[5].

aa) 우선 수색의 수행에 관한 형사소송법상 규정들은 이를 지지한다. 형사소송법 제106조 제1항 제1문은 수색될 공간 또는 대상의 소유자가 참석할 권리를 명백히 규정하고 있다(vgl. Rudolphi, in: SK－StPO, § 106

Rdnr. 2; Meyer – Goßner, § 106 Rdnr. 2). 당사자 부재 시에는 형사소송법 제106조 제1항 제2문에 의해서 가능한 한 대리인 또는 가족 또는 이웃의 성인이 참여할 수 있다[6].

형사소송법 제105조 제2항은 법관이나 검찰의 참여 없이 주거, 사무실 또는 안전한 소지물의 수색이 진행되는 경우에는 가능한 한 행정관청의 공무원의 참여나 경찰관 및 검찰소속 수사관이 아닌 2인의 공무원 참여를 요구하고 있다. 형사소송법 제105조 제2항 제1문과 동법 제106조 제1항 제2문은 수사기관의 의무를 규정하고 있다(vgl. Rudolphi, in: SK – StPO, § 105 Rdnrn. 16f., § 106 Rdnrn. 1, 6; Meyer – Goßner, § 105 Rdnr. 10, § 106 Rdnr. 4). 형사소송법 제107조 제1문에 의하면 수색의 종료 후 당사자의 요청에 의해서 문서에 의한 수색의 통지를 그에게 알려야 한다. 이것은 수행된 수색이 당사자에게 동시에 전달된다는 것을 전제로 한다. 이 규정이 보장하고자 하는 것은, 당사자가 조치의 종료 후 수색의 근거에 대해서 직접 통지를 받아야 하며, 경우에 따라서는 이의 정당성을 심사하고 사후에 권리보호를 청구하게 될 기회를 가지게 된다는 점이다(vgl. Rudolphi, in: SK – StPO, § 107 Rdnr. 1).

이 규정들은 (앞서 언급한 바와 같이) 이들 문언 및 수색의 당사자를 보호해야 할 이의 의미와 목적에 의하면, 본질적인 형식요건으로서 강제적인 권리이지, 단지 수사기관의 임의적 처분을 위한 규정이 아니다. 수색의 정당성은 이것의 준수에 달려 있다(vgl. Schäfer, in: Löwe/Rosenberg, § 105 Rdnr. 56, § 106 Rdnr. 15; Rudolphi, in: SK – StPO, § 105 Rdnrn. 17, 18, § 106 Rdnr. 1; Nack, in: KK – StPO, § 105 Rdnr. 14; Meyer – Goßner, § 105 Rdnr. 10). 형사소송법 제105조 제2항 제1문

과 제106조 제1항 제2문의 '가능한 한'이란 제한으로부터도 무언가 달리 나오지 않는다. 이러한 규정의 의미에서, 준비되어 있는 증인을 찾음으로써 수색의 결과가 무산될 가능성이 범죄사실을 통해서 뒷받침되고 있는 경우에 한해서만 증인을 끌어들이는 것이 가능하지 않다(vgl. Schäfer, in: Löwe/Rosenberg, § 105 Rdnr. 55; Rudolphi, in: SK – StPO, § 105 Rdnr. 18). 그러나 이것은 수색에 관한 범죄혐의 및 범죄혐의자에 대해 수행된 수사를 인식하지 못하도록 하기 위해서 수사활동상을 고려하여 중지되어서는 아니 된다[7].

강제규정이 아니라 단순한 질서규정이라는 반대견해(Hofmann, NStZ 2005, 121 [124])는 따를 수가 없다. 형사소송법 제105조 제2항과 제106조 제1항은 오로지 수색 이행의 방법과 기술을 규정하고 있고, 이의 명령 자체를 규정하고 있지 않다는 사실은, 그 규정들이 제시된 근거들로부터 수사기관에 의해서 강제적으로 준수되어야 한다는 점에는 아무런 변화가 없다(vgl. Nack, in: Löwe/Rosenberg, § 105 Rdnr. 21, § 106 Rdnr. 1; Schäfer, in: Löwe/Rosenberg, § 107 Rdnr. 6; Rudolphi, in: SK – StPO, § 105 Rdnr. 30, § 106 Rdnr. 1).

물론 이러한 규정의 침해로부터 증거사용금지가 도출되는가의 문제에 관한 논의에서, 사람은 이것이 단순한 질서규정으로서 표시되어 있다는 것이 적절하다(vgl. Meyer – Goßner, § 106 Rdnr. 1, § 107 Rdnr. 1; s. dazu aber auch die Entscheidung BVerfGE 113, 39 = NJW 2005, 1917 [1923], 연방헌법재판소에 따르면 적어도 중대하고, 의식적이거나 자의적인 절차침해의 경우에 데이터저장매체와 이에 저장되어 있는 데이터의 하자있는 수색 및 압수의 결과로서 증거평가금지는 허용된다). 따라서 이러한 개념형성이 의미 있는지 또는 오히려 혼란스러운

지의 문제는 유보될 수 있다. 그러나 어쨌든 그것은 자명할 수 없다.

지배설에 의하면 이 규정에 대한 위반은 증거평가금지가 되지 않고, 이 위반은 이의 근거를 위해서 부분적으로 질서규정으로서 표현된다는 상황으로부터, 이의 준수가 수사기관의 처분에 달려 있다는 것은 추론될 수 없다. 이러한 추론은 정당한 수색을 위한 요건의 문제를 위법하게 수행된 조치의 법적 효과에 관한 문제와 혼동하게 된다고 한다[8].

이 모든 것에 따르면, 수사기관에게-무엇이 수색되는 것과는 상관없이-금지되어 있는 것은 범죄혐의자에 대해서 의식적이고 비밀리에 수행된 수사에 대한 어떠한 암시를 그에게 주지 않고, 그 이상의 수사결과를 위태롭게 하지 않도록 하기 위해서 법관에 의한 수색명령을 이러한 방식으로 수행하는 것이다. 따라서 자명해지는 것은, 법관은-비밀 온라인 수색에서와 같이-수색명령의 집행 시 형사소송법 제105조 제2항과 제106조 제1항의 법률상의 보호규정의 효력 상실을 목적으로 하는 수색을 처음부터 허용해서는 아니 된다는 점이다[9].

비밀리에 수행된 수색이 형사소송법 제102조의 수권규범으로부터 보장된다고 고려하더라도 다른 결론은 뒷받침될 수 없다. 왜냐하면 비밀 수색은, 수색 시 주거에 진입하는 공개 수색보다 당사자에게는 부담을 덜 주기 때문이다(so aber Hofmann, NStZ 2005, 121 [124]). 그 반대는 적합하다. 모든 비밀 수색은 형사소송법 제102조 이하에 규정된 공개 수색과 비교하여 고도의 침해 강도 때문에, 새로운 독자적인 성격을 가지는 강제처분이다. 공개수행은 당사자에게 상황에 따라서 수색된 대상의 인도를 통해서 그 조치를 피하거나 수색의 기간과 강도에 제한을 가할 가능성, 나아가서-경우에 따라서-변호인의 참여

협조로-수색이 이미 집행되는 동안에는 법률상의 요건에 하자가 있는 경우, 이에 대응할 수 있는 가능성, 적어도 수색의 방법과 기술을 통제할 가능성, 특히 수색결정과 관련 있는 한계의 준수를 감시할 가능성을 제공한다(vgl. BVerfGE 115, 166＝NJW 2006, 976 [981]＝NStZ 2006, 641; Bär, CR 1995, 489 [494]). 비밀 온라인 수색은 당사자로부터 이러한 가능성들을 박탈한다[10].

bb) 체계적인 고려도 형사소송법 제102조의 수색은 단지 공개로 수행된 조치로서만 허용된다는 점을 지지한다[11].

당사자 모르게 수행되는 특별히 기본권에 집중되어 있는 기술적 수단을 가진 수사처분은 (예를 들어 통신감청, 주거감청, 기술적 수단의 투입) 형사소송법 제100a조 내지 제100i조에서 규정하고 있다. 이러한 조치를 위해서는 이것의 비밀성 때문에 명령과 수행에 대한 고도의 형식적이고(vgl. §§ 100b Ⅱ, Ⅵ 2, 100c Ⅴ 4, 100d Ⅰ－Ⅳ StPO) 실질적인 요청이 존재한다. 특히 이러한 조치는, 다른 유망한 해명수단이 존재하지 않고, 이러한 조처가 사적 생활 형성의 불가침의 핵심 영역을 침해하지 않는 경우에, 단지 특정한 중대한 범죄혐의가 있는 경우에만 명령될 수 있다(vgl. §§ 100a S.1, 100c Ⅰ, Ⅱ und Ⅳ, 100f Ⅰ und Ⅱ StPO). 개별적 권한규범은 어떠한 요건하에서 조처의 제삼자가 관련될 수 있는가(vgl. §§ 100a S.2, 100c Ⅲ und Ⅵ, 100f Ⅲ und Ⅳ StPO)를 조처에 따라 특별하게 규정하고 있다. 이들은 조치의 철회에 관한, 획득한 인식내용의 평가, 개인정보의 폐기에 관한 상세한 규정들을 가지고 있다(vgl. §§ 100a Ⅳ－Ⅵ, 100c Ⅴ－Ⅶ, 100d Ⅴ und Ⅵ, 100f Ⅴ StPO)[12].

형사소송법 제102조에 의한 범죄의 혐의가 있는 경우 수색명령을 위한 비교 가능한 높은 침해의 제한은 존재하지 않는다. 이를 위해서는 어떤 범죄에 대한 초기혐의만으로 충분하다. 수색의 수행과 이 경우에 획득한 데이터의 범위들에 대해서는 상세히 엄격하게 규정되어 있지 않다[13].

　b) 이러한 모든 점에 의하면 비밀 온라인 수색은 형사소송법 제102조에서는 법적 근거를 찾을 수 없다[14].

　중요한 것은 이 규정이 공개로 수행된 수색에 대해서만 허용된다는 점이다. 이에 대해서 컴퓨터의 저장매체에 있는 데이터들은, 주거에서 비공개로 나누는 대화처럼, 개별적인 경우 유사하게 민감하고 보호가치가 있는 것일 수 있다는 점은 중요하게 고려되지 않는다. 수많은 다양한 데이터의 열람 때문에 그 조치는 당사자의 정보자기결정권을 특별히 중대하게 침해한 것으로 보일 수 있다. 왜냐하면 이러한 관점에서 비밀 온라인 수색은 공개 수색과 관련하여 행해지는, 안전한 것으로 간주되는, 전자적 데이터저장매체의 평가와 구별되지 않기 때문이다(vgl. BVerfGE 115, 166＝NJW 2006, 976 [980ff.]＝NStZ 2006, 641; BVerfGE 113, 29＝NJW 2005, 1917 [1919f.]; BVerfG, NJW 2002, 1410＝NStZ 2002, 377; Nack, in: KK－StPO, § 110 Rdnr. 2).

　비밀 온라인 수색은, 수사기관의 접근이 배제되는, 아마도 대량의 민감한 데이터 때문에, (일반)수색보다는 오히려 주거감시와 동일한 것으로 되는지는 동일하게 결정될 필요가 없다. 이것은 비밀성의 관점하에서의 사안일 수 있지만, 조처의 지속성 관점에서는 의심이 있어 보인다. 비밀 온라인 수색의 명령은, 단지 관련 컴퓨터에 있는 데이터들이 한 번－단일 혹은 다수의 작업단계에서－복사되고 전달될 수 있는 방법으로 제한되고(so BGH [Ermittlungsrichter], wistra 2007,

28), 따라서 컴퓨터의 이용(전자우편 통신과 진행 중인 인터넷 검색)이 장시간 감시될 수 없다 하더라도, 이의 비밀성 때문에 형사소송법 제102조에서는 어떠한 지지를 발견할 수 없다[15].

그것이 허용된다는 것, 특히 형사소송법 제106조 제1항 제1문에 의한 참여권이 보장된다고 논증되는 한, 컴퓨터이용자는 수색되는 데이터가 수사기관에 전달되는 동안 온라인 상태에 있어야 하기 때문에 (vgl. Hofmann, NStZ 2005, 121 [124]), 이 보호 규정의 의미와 목적에 따른 당사자의 참여나 다른 사람의 참여는 곧바로 수색의 감시와 통제를 가능하게 하고, 이 수색이 이를 인식할 가능성이 없이는 순전히 신체적 존재를 보장하지 않는다는 점이 오인된다[16].

2) 형사소송법상의 다른 침해규정들도 비밀 온라인 수색을 허용하지 않는다[17].

a) 그 조처(비밀 온라인 수색)는 형사소송법 제100a조(전기통신감청)에 의해서 보호되지 않는다(비밀번호로 보호되는 메일박스에 대한 일시적인 비밀 접근과는 다르다. BGH, NJW 1997, 1934). 컴퓨터이용자는 수색될 데이터를 수사기관에 전달하는 경우에 비밀리에 설치한 컴퓨터바이러스의 도움으로 '온라인상태'에 있어야 하므로, 이것은 히여든 기존의 네이너흐름의 구성요소에 해당하다.

그러나 이를 통해서 비밀 온라인 수색은 전기통신을 위한 것이 아니다(전기통신의 개념에 대해서는 다음 참조: § 3 Nrn. 22 und 23 TKG i.d.F. vom 22.6.2004 und BGH, NJW 2003, 2034 = NStZ 2003, 668). 범죄혐의자와 제삼자 사이의 통신을 감시하는 것이 아니라, 증거수단 또는 그 밖의 가능한 수사의 단초를 찾기 위해서 의도적으로 통신 시작 전에 대상컴퓨터에 저장되어 있는 데이터를 수사기관에 대량으로 전달하기 때문이다(vgl. Hofmann, NStZ 2005, 121 [123]; Zöller, GA 2000, 563 [573f.]). 따라서 컴퓨터가 '온라인' 상태에 있는 동안 데이터의 흐름은 저장매체에 있는 데이터의 전달을 위해서 기술적인 근거로 해서만 이용된다[18].

b) 형사소송법 제100c조(주거감청)의 수권규정은 비밀 온라인 수색을 정당화하지 못한다. 왜냐하면 컴퓨터가 전자적 방법으로 수색되고 주거에서 비공개적으로 나눈 대화가 기술적 수단으로 감청되고 기록되는 것이 아니기 때문이다(vgl. Hoeren/Sieber, Rdnr. 705)[19].

c) 형사소송법 제100f조 제1항 제2호(기술적 수단의 투입)도 수권규범으로서 배제된다. 왜냐하면 이 규정은 파일젠더(peilsender), 위성항법조종위치시스템, 야간보안장치와 같이 주거의 외부에서 특정한 기술적 수단의 감시목적을 위해서 특별히 비밀 투입만을 허용하기 때문이다(vgl. BGHSt 46, 266 [271ff.]=NJW 2001, 1658=NStZ 2001, 386; Hoeren/Sieber, Rdnr. 705; Hofmann, NStZ 2005, 121 [122])[20].

d) 형사소송법 제161조의 일반조항은 형사소송법의 특별한 침해권한에 의해서 포섭되지 않고 단지 당사자의 기본권을 경미하게 침해하는 강제처분만을 허용한다(vgl. Meyer-Goßner, § 161 Rdnr. 1; Hilger, NStZ 2000, 563 [564])[21].

3) 연방검찰청의 견해와는 달리 형사소송법 제102조는, 추가적으로 전기통신(형사소송법 제100a조)과 주거 감청(형사소송법 제100c조)을 위한 고도의 침해요건 - 중대한 의미를 가지는 범죄혐의, 부담이 덜한 수사처분에 대한 보충성과 같이 - 이 주어져 있고(BGH, wistra 2007, 28; Hofmann, NStZ 2005, 121 [124]), 비례성의 원칙이 '특별히' 준수되는 경우에도 비밀 온라인 수색을 위해 권한을 부여하지 않는다. 새로

운 기술로 가능해진 수사처분을 위한 토대를 구축하기 위해서 침해의 수권규정들의 개별적 요소들을 결합하는 것은 허용되지 않는다. 이는 기본권 침해에 대한 법률유보의 원칙(기본법 제20조 제3항)과 형사절차상 침해규범의 규범명확성 원칙 및 구성요건특정성 원칙에 반한다(vgl. BVerfGE 115, 166=NJW 2006, 976 [979]=NStZ 2006, 641; BVerfGE 112, 304=NJW 2005, 1338 [1339f.]=NStZ 2005, 388 L; Horen/Sieber, Rdnrn. 703f.). 비례성의 원칙은 개별적인 경우 법적 권한들의 한계를 이루므로, 이는 수권 근거의 하자를 대체할 수 없다[22].

4) 형사소송법 제98조 이하, 제102조, 제110조에 의해서 공개로 수행된 주거수색과 컴퓨터의 압수 및 이에 따른 저장매체의 수색은, 이의 요건이 존재하는 한, 명령될 수 없다. 연방검찰청은 비밀 온라인 수색만이 청구된다는 점을 명백하게 설명하고 있다[23].

Ⅳ. 평석

본 연방대법원은 현행 형사소송법에 따르면 비밀 온라인 수색을 허용할 수 없다고 한다. 온라인 수색은 예방목적과 수사목적으로 수행될 수 있다. 예방목적의 온라인 수색2)은 헌법보호기관 등 정보기관이나 경찰과 관련하여 위험예방에 그 목적이 있고, 수사목적의 온라인 수색은 형사소송법상 범죄수사에 그 목적이 있다. 일반적으로 온라인 수색은 정보기관이나 수사기관에게 매력이 아닐 수 없다. 왜냐

---

2) 독일에 있어서 예방적 온라인 수색의 문제점에 대해서는 박희영, 독일에 있어서 경찰에 의한 '예방적' 온라인 수색의 위헌 여부, 경찰학연구, 제9권 제2호(통권 제20호), 경찰대학교, 2009.7, pp.185-209 참조.

하면 이 수단을 사용하면 온라인으로 연결되어 있는 혐의자의 컴퓨터에 접근하여 그 컴퓨터에서 이루어진 모든 일들을 감시할 수가 있기 때문이다. 특히 암호화된 메일을 보내기 전 또는 파일을 암호화하기 전에 원본을 볼 수 있기 때문에 위험을 예방하거나 범죄수사를 해야 하는 국가기관에게 아주 유익한 정보수집의 수단이 될 수 있다. 하지만 이로 인한 국민의 기본권 침해는 여타의 기본권 침해보다는 그 강도가 훨씬 강하다. 이러한 점에서 기본권 보호라는 차원에서 현행 형사소송법상 비밀 온라인 수색을 허용할 수 없다고 한 연방대법원의 판결은 정당하다고 본다.

하지만 이 판결 이후 연방헌법재판소는 2008년 2월 27일 정보기술시스템의 기밀성 및 무결성 보호에 관한 기본권(소위 IT기본권)을 창설하면서 현행 기본법상 예방 및 수사목적의 온라인 수색이 인정된다고 결정(BVerfG, BvR 370/07 vom 27.2.2008)하였다.[3] 즉 IT기본권[4]이 침해되지 아니하는 범위 내에서 가능하다고 한 것이다. 이 결정 이후 독일에서는 연방범죄수사청법,[5] 바이에른 주 헌법보호법, 바이에른 주 경찰법 등에서 이러한 비밀 온라인 수색을 규정하고 있다. 하지만 형사소송법상 온라인 수색을 허용할 것인가에 대해서는 아직 입법론이 구체적으로 제시되지 않고 있다.

우리나라의 경우 현재 이러한 규정이 존재하지 않는다. 현행 헌법

---

3) 이 결정에 대한 평석으로는 박희영, 온라인 수색과 IT-기본권, 박희영 · 홍성기, 독일연방헌법재판소판례연구 I [정보기본권], 한국학술정보(주), 2010. 12, pp.11-46. 이 결정에 대한 소개로는 박희영, 정보기술 시스템의 기밀성 및 무결성 보장에 관한 기본권(상)(하)-독일 연방 헌법재판소 결정(1 BvR 370/07, 1 BvR 595/07)-, 법제처, 법제 제611호, 2008.11, pp.43-68, 법제 제612호, 2008.12, pp.31-64 참조.

4) 이 기본권에 대한 분석으로는 박희영, 독일 연방헌법재판소의 정보기술 시스템의 기밀성 및 무결성 보장에 관한 기본권, 법무부, 인터넷법률 통권 제45호, 2009.1, pp.92-123 참조.

5) 이 법률에 대한 소개로는 박희영, -독일 연방사법경찰청에 의한 국제테러의 위험 방지를 위한 법률(상), 법제처, 법제 제613호, 2009.1, pp.20-43; (하), 제614호, 2009.2, pp.15-49 참조.

상 온라인 수색이 허용되는지, 아니면 새로운 기본권이 필요한지 등에 대한 연구가 필요하다고 본다.

ISP 서버에 저장된 전자우편 압수의 법적 근거

Sicherstellung von E−Mails beim E−Mail−Provider

BGH, Beschluss vom 31.3.2009−1 StR 76/09(LG München)[1]

I. 결정요지

통신서비스제공자가 보관하고 있는 전자우편의 확보(압수)는 형사소송법 제95조 제2항에 의한 제출명령과 함께 제99조(우편물의 압수)의 요건에 해당한다.

II. 사실관계

피고인은 강간으로 유죄판결을 받게 되었다. 유죄판결은 피고인의 전자우편을 근거로 하여 선고되었다. 이 전자우편은 수사절차에서 압

---

[1] JuS 2009, S.1048; NStZ 2009, S.397; MMR 2009, S.391.

수되었다. 압수 당시 피고인의 전자우편함에는 피고인이 이미 읽은 것도 있고, 그렇지 아니한 것도 있었다. 피고인은 이에 대하여 상고를 제기하였으나 성과는 없었다.

연방대법원 제1형사부는 2008년 10월 2일자 뮌헨 제1 지방법원의 판결에 대하여 피고인이 제기한 상소를 근거 없음을 이유로 기각하였다. 상소의 정당성을 근거로 한 판결의 사후심사는 피고인에게 불이익이 될 법적 결함이 제기되지 않기 때문에(형사소송법 제349조 제2항) 상소제기인은 상소비용뿐 아니라, 상소절차에 참여한 부대사소인에게 필요한 경비를 부담하여야 한다.

Ⅲ. 결정이유

뮌헨 지방법원지원(AG München) 수사판사(영장판사)는 오로지 형사소송법 제94조(압수의 대상)와 제98조(압수명령)를 근거로 하여 피고인의 전자우편에 대한 압수명령을 내렸다. 적어도 지금까지 읽지 않은 전자우편에 대한 법적인 논의가 많았다(이에 대해서는 가처분 결정 BerfG, 3. Kammer, Beschluss vom 29. Juni 2006 - 2 BvR 902/06 - MMR 2007, 169 참조; 최근 연장된 가처분 결정 Beschluss vom 13. November 2008 참조). 하지만 전자우편 서비스제공자의 전자우편 서버에 저장된 피고인의 전자우편이 피고인에 의해서 읽혔는지는 형사소송법 제100a조(전기통신감청)의 요건을 필요로 하지 않는다. 왜냐하면, 적어도 전자우편 서비스제공자의 서버에 일시적으로 저장되는 것은 전기통신의 과정이 아니기 때문이다(이에 대한 상세한 소개는 각주2) 참조). 한 번 이상 조회를 하더라도 서비스제공자의 서버에 저장된 전자우편의 압수는 오늘날 통신의 행태를 고려하면, 적어도 우편서비스제공자 또는 전기통신서비스제공자에게 일시적으로 보관되어 있는 통지, 예컨대 텔레그램(전신)의 압수와 오히려 비교 가능하다. 텔레그램은 동일하게 전기통신로를 통하여 서비스제공자의 서버로 전달된다. 그러므로 저장되어 있거나, 도착해 있거나, 일시 저장되어 있는 전자우편은-특별한 법률규정이 없더라도-어쨌든 형사소송법 제99조의 요건하에서 압수될 수 있다(이에 대해서 BeckOK-StPO/Graf § 100a StPO Rdn. 28 f. m.w.N 참조). 가령 전자우편이 특히 기술적인 근거로 예를 들어 우편 발신에 있어서 봉함된 편지의 발신보다도 전송 중 더 쉽게 읽힐 수 있다 하더라도, 전자우편의 전송에 수반되는 기본권의 보호는 법원의 명령을 요하는 형사소송법 제99조(우체물의 압수)에 의한 명령에 의해서 또는 (상당히 드물지만) 형사소송법 제100조에 의해 긴급을 요하는 경우에는 사후승인에 의하여 보장된다. 특히 구체적인 전자우편 압수의 경우에는 법관의 심사가 다시 이루어져야 한다.

새로 도입된 형사소송법 제101조(관계인에 대한 통지) 제4항 제1문 제2호도 형사소송법 제99조의 적용을 언급하고 있다. 2008년 1월 1일 발효된 「전기통신감청과 그 밖의 비밀 수사처분의 새로운 규정을 위한 법률」(이하 전기통신감청법률)3)에 의하면 이러한 조치를 위해서

---

2) 이에 대한 상세한 문헌으로는 KK-StPO/Nack, §100a Rdn. 22 f.; BeckOK-StPO/Graf, §100a StPO Rdn. 28 ff./ KMR/Bär, §100a Rdn. 29. 다른 견해로는 LG Hanau NJW 1999, S.3647; LG Hamburg wistra 2008, S.116. 동의하는 견해로는 StV 2009, S. 97. 지금까지 전체적인 고려를 부정하는 견해로는 Meyer-Goβner, StPO, 51. Aufl., §100a Rdn. 6.

3) 이 법률의 소개는 박희영, 독일의 전기통신의 감청 및 통신데이터의 저장 등에 관한 법률, 법제 제607호, 법제처, 2008.7, pp.28-57. 참조.

도 명시적으로 사후통지의무가 확정되어 있다. 또한 당사자는 사후에 법적 보호를 요구할 수도 있다(형사소송법 제101조 제7항).

형사소송법 제99조와 제100조 자체에서 제출요청권의 강제적인 집행이 규정되어 있지 않다는 것은, 여기서 기술하는 법적 상황에 아무런 변화를 주는 것이 아니라, 원래 고권적 권한으로 설치된 독일 체신청만이 그러한 조치의 의무자일 수 있었는데, 그에게는 거부를 기대할 수 없었다는 점에 기인한다. 그러나 이러한 분야의 시장의 개방(민영화) 이후 형사소송법 제99조에 의한 조치도 수행될 수 있어야 한다는 점이 보장되어야 한다. 따라서 여기서도 형사소송법 제95조 제1항과 제2항에서 발견된 일반원칙들이 적용된다. 즉 법관의 제출명령에 일반적으로 부응해야 하고, 만일 의무자가 증인의 증언거절 권리가 없는 경우에는, 이의 수행을 위해서 형사소송법 제70조에 규정된 질서수단 및 강제수단이 결정될 수 있다.

영장판사가 언급한 압수명령의 경우에 형사소송법 제99조의 요건도 있었으므로, 당사자의 전자우편의 사용에는 아무런 모순이 없고, 무엇보다도 변호인은 공판절차에서 아무런 이의를 제기하지 않았다.

IV. 평석

연방대법원은 이 판결을 통하여 실무를 위해서 의미 있는 논쟁의 문제를 명확히 했다. 이 판결 이전에는(NJW 1997, 1934 참조) 지금까지 메일박스 시스템의 내용에 대한 접근도 형사소송법 제100a조와 제100b조의 요건하에서만 전기통신감청의 조치로써, 즉 데이터가 이미

사인의 영역, 즉 단말기에 있는 경우에도 허용되는 것으로 보았다. 이 판결 이전에는 형사소송법 제94조와 제98조를 적용하려는(이에 대해서는 KK‑StP/Nack, a.a.O., § 100a Rn 19, 그는 전자우편을 3단계로 나누어 평가하고 있다) 다른 견해들이 있었다. 연방대법원은 전자우편의 압수는 카탈로그 범죄 감청대상 범죄와 같이 강제조치의 대상이 법률에 규정되어 있는 범죄와 핵심영역의 보호를 요하는 형사소송법 제100a조의 엄격한 요건에 귀속시키지는 않지만, 형사소송법 제94조 이하에 의한 일반적인 압수를 위한 요건뿐만 아니라, 형사소송법 제99조와 제100조에 의한 우편물을 위한 요건으로 귀속시키고 있다.

연방대법원의 결정은 지금까지 논쟁이 치열했던 형사소송법상의 문제점을 다루고 있다. 그러나 연방대법원의 결정 후 3개월이 지난 뒤 2009년 6월 16일자 판결에서 연방헌법재판소는 엄청난 의견대립이 있는 이 문제에 대하여 헌법적 판단을 내렸다. 즉 연방헌법재판소는 전자우편의 접근에 대한 법적 근거와 관련하여 형사소송법 제99조의 적용에 대한 이의제기를 인정하지 않고, 형사소송법 제94조 이하의 규정을 수용한 것이다.[4]

또한 연방대법원의 결정은 서비스제공자의 전자우편 서버에 일시적으로 저장되는 것은 선기통신의 과정으로 보지 않아 형사소송법 제100a조 또는 제100g조의 감청대상이 아닌 것으로 보고 있음에 대하여, 연방헌법재판소는 기본적으로 통신의 비밀로 보고 있지만, 형사

---

4) 헌재판결의 평석에 대해서는 박희영, ISP의 메일서버에 있는 전자우편 압수의 합헌결정. 박희영 · 홍선기, 독일연방헌법재판소 판례연구 Ⅰ [정보기본권], 한국학술정보(주), 2010.12, pp.47‑71.; 헌재판결의 주요내용에 대해서는 박희영, 전자우편의 '통신비밀보호' 대상 여부 및 '압수' 가능성에 대한 합헌결정, 독일 연방헌법재판소 2009년 6월 16일자 결정(2 BvR 902/06), 법제, 법제처, 2009.9, pp.47‑68 참조.

소송법 제100a조가 아니라 제94조 이하의 규정이 적용 가능하다고 보고 있다.[5]

---

5) 우리나라의 관련 규정의 비교는 14. 전자우편함의 전체 메일에 대한 압수의 과잉금지원칙 위반 참조.

전자우편함의 전체 메일에 대한 압수의 과잉금지원칙 위반

Beschlagnahme aller im Postfach des E-Mail-Accounts
gespeicherten Nachrichten und Übermaßverbot
BGH, Beschluss vom 24.11.2009-StB 48/09(a)

I. 결정요지

1. 서비스제공자의 메일서버에 저장된 피의자의 전체 전자우편에 대한 압수명령은 일반적으로 과잉금지원칙에 반한다.

2. 피의자는 서비스제공자의 접근을 이유로 제공자의 전자우편 서버에서 보안장치되어 있는 피의자의 전자우편물의 압수에 관해서 통지를 받을 의무가 있다.

II. 사실관계

연방검찰청은 피의자 X와 Y에 대해서 형법 제129a조 제1항 제1문 및 제129b조 제1항 제1호, 제5항 제1문에 의한 국외의 테러단체를 지원한 혐의로 수사절차를 진행하고 있었다. 연방검찰청은 피의자들이 국외 테러단체 Z의 한 구성원에게 독일로부터 자금을 전송한 혐의가 있다고 주장하고 있다.

연방검찰청은 피의자 X와 Y에 대해서 다양한(비밀) 수사처분들을 명령해 줄 것을 연방대법원의 영장판사에게 청구하였다. 연방대법원의 영장판사는 2009년 10월 22일 결정으로 이를 거부하였다. 이유는 연방검찰청이 제출한 수사결과가─특히 피의자 X의 전화대화에 대한 주헌법보호청의 평가의 기재내용이─국외 테러단체의 지원을 비난할 초기혐의를 뒷받침하기에는 적절하지 않다는 것이었다. 이에 대해 제기된 연방검찰청의 항고는 영장판사가 시정하지 아니한 피의자의 전자우편계정의 감시와 관련하여 부분적으로 성과가 있지만, 그 밖의 항고는 이유가 없다고 하였다.

Ⅲ. 결정이유

1. 연방검찰청은 항고절차에서 피의자 X의 전화 대화기록을 제출하여 이의 내용이 처음으로 법관의 판단에 맡겨지게 되었다. 전화대화의 내용은 더 많은 증거의 흔적을 배경으로 하여 청구된 수사조치의 명령을 위해서 필요한 혐의, 즉 피의자 X와 Y가 형법 제129a조 제1항 제1호, 제5항 및 제129b조 제1항에 의한 범죄를 범했다는 혐의를 뒷받침하고 있다[3].

1) 이에 따르면 아래의 사건에 대한 사실상의 근거가 충분히 존재한다[4].

2) 이러한 행위비난에 대한 충분한 근거는 다음에서 나온다[5].

피의자 X와 Y가 혐의를 받게 된 지원행위들은, 피의자 X가 공동피의자와 나눈 전화대화의 기록이 항고절차에서 제출됨으로써 증명된다. 주헌법보호청이 G-10법률(서신, 우편 및 통신의 비밀에 관한 법률)의 규정에 의해 수집한 이 대화내용은-연방검찰청의 견해에 의해서도-피의자에게 부담이 되는 지원행위를 증명하기 위한 중요한 증거방법이다. 하지만 연방검찰청의 청구에 따라 영장판사가 결정을 할 시점이나 시정결정을 한 시점에서도 이러한 증거방법은 제시되지 않았다. 다만 영장판사는 주헌법보호청이 짧고 그리고 일부 애매하게 평가한 기재내용만을 이용할 수 있었다. 이러한 근거로 연방대법원의 영장판사는 연방검찰청의 청구를 정당하게 거부한 것이다[7].

청구된 수사처분의 경우에 헌법상 보호되는 당사자의 법적 지위의 침해가 문제 된다. 이러한 침해의 허용은 기본적으로 법관에게 유보되어 있다. 각 명령에 필요한 범죄의 혐의가 속하는 청구된 침해의 법률상 요건의 존재는 관할 영장판사가 독립하여 심사하여야 한다. 영장판사는 수사기관에 의한 혐의상황의 평가나 개별적 증거수단의 평가에 있어서 구속되지 않는다(BGH, NStZ-RR 2005, 73). 적어도 청구기관인 검찰청이 비밀유지의무를 부담하지 않는 한에 있어서, 모든 중요한 증거수단을 영장판사에게 제출한 경우에 한하여, 영장판사는 범죄혐의에 대한 포괄적인 이러한 심사의무를 충족시킬 수 있다. 영장판사는 수사기관 또는 여기서의 정보기관이 평가하여 인정한 것을 일반적으로 보충할 수는 없다. 수사기관 등이 다만 증거결과들을 요약하여 서술하고 평가하는 한, 그것들은 단지 제한적인 증거가치만이 부여되는 간접적인 증거수단에 불과하다[8].

따라서 연방대법원의 영장판사는 녹화된 전화대화의 내용과 평가에 대한 주헌법보호청의 메모(기록)를, 범죄혐의를 인정하는 데 있어서 충분한 증거가치가 있다고 정당하게 보지 않았다. 그 기록에는 중요한 전화가 단지 단편적으로만 기재되어 있다. 피의자 X와 Y에게 혐의가 된 테러지원행위를 범했다는 실제와 같은 근거는 이로부터 도출되지 않는다[9].

　　이와는 반대로 본 형사부에 비로소 제기된 대화기록의 전체적인 맥락으로부터 공동피의자가 테러단체 Z의 구성원으로 확실히 간주되는 피고인 X와 Y에게 매우 특정되고 구체적인 자금 전달의 방법을 제공하고 있을 뿐 아니라, 피의자 X가 이러한 요청을 어쨌든 거부하지 않고 있다는 사실이 충분히 명확해졌다[10].

　　2. 결정서에서 확실한 범위에 있는 전자우편계정의 감시는 사실관계의 해명을 위해서 필요하다. 이것이 오로지 다른 수사처분으로 시도되는 경우에는 적어도 본질적으로 어려워질 수도 있을 것이다[11].

　　범죄비난의 비중과 범죄혐의의 정도의 관점에서 조치의 명령은 비례적이다[12].

　　피의자와 서비스제공자의 이전의 심문에서 명령의 목적을 위태롭게 하지 않을 것이 예측된다[13].

　　3. 연방검찰청의 항고가 전자우편계정의 전자사서함에 있는 모든 전자우편의 압수거부를 대상으로 하는 것이라면, 이에 대한 근거가 존재하지 않는다. 이러한 압수는 결과적으로 정당하게 명령될 수 없다[14].

　　형사소송법 제94조 이하의 압수 규정은 기본적으로 전송과정이 종료된 후 서비스제공자의 메일서버에 저장되어 있는 전자우편의 확보와 압수를 가능하게 한다(BVerfG, NJW 2009, 2431 [2433]). 물론 형사소송법 제94조 이하를 근거로 한 침해는 비례적이어야 한다. 그러나 연방검찰청이 전자우편계정의 우편함에 있는 모든 전자우편의 무제한 압수를 청구하고 있는 것은 비례성의 원칙을 고려하지 않고 있다. 그러는 한에서 다음이 적용된다[15].

압수를 실행함에 있어서 특히 광범위한 전자우편함에 대한 접근의 경우에 있어서 고려되어야 하는 것은, 정도를 초과하고, 절차를 위해서 의미가 없고 형사소송법 제97조의 압수금지에 해당하는 데이터는 피해져야 된다는 점이다. 따라서 저장되어 있는 전체 데이터의 압수는, 물론 접근될 전체 데이터가 절차를 위해서 잠재적으로 증거상 중요하다는 것에 대한 구체적인 근거가 존재하는 경우에 한해서만, 비례성의 원칙과 일치한다. 전자우편함의 경우에 이러한 압수는 일반적으로 이러한 사례에 해당되지 않는다(BVerfG, NJW 2009, 2431 [2436]) [16].

당해 사례에서도 피의자의 전체 전자우편함이 가지는 잠재적인 증거상의 의미에 대한 근거가 존재하지 않는다. 따라서 연방대검찰청에 의해서 청구된 서비스제공자의 메일서버에 저장되어 있는 모든 전자우편에 대한 접근은 과잉금지원칙에 반한다. 따라서 수사판사는 압수명령을 결과적으로 정당하게 거부하였다[17].

형사부는 다음과 같이 수의를 환기시킨다[18].

정도를 초과하여, 비밀리에 그리고 절차를 위해서 의미가 없이 획득하는 정보를 배제함으로써 증거상 중요한 전자우편을 확보하기 위해 침해가 덜한 조치들이 있을 수 있다. 가령 특정한 송신자나 수신자의 정보에 의하여 수사상 중요한 전자우편으로 제한하여 일부의 전자우편에 대한 압수를 고려할 수 있다. 당해 사례와 같은 경우들에 있어서 형사소송법 제102조(정범 또는 공범에 대한 수색)에 의한 피의자에 대한 수색이나 제103조(기타의 자에 대한 수색)[1]에 의한 서비스제공자에 대한 수색과 관련하여 전체 전자우편에 대한 일시적인 확보도 비례성의 원칙을 충족한다. 형사소송법 제110조 제1항 및 제3항에 의해 확보한 데이터들의 열람은 우선 중요한 증거의 확보와 증거평가의 가능성을 확보하기 위해서 이러한 수색과 연결되어야 한다. 이러한 절차단계와 관련하여 필요하고 허용되는 압수의 범위에 관한 유효한 판단을 할 수 있어야 한다(BVerfG, NJW 2009, 2431 [2436f.])[19].

물론 이 경우에 수색의 경우뿐만 아니라 압수의 경우에도 수사조치의 공개성이 고려되어야 한다. 즉 이러한 명령은 당사자 및 절차참가자에게 통지되어야 한다(§§ 33 Ⅰ, 35 Ⅱ StPO). 따라서 피의자는 자신의 데이터가 서비스제공자에게 접근을 근거로 하여 메일서버에 저장되어 있는 경우에는 그의 전자우편함에 보관되어 있는 전자우편들의 압수에 대해서 통지를 받아야 한다. 형사소송법은 수색목적의 위태화로 인한 통지의 유보를 - 형사소송법 제101조 제1항[2]을 포함하여 열거되어 있는 비밀 수사처분을 위한 형사소송법 제101조 제5항[3]과는 달리 - 규정하고 있지 않다(Schäfer, in: Löwe/Rosenberg, StPO, 25. Aufl., § 98 Rdnr. 21; für eine entspr. Anwendung des § 101 Ⅴ StPO allerdings Meyer-Goßner, StPO,

---

1) 형사소송법 제103조(기타의 자에 대한 수색) ① 피의자의 체포, 범죄단서의 추적, 특정 목적물의 압수를 목적으로 하는 경우 그리고 추적대상자, 단서 또는 사물이 수색될 공간에 있다고 추론할 수 있는 사실이 존재하는 경우에만 기타의 자에 대한 수색이 허용된다. 형법 제129a조에 의한 범죄, 형법 제129b조 제1항과 관련한 범죄 또는 이 규정에 기술된 범죄 중 하나를 범했다는 상당한 혐의가 있는 피의자를 체포하기 위해서 주거나 기타 공간의 수색이 허용되는데, 이 경우의 수색은 이러한 공간들이 건조물 내에 소재하고 있고, 그 내부에 피의자가 체류한다는 추정이 사실을 근거로 한 경우에만 허용된다. ② 피의자가 체포된 장소 또는 그가 추적 중에 피의자가 출입한 장소에 대해서는 제1항 제1문의 제한이 적용되지 않는다.

2) 형사소송법 제101조(관계인에 대한 통지) ① 제98a조, 제99조,제00a조 제00c조내지제00조 제10a조 제63d조내지제63f조에 의한 조치들을 위해서, 특별히 달리 규정하지 않은 한, 다음의 규정들이 적용된다.

3) 형사소송법 제101조 ⑤ 조사목적, 개인의 생명, 신체의 완전성, 자유, 중요한 의미를 가지는 재산가치, 그리고 제110조의 a의 경우 비밀수사관의 확대사용의 가능성도 위태롭지 않는 경우, 통지가 가능한 즉시 통지한다. 1문에 의해 통지가 유보되는 경우에는 그 사유를 기록해야 한다.

52. Aufl., § 98 Rdnr. 10; Nack, in: KK-StPO, 6. Aufl., § 98 Rdnr. 21).

Ⅳ. 평석

전자우편의 전송은 그 자체가 전기통신의 과정에 해당하여 관련규정을 통하여 그 자체가 보호된다. 하지만 전송과정이 종료되어 통신서비스제공자의 메일서버에 전자우편이 여전히 저장되어 있는 경우, 이에 대한 형사소추기관의 접근은 전기통신감청 규정에 의해서는 더 이상 가능하지 않다. 이러한 데이터에 대해서는 오히려 형사소송법 제94조 이하의 규정에 의해서 확보되거나 압수될 수 있다. 이것은 이러한 접근가능성의 한계에 관한 문제 및 관련당사자나 절차관여자에의 통지의무에 관한 문제를 제기한다. 본 연방대법원의 결정은 이러한 문제의 해결을 제시하고 있다고 보인다.

수색 및 압수와 같은 형사소송법상의 침해는 수사절차를 위한 이들의 필요성의 관점에서도 비례성의 원칙을 충족해야 한다는 사실은 이전부터 인정되어 오고 있었다. 물론 실무에서 특히 수색 및 압수 대상의 포괄적인 기재의 경우에 그렇게 많은 관심을 두지는 않았다. 최근 몇 년간 이러한 문제점이 반복해서 헌법재판소나 상급법원의 결정대상이 되었다. 본 형사부 결정은 이미 관련 조치들의 명령 등에서 비례성의 원칙을 고려한 2009년 6월 16일자의 연방헌법재판소의 결정에 근거하고 있다.[4]

---

4) Beschl. v. 16.06.2009 - 2 BvR 902/06 - NJW 2009, S. 2431. 이에 대한 판례평석은, 박희영, 통신서비스제공자의 메일서버에 저장된 전자우편의 압수에 대한 합헌결정, BVerfG, 2 BvR 902/06 vom

수사기관뿐 아니라, 특히 영장판사는 가능한 한 침해명령을 형성함에 있어서 비례성의 원칙을 고려해야 할 것이다. 물론 한계를 설정하는 기준들을 찾는 것이 처음부터 어려운 사례들에 있어서는 형사부가 언급하고 있는 데이터의 열람을 위한 임시적인 확보와 같은 조치들이 실용적이고 통용적인 방법일 수 있다. 이러한 방법은 수사상의 손실에 대한 두려움을 확실히 없애 준다. 형사부가 통지의무의 문제에서 법률문언을 엄격하게 강조함으로써 형사소송법 제101조 제5항의 적용을 거부하였다는 점은, 사실 상태가 비록 서비스제공자에 대한 이러한 접근에서 비밀 수사처분과 비교할 수 있을지라도, 실무는 결코 만족할 수 없을 것이다. 그렇기 때문에 경우에 따라서 입법자는 형사소송법 제101조 제5항의 원칙들을 확대하는 방안도 고려해 볼 만하다는 견해[5]가 제시되고 있다.

전자우편의 확보와 관련하여 우리나라의 경우는 통신비밀보호법 제9조의 3에서 송 · 수신이 완료된 전기통신에 대하여 압수 · 수색 · 검증을 집행한 경우 그 사건에 관하여 공소를 제기하거나 공소의 제기 또는 입건을 하지 아니하는 처분(기소중지결정을 제외한다)을 한 때에는 그 처분을 한 날부터 30일 이내에 수사대상이 된 가입자에게 압수 · 수색 · 검증을 집행한 사실을 서면으로 통지하여야 한다고 규정하고 있다(동법 제2항, 사법경찰관의 경우는 제2항). 이 규정은 형사소송법상의 압수 등에 관한 특별 규정으로 보인다. 그렇기 때문에 사전통보가 아닌 사후통보를 규정하고 있다.

독일의 경우 통신제한조치나 전자우편의 압수 등은 특별법이 아니

16.6.2009. 최신독일판례연구, Lawnb(www.lawnb.com), 2010.1.4, pp.1 ‑ 13 참조.

5) Walter Winkler, Beschlagnahme von gespeicherten E‑Mails, jurisPR‑StrafR 10/2010 Anm. 3.

라 형사소송법에서 규정하고 있다. 이것은 독일 형사소송법상의 압수 및 수색의 경우 이의 영장이 당사자에게 반드시 제시되어야 하고(동법 제118조), 당사자의 참여권(동법 제121조)도 보장되고 있으며, 당사자에게 사전통지가 되고 있음을 의미한다. 이러한 점에서 우리의 규정은 관련 당사자의 보호에 아주 미흡함을 알 수 있다. 동일한 압수 및 수색의 대상임에도 불구하고 전자우편에 대해서만 특별히 사전영장의 제시나 사전통지의무를 배제한 점은 비례성의 원칙에 반한다고 보이므로 이에 대한 개선이 요구된다.

위헌무효 이전의 가처분명령에 의해 취득한 통신사실확인자료의 사용 여부

Verwertung von Vorratsdatenspeicherung vor BVerfG

-Hauptsacheentscheidung

OLG Hamm, Beschluss vom 13.4.2010 - 3 Ws 140/10(LG

Bielefeld, AG Bielefeld)

Ⅰ. 결정요지

보관용 통신사실데이터의 저장에 관한 2010년 3월 2일 연방헌법재판소의 판결(1 BvR 256/08, 1 BvR 263/08, 1 BvR 586/08)[1]은, 이들 데이터가 본안판결의 선고 이전에 연방헌법재판소가 내린 가처분명령[2]의 규정들과 일치하여 수집된 경우에는, 형사소송법 제100g조(통신데이터 수집)와 전기통신법 세113a조(통신데이터 저장의무)를 근거로 수집된 통신사실데이터[3]의 사용과 모순되지 않는다.

---

1) 위헌판결에 대한 평석으로는 박희영, 통신자료확인자료 저장의 통신비 밀침해에 대한 위헌결정, 박희영·홍선기, 독일연방헌법재판소판례연구 Ⅰ [정보기본권], 한국학술정보(주), 2010.12. pp.91-119.

2) 이에 대해서는 박희영·홍성기, 위의 책 pp.73-89 참조.

3) 우리 통신비밀보호법상의 통신사실확인자료에 해당함.

Ⅱ. 사건개요

피고인은 2009년 2월 2일 빌레펠트 지방법원 지원(AG Bielefeld)의 구속영장(9 Gs 487/09)에 의해 구속된 이후, 2009년 7월 8일 빌레펠트 지방법원(LG Bielefeld)의 구속영장의 확대 변경으로(2 KLs 16/09) 계속 구속되어 있다.

2009년 5월 25일 빌레펠트 검찰의 공소제기는 2009년 7월 8일 빌레펠트 지방법원의 공판개시결정에 따라 허용되었다.

구속영장에는 피고인이 12개 사건(그중에서 3개는 미수)에서 중대한 조직절도와 관련한 전과가 있고 이외에 문서죄와 독일의 입국이 금지되어 있는 외국인체류법위반도 포함되어 있다.

피고인과 그 외 6명의 공동피고인은 유럽 전역에서 활동하고 있는 코소보 출신으로 구성된 주거침입절도 조직 내지 네트워크의 구성원으로서 몇 년 전부터 활동해 왔다. 이들은 서로 번갈아서 참여하거나 분업하여 협력하면서 독일 전 지역과 독일과 국경을 접하고 있는 유럽의 다른 나라에서 주거침입절도를 범해 왔다. 이들의 범행목적은 자신들의 생활비를, 일부는 코소보에 두고 온 가족들의 생계비를 벌기 위한 것이었다. 그들은 범행대상으로서 우선 상당한 현금이 들어 있는 금고가 있는 상가건물과 고가의 훔칠 물건이 기대되는 주택가를 선별하여 범행을 저질러 왔다.

구체적으로 피고인은 2008년 6월 20일에서 2008년 11월 30일의 시점에 독일의 각기 다른 장소에서 공동정범으로 12개의 중대한 조직절도(그 중 3개는 미수)를 범했다고 한다. 공소장에 기재된 범죄행위의 구체적인 내용으로 2009년 7월 8일의 빌레펠트 지방법원으로부터 구속영장이 발부되었다. 이 범죄사실들은 2009년 5월 25일 빌레펠트 검찰의 공소장과 관련되어 있다.

수사과정에서 확정된 것은 2008년 8월 20일과 21일 우체국에서 가로챈 52,000유로의 현금이 들어 있는 1×2m 크기의 금고를 사전에 훔친 차량에 적재하는 것이 실패로 끝난 사건(범죄 4)에서, 수사기관은 조직범죄의 근거가 있다고 판단하고 수사를 진행하였다는 점이다. 더 많은 증거자료를 확보하기 위한 수사기관의 요청에 대해서 2008년 9월 4일 빌레펠트 지원이 내린 결정(9 Gs 4545/08)에 의하면, 개별적으로 언급된 형사소송법 제100g조에 의한 이동전화운영자는 어떤 이동전화가 정해진 범행기간 동안 해당되는 무선셀에서 접속하여 통화를 했는지에 대한 정보를 요청기관에 제공해야 할 의무를 지고 있다고 되어 있다. 이 결정은 이 조치가 형사소송법 제100a조 제2항으로부터 뒷받침될 수 없다는 명시적인 암시를 포함하고 있다.

이번 결정과 그 밖의 결정들(2008년 9월 27일(9 Gs 4907/08), 06.11.2008(9 Gs 5655/08), 17.11.2008(9 Gs 5860/08))을 근거로 하여 피고인에게 IMEI 번호(범죄 (1)~(7)) 및 전화번호 1(범죄 (4)~(7))과 2(범죄 (1)~(3))로 귀속시킬 수 있었다. 그 밖의 2008년 12월 16일 결정(9 Gs 6368/08)과 2008년 1월 22일 결정(9 Gs 6457/08)은 전화번호 및 그 밖의 두 가지 범죄((10)~(12))에 사용된 IMEI 번호를 가진 이동전화도 그에게 귀속시킬 수 있었다.

2009년 7월 17일 공판절차가 시작되었다. 2009년 8월 피고인의 변호인은 수행된 이동전화감시와 전기통신감시, 특히 무선셀감시로부터 얻은 인식내용의 전체적인 결과에 대해서 이의를 제기하였다. 이러한 이의신청은 2009년 8월 21일 결정으로 형사부로부터 기각되었고, 수사판사의 결정은 2008년 9월 4일~2008년 11월 17일의 시점에 정당한 것으로 결정되었다.

2010년 3월 2일과 3일 변호인은 수사절차에서 수집되고 이미 공판절차에서 일부 제출된 통신데이터에 대해서 새로이 이의를 제기하였고, 구속영장의 취소도 즉시 신청하였다.

변호인은 피고인에 대한 충분한 혐의는 오로지 전기통신감청, 소급한 무선셀평가 및 소급한 핸디데이터의 수집으로부터만 나온다는 점을 그 근거로 설명하였다. 하지만 전체 데이터는 2010년 3월 2일의 연방헌법재판소의 판결과 관련하여 충분한 수권근거 없이 취득되었다고 한다. 왜냐하면 연방헌법재판소는 그 근거가 되는 법률규정인 전기통신법 제113a조, 제113b조 및 이와 관련이 있는 형사소송법 제100g조를 무효로 선언했기 때문이다.

지방법원은 2010년 3월 3일의 결정으로 구속명령의 철회 신청을 기각하였다. 이에 대해서 피고인은 항고를 제기하였다.

III. 결정이유

형사소송법 제304조 제1항에 의해서 허용된 항고는 근거가 없다.

1. 피고인은 전체적으로 그리고 특히 형법 제242조, 제243조 제1항 제1호, 제2호 및 제3호, 제244조 제1항 제2호와 제3호, 제244a조 제1항, 제22조, 제23조, 제25조 제2항, 제53조에 의해서 구속영장에 기재된 행위들에 대한 중대한 혐의가 있다.

1) 구속적부심절차의 이행은, 빌레펠트 지원의 원래의 구속명령을

두 가지 공소대상인 조직절도로 확대한 2009년 7월 8일 지법의 구속 명령은 피고인에게 특별히 통고되어 있지 않는다는 사실과 모순되지 않는다.

2) 구속영장 사례 (1)~(7)에서 - 소급한 - 이동전화 데이터에 대한 인식내용은 이 결정에서 기인한다. 구속영장 사례 (8)~(10)에서는 피고인에게 부담이 되는 인식내용은 처음부터 - 경우에 따라서 이미 선고된 - 2008년 12월 16일과 22일의 결정에 근거하고 있다.

3) 전달된 통신사실데이터와 통신내용데이터로부터 인식한 내용의 관점에서 보면 중대한 범죄혐의는 언급한 사례들 중 어느 것에서도 증거사용금지와 모순되지 않는다(중대한 범죄혐의 심사에 있어서 증거사용금지의 의미성에 대해서는 다음 참조: BGH, B. v. 4.4.1990 - 4 BJs 136/89 - 3 StB 5/90).

4) 헌법재판소는 2010년 3월 2일의 판결(1 BvR 256/08, 1 BvR 263/08, 1 BvR 586/08 [=MMR 2010, 356])에서 수권의 근거로서 기능하는 전기통신법 제113a조, 제113b조, 그리고 전기통신법 제113a조에 의해서 통신사실데이터가 수집되는 한, 형사소송법 제100g조의 규정을 무효로 확정하였다. 이러한 점에서 증거수집금지 및 증거사용금지가 나오지 않는다.

연방헌법재판소의 무효확정으로 확실해지는 것은, 규범이 헌법에 위반하고 따라서 소급된다는 점, 더 정확히 말하면, 충돌상황의 발생으로 무효가 된다는 점이다(vgl. Heusch, in: Umbach/Clemens/Dollinger(Hrsg.), BVerfGG, 2. Aufl. 2005, § 31 Rdnr. 80). 규범의 무효가 법적 구속력이 있는 것으로 확정되면, 법적 상황은 장래를 위해서 명확해진다. 문제는 이로부터 어떠한 법적 효과가 과거와 관련되는가이다(Heusch, a.a.O., § 31 Rdnr. 80).

본 사안에서 고려된 것은 헌법재판소가 2008년 3월 11일의 결정
(MMR 2008, 303 m. Anm. Bär)과 2008년 10월 28일의 결정(MMR 2009,
29 m. Anm. Bär](jeweils 1 BvR 256/08)으로 헌법재판소법 제32조를 근
거로 하여 가처분명령을 선고하였다는 점이다. 즉 이 가처분명령으로
심사하는 동안 데이터 요청 시의 행위들에 대한 규정들은 본안판결
이 선고되기까지 관련되어 있다는 점이다.

연방헌법재판소는 2010년 3월 2일 판결문의 주문과 근거에서 다음
을 설명하고 있다. 즉 기관의 정보요청권과 관련하여 2008년 3월 11
일(1 BvR 256/08), 2008년 10월 28일, 2009년 10월 15일의 가처분명령
을 근거로 하여 공중 접근을 가능하게 하는 전기통신 서비스 운영자
로부터 수집되지만, 잠정적으로 전기통신법 제113b조 1문 전단에 의
해서 요청기관에 전달되지 않고, 저장되어 있는 통신사실데이터는 지
체 없이 삭제되어야 하고 그리고 더 이상 요청기간에 전달되어서는
아니 된다.

이에 대해서 선고된 가처분명령을 근거로 이미 수집된 요청 데이
터와 관련하여 어떻게 절차가 진행되는지는 이러한 판결로부터 유추
되지 않고, 또한 가처분명령은 이 문제와 관련도 없다.

부의 견해에 의하면 피고인과 관련하여 요청되어 사용된 통신사실
데이터는 정당하다. 즉 연방헌법재판소의 가처분명령 규정과 일치하
여 수집되었고 나아가서 이를 사용할 수 있다.

5) 여기서 논쟁이 되고 있는 데이터는 정당하게 수집되었다. 형사
소송법 제100g조 및 전기통신법 제113a조에 의한 데이터요청을 위한
요건은 헌법재판소의 2008년 3월 11일 결정, 2008년 9월 1일 결정,
2008년 10월 28일 결정들(종합하여 1 BvR 256/08)을 고려하여 2008년

9월 4일~2008년 11월 17일의 결정의 선고 시점에 – 2008년 12월 16일과 22일 각각 존재하고 있었다.

결정의 근거로부터 전달된 데이터의 경우 전기통신법 제113a조에 의해서 저장된 형사소송법 제100g조 제1항 제1문에 의한 통신데이터가 문제 된다. 헌법재판소의 가처분명령과 상응하게, 이것은, 수사절차의 대상은 요청명령에 의해서 형사소송법 제100a조 제2항에 해당하는 범죄(카탈로그범죄)이고, 형사소송법 제100a조 제1항의 요건이 존재하고 있는 경우에는 요청기관에 전달될 수 있었다고 한다. 따라서 이것은 여기서 관련이 없다.

a) 2008년 9월 4일 지원의 결정은, 그 조치가 형사소송법 제100a조 제2항으로부터 지지받을 수 없다는 점을 제시함으로써 잘못되어 있고, 형사소송법 제100a조 제1항 제2호에 의해서 범죄행위가 개별적인 경우에도 중대한 비중이 있다는 점에 대해서 명백한 설명은 2008년 11월 6일과 17일의 수사판사의 결정에는 결함이 있다. 그럼에도 불구하고 이것은 해가 없다. 왜냐하면 이 요건은 결정의 시점에 객관적으로 고려하여 실제로 존재하고 있었고, 데이터 전달은 이에 의해서 정당화되었기 때문이다. (중략)

6) 증기빙법으로써 정낭하게 획득된 데이터는 또한 사용될 수 있다. 이것은 연방헌법재판소가 그동안 선고한 본안 판결에도 불구하고 유효하다. 왜냐하면 증거수집의 관점에서 가처분명령의 정당한 효과는 데이터의 사용을 판단함에 있어서 연장되기 때문이다.

a) 원칙적으로 문제가 되는 것은, 연방헌법재판소의 가처분의 효력이 있는 동안 실체법적 상황이 본안 절차의 종결 후 어떻게 판단되어야 하는가이다. 왜냐하면 여기서 문제는 가처분명령이 독자적인 정당성 기능을 자체적으로

가지는지이기 때문이다(vgl. Berkemann, in: Umbach/Clemens/Dollinger, a.a.O., § 32 Rdnr. 369, 370).

기본적으로 연방헌법재판소법 제32조4)에 의한 가처분명령 선고의 경우 다음이 적용된다. 구체적인 명령의 내용은, 공익의 이익에 대한 중대한 불이익을 저지하기 위해서 긴급하게 요구되는 것으로 보이는 것(최소개입의 원칙[Grundsatz des Interventionsminimums])보다 더 나아가서는 아니 된다. 이 경우 조치의 선택은 헌법재판소의 의무적 재량에 있고 여기서 본질적으로 효과 및 비례성의 일반적인 원칙들이 적용된다(Berkemann, a.a.O., § 32 Rdnr. 327). 연방헌법재판소의 몇몇 판결에 따르면 대부분 헌법재판 절차에서 가처분명령이 유발하는 광범위한 파급효과의 결과 때문에, 헌법재판소법 제32조의 요건 심사에 있어서 엄격한 기준들을 적용해야 한다. 이것은 특히 가처분명령으로 법률의 집행력이 상실되는 경우에 적용된다. 헌법재판소는, 가처분명령이 선고되지 않았으나, 이후 대상규정이 본안절차에서 헌법에 반하는 것으로 밝혀지는 경우에는, 발생하는 결과를 비교형량해야 하고, 대상규정의 적용이 일시적으로 배제되지만, 이후에 합헌적인 것으로 인정되는 경우에는, 발생할 불이익에 대해서 비교형량해야 한다

---

4) 연방헌법재판소법 제2조(가처분) ① 중대한 손실의 방지, 임박한 권력행사의 저지 또는 다른 원인으로 공공복리를 위하여 긴급히 요청되는 경우에, 연방헌법재판소는 가처분을 통하여 분쟁의 상태를 임시적으로 규정할 수 있다. ② 가처분은 구술변론 없이 내릴 수 있다. 특별히 긴급을 요하는 경우에 연방헌법재판소는 본안절차의 당사자, 소송참가자 또는 의견진술권이 있는 자에게 의견 표명할 기회를 주는 것을 생략할 수 있다. ③ 가처분이 결정으로 내려지거나 거부된 경우, 이에 대해서 이의를 제기할 수 있다. 이는 헌법소원의 절차에 있는 헌법소원수행자에게는 적용되지 아니한다. 연방헌법재판소는 구술변론 후에 이의에 대해 재판한다. 구술변론은 이의신청이 제기된 후 2주 내에 실시되어야 한다. ④ 가처분에 대한 이의는 연기적 효력을 갖지 아니한다. 헌법재판소는 가처분의 집행을 정지할 수 있다. ⑤ 연방헌법재판소는 가처분 또는 이의에 대한 재판을 이유 제시 없이 알릴 수 있다. 이 경우에 이유 제시는 당사자에게 별도로 송달되어야 한다. ⑥ 가처분은 6개월 후 효력을 상실한다. 가처분은 투표의 2/3 이상의 다수로 반복될 수 있다. ⑦ 원이 결정을 할 수 없는 경우, 특별히 긴급한 때 적어도 3인의 재판관이 출석하고 결정이 전원일치로 확정된 경우 가처분이 내려질 수 있다. 이 가처분은 1개월 후 효력을 상실한다. 이러한 가처분이 원에 의해 승인된 경우, 가처분은 가처분이 내려진 후 6개월 경과로 효력을 상실한다.

(BVerfG NJW 1990, 3005; BVerfG NJW 1989, 3147).

헌법재판소는 여기서 중대한 가처분명령(vgl. B. v. 12.3.2008, Ziff. 152 ff., B. v. 28.10.2008, Ziff. 107 ff.)에서, 데이터 전달은 엄격한 요청의 요건하에서 우선권이 허용된다는 점에서 이러한 비교형량을 수용하였다.

가처분의 법적 보호의 의미가 - 사후에 - 소용이 없게 된다면, 가처분명령은 이에 내재하는 보호기능 및 만족기능의 관점에서 그리고 헌법소송에서 여기에 지향된 이것의 의미와 목적의 관점에서 이의 효력 시점을 위해서 법적 상황을 최종적으로 규정할 수 있어야 한다 (vgl. Graßhof, in: Maunz/Schmidt - Bleibtreu/Klein/Bethge, BVerfGG, Stand Mai 2009, § 32 Rdnr. 8). 각 다른 고려들은, 헌법재판소의 판결에서 특별한 기준에서 효력이 있는 법적 안정성의 관점에서 지지될 수 없을지도 모른다.

따라서 이것의 의미는, 헌법재판소에 의해서 선고된 가처분명령을 근거로 하고 이의 효력이 있는 동안 수행된 법률행위는, 이후의 본안판단의 내용을 고려하지 않고서, 기본적으로 법적 존재를 가진다는 것이다(vgl. hierzu BVerfG, B. v. 28.8.2003 - 2 BvR 1012/01; BVerfG NJW 1990, 3005; BVerfG NJW 1989, 3147, Graßhof, in: Maunz/Schmidt - Bleibtreu/Klein/Bethge, a.a.O., § 32 Rdnr. 175; Benda/Klein, Verfassungsprozessrecht, 2. Aufl. 2001, Rdnr. 1229).

b) 이러한 존재는 진행 중인 형사절차에서 데이터 사용의 경우에도 영향을 끼친다. 왜냐하면 그렇지 않으면 정당하게 획득한 인식내용으로부터 그 근거를 잃을 수 있기 때문이다. 여기서 무효로 선언된 규범의 경우에 절차규정이 문제 된다는 점은 일견 추론될 수도 있다. 이것은 의미가 있지만, 형사절차의 전체적 평가에 있어서 실체형법규

범의 입장을 가져서는 아니 된다. 이것은 예를 들어 헌법재판소법 제79조의 규정에서 표현하고 있는 가치판단의 인용하에 사용(증명)되어야 한다. 헌법재판소법 제79조 제1항에서 특히 기판력 있는 형사판결에 대해서 형사소송법의 규정에 의하여 절차 재개(속개)의 허용 여부가 규정되어 있다. 이것은 헌법재판소법 제78조에 의해서 무효로 선언된 규범에 기인하고 있다. 이 경우에 일치(합의)는 그 규범이 법원조직법이나 절차법에 귀를 기울이는 경우에는, 실체형법 규범이 문제되어야 하고, 절차재개는 허용되지 않는다는 점에 있다(Bethge, in: Maunz/Schmidt－Bleibtreu/Klein/Bethge, a.a.O., § 79 Rdnr. 36). 이러한 구별의 입장에서 명백해지는 것은, 무효선언을 근거로 하여 절차상 하자가 있게 된 법적 상황의 경우에 따른 존재는 실체 형법 규정에서와는 달리 기본적으로 사용되지 않는다는 점이다. 이러한 이해는 다시 현재 통용되고 있는 형사절차상의 증거 수집을 위한 헌법재판소의 판례와 일치하고 있다. 이를 위해서 헌법재판소는 모든 증거수집금지와 증거사용금지는 가벌적 행위의 혐의를 증명하거나 또는 반증하기 위한 형사소추기관의 증명가능성을 제한하고 올바르고 정확한 판결의 발견을 침해하여, 헌법으로부터 증거사용금지가 근거를 필요로 하는 예외를 형성한다는 점(BVerfG NJW 2010, 287 m.w.Nw.)을 설명하고 있다. 이와 상응하게 헌법재판소의 판례에 따르면 다음의 것도 유효하다. 즉 증거수집규정에 대한 위반은 형사절차상의 증거사용금지 그 자체에 따라 관련이 있는가 하는 점은 개별적인 사례의 각 상황에 따라서 특히 대립되는 이익의 비교형량하에 침해의 비중과 금지의 종류에 따라 대답되어야 한다는 점이다(BVerfG NJW 2008, 3053).

이러한 기준들을 고려하면, 증거사용의 문제는 의심의 여지없이 적극적으로 대답될 수 있다. 왜냐하면 언급한 근거로부터 한편 위법한 증거수집이 존재하지 않고, 전혀 증거사용금지를 위한 이유로서 주어지는 증거수집도 없다. 다른 한편 대립되는 이익은 이미 포괄적으로 가처분명령의 이익형량에서 고려되었고 명백한 결론으로 도출되어 있기 때문이다.

Ⅳ. 평석

함 고등법원(OLG Hamm)은 보관용 통신사실데이터의 저장을 근거로 획득한 데이터가 형사절차에서 사용될 수 있는가의 문제를 다루고 있다. 이것은 관련 규정들이 연방헌법재판소로부터 위헌으로 판결되기 이전에 있었던 것이다.

연방헌법재판소는 보관용 통신사실데이터의 저장을 위헌으로 판결했다. 즉 전기통신법 제113a조, 제113b조를 무효라고 선언하였고, 형사소송법 제100g조도, 이것이 전기통신법 제113a조에 의한 통신사실데이터의 수집을 허용하는 한, 무효라고 선언하였다. 연방헌법재판소는 본안판결이 있기 선 2008년도에 두 번의 가처분명령을 선고하였다. 이에 의하면 형사소송법 제100g조에 의한 보관용 통신사실데이터의 형사절차상의 사용은, 형사소송법 제100a조의 엄격한 명령요건이 존재하는 경우에 한해서 예외적으로 허용되었다. 긴박한 범죄혐의는 특히 수사기관이 연방헌법재판소의 선고 전에 형사소송법 제100g조에 의한 조치를 통해서 취득한 인식에 근거하고 있는 구속적부심절차에서 함 고등법원은 결정하여야 했다.

피고인은 이 데이터가 연방헌법재판소 결정에 의해서 더 이상 관련되어서는 아니 된다고 주장하고 있다. 그러나 함 고등법원은 이러한 견해를 받아들이지 않았다. 사후에 소급효를 가지는 데이터 수집을 위한 수권근거는 무효로 선언되지 않았지만, 수집된 데이터는 동일하게 사용될 수 있다고 한다. 가처분명령의 정당한 효과는 본안판결을 통해서 제거된다고 한다. 가처분명령은 그것이 효력을 가지는 동안 법적 상태를 최종적으로 규율할 수 있어야 한다고 한다. 이것은 그에게 독자적인 만족기능 및 보호기능으로부터 나온다고 한다. 실체법적인 형벌규범의 무효선언에 의해서 형사절차상의 재개가능성들을 규정하고 있는 헌법재판소법 제79조 제1항의 규정도 이 입장을 지지하고 있다고 한다. 그 이유는 절차규범의 무효선언을 근거로 사후에 법이 흠결되는 법적 상황의 지속은 입법자로부터 기본적으로 수용되는 것에서 나오기 때문이라고 한다.

이 결정이 나온 이후 2010년 5월 3일 페어덴 지방법원(LG Verden)은 결정을 통하여 휴대전화의 통신사실데이터의 채택에 대한 검찰의 증거신청을 기각한 바 있다(Az. 7 KLs 2/10).[5] 즉 페어덴 지법은 헌법재판소의 가처분명령에 따라서 획득된 통신사실데이터와 관련하여 증거사용금지를 수용한 것이다. 여기서 법원은 헌법재판소위 본안판결과 기본법 제10조 제1항을 근거로 하고 있다.

페어덴 지방법원의 결정에는 문제가 있어 보인다. 우선 데이터는 이미 정당하게 수집되었다. 이후에 문제가 되는 사용금지는 전혀 중

---

5) Bock/Marlie, Zur Verwertbarkeit der vor der Entscheidung des BVerfG zur Vorratsdatenspeicherung erlangten retrograden Verbindungsdaten Zugleich Überlegungen zu OLG Hamm, Beschl. v. 13.4.2010 – 3 Ws 140/10 und LG Verden Beschl. v. 3.5.2010 – 7 KLs 2/10, ZIS 9/2010, SS.526 – 527.

요하지 않다. 헌법재판소의 가처분명령은 보관 데이터의 수집을 위한 효력 있는 법적 근거에 해당한다. 이 효력은 헌법재판소의 최종적 판결인 무효를 적용하여 소급하여 탈락하지 않는다. 이러한 점에서 가처분명령은 정당성 기능을 가진다. 이 기능에 의해서 거기에 근거한 규정들은 효력을 가진다.[6] 헌법재판소가 판결에서 유감스럽게도 이러한 중요한 문제제기에 대해서 명백하게 표현하지 않는 경우에는, 삭제명령과 전달하지 말라는 명령으로부터 소급이 고려되지 않는 것은 아니다. 왜냐하면 헌법재판소는 항상 모든 데이터의 삭제를 확실하게 명령하였기 때문이다. 통신서비스제공자가 가처분명령을 근거로 하여 제공해서는 아니 되고, 단지 저장만 해야 하는 모든 데이터의 삭제를 분명하게 명령하였기 때문이다. 그러나 이미 검찰에 제출된 데이터에 대해서 헌법재판소가 아무런 언급을 하지 않았다. 이 점은 헌법재판소법 제32조에 의한 가처분의 권리보호의 기능과도 일치한다고 보인다. 헌법소송에서 긴급권리보호의 의미와 목적에 의하면 가처분명령은 이의 효력이 존재하는 동안 법적 상황을 기본적으로 유지하기 때문이다.

따라서 이 우선적인 잠정적인 규정은, 이후에 비록 본안이 근거 없는 것으로 승명되더라도, 가처분명령의 효력이 있는 동안 사후에 더 이상 정당하게 수정되지 않는다.[7]

필요한 (그래서 선고된) 가처분명령으로 지지되고 있는 조치는 법적 정당성이 소급하여 관련되어서는 아니 된다. 민사소송법 제945조

---

6) Volkmer, NStZ 2010, 318(319).

7) Gra β hof, in: Maunz/Schmidt – Bleibtreu/Klein/Bethge, Bundesverfassungsgerichtsgesetz, Kommentar, 31. Lfg., Stand: 2009, §32 Rn. 8, 175.

는 민법을 위해서 다른 해결을 규정하고 있는 한, 이 일면적이고 공법을 위해서는 어울리지 않는 사법의 위험분배를 전용할 수는 없다.[8] 헌법재판소를 통한 가처분명령의 선고는 오히려 - 곧 민사소송법 제945조에 상응하는 헌법재판소법 규정의 흠결 때문에 - 가처분 상태의 최종적인 규정이 된다.[9] 이 견해는 이러한 주제에 대해서 발표된 판결에서 헌법재판소 스스로를 통해서 증명되고 있다. 따라서 헌법재판소는 수행된 선거사례에서 사실상 관련되는 조치들은 가처분명령을 정당화하는 효력을 근거로 효과적임을 명백히 하였다.[10]

헌법재판소는 본 사안에서 기본법 제10조의 기본권 침해가 문제된다는 점을 이미 가처분명령의 선고 시에 고려하였을 뿐 아니라, 그 제한에서도(형사소추기관이 유지한) 고려하였다. 페어덴 지법의 헌법상의 평가는 이러한 점에서 기본법 제10조를 통해서 허용되는 조치에서 벗어나 있다. 시간이 한정되어 있지만, 현재 민감한 문제를 위한 원조는 헌법이나 헌법재판소법에서도 유추되지 않는다는 것은 정당하다. 그러나 증거사용권은 '의심스러울 때는 자유로의 원칙'이 적용되는 것이 아니라, 헌법상으로 인정되지 않는다. 장래를 위한 법적 상황이 명확하기 때문에 형사소추기관의 제재 필요성에는 흠결이 있다. 이에 대해서 수사기관은 과거에는 헌법재판소를 통해서 정해진 법적 상태에 대한 선량한 믿음에서, 즉 자의 또는 체계적인 헌법상의 요청의 체계적 오인으로부터 자유롭게 행동하였다.

함 고등법원으로부터 적절하게 강조된 법적 안정성은 여기서 형사

---

8) Leipold, JZ 1991, S.461(462 f.); 다른견해로는urach, DÖV 2000, S.631.

9) Graβhof(Fn. 25), §32 Rn. 9.

10) BVerfGE 82, 353(370); 유사한 견해로는 BVerfGE 81, 53(56 ff.)

소추기관이 계류 중인 본안절차의 불안한 시점에서 가처분명령의 규정들을 기대할 수 없어야 하는 한, 특히 그들은 더 많은 수사처분(경우에 따라서는 그 밖의 증거수집의 부작위)을 여기에 호소하는 한, 그러한 점에서 중대한 효과가 나타난다. (형사)절차법의 특정한 상태에 있는 피고인의 신뢰는 또한 증거사용금지가 허용되는 그러한 기준에서는 보호가치가 있지 않다. 권한규범이 소급 적용되는 무효선언의 형사절차상 제한은 오히려 실체 형법에 대해서 감소된 신뢰보호와 일치한다(참조: 기본법 제103조 제2항, 형법 제1조, 제2조의 형사소송법에의 비적용).

이것은 헌법적으로 중요한 형사소추의 보호기능을 고려하여 비로소 정당하게 적용된다. 마지막으로 이와 관련하여 간과되어서는 아니 되는 점은, 헌법재판소의 본안판결에서 보관용 통신사실데이터의 저장은 일반적으로 허용되지 않는 것이 아니라고 선언한 것이다. 오히려 사인인 통신서비스사업자를 통해서 6개월간, 보관을 위해서 근거 없는 통신사실데이터의 저장이 기본법 제10조와 전혀 일치할 수 없다고 한 것이다.[11] 오로지 그러한 데이터의 저장의 법적인 형성은 저장과 관련된 기본권침해의 특별한 비중을 고려해야 한다고 하였다. 데이터의 안전, 데이터의 사용, 투명성, 법적 보호의 관점에서 충분히 까다롭고 규범 명확한 규정들이 필요하다고 하였다. 또한 이들이 상당히 중대한 법익보호의 직무에 기여하는 경우에는 요청과 데이터의 직접 이용은 비례성에 합치한다고 하였다. 형사소추의 영역에서 이것은 특정한 사실을 통해서 근거 지어진 중대한 범죄의 혐의를 요건으

---

11) BVerfG NJW 2010, S.833.

로 하고 있다고 한다. 전기통신사업자에게 IP주소를 요청하여 제공받은 데이터를 간접 이용하는 것은 또한 형사소추, 위험예방 그리고 정보기관의 직무를 위해서 한계가 지어진 범죄범주 또는 법익의 범위와 독립하여 허용된다고 한다.[12] 이러한 점에서 무효로 선언된 규정을 통하여 기본권침해의 비중은 과대평가되어서는 아니 된다[13]고 본다.

이러한 관점에서 지난 5월 27일 뮌헨 고등법원의 결정(OLG München, Beschluss vom 27.5.2010 – 2 Ws 404/10(LG München Ⅰ))은 정당하다고 보인다. 뮌헨 고등법원은 이 결정에서 연방헌법재판소의 2008년 3월 11일의 가처분명령의 제한적인 조건을 고려하여 전기통신법 제113a조, 제113b조, 형사소송법 제100g조로부터 수집되어 전달받은 통신사실데이터에는 사용금지가 적용될 수 없다고 하였다.[14]

연방헌법재판소의 가처분명령을 근거로 형사소송법 제100a조에 의한 몇몇의 명령이 관련되어 있기 때문에 이 판결은 중요한 의미를 가진다. 그러나 함 고등법원의 결정에서 도출된 법적안정성의 논증이, 형사절차에 있어서 중대한 기본권침해의 경우에 수권규정의 무효가 문제 되는 경우에도 포섭되는지는 의문이다. 앞으로 상급심 판결을 기대해 본다.

---

12) BVerfG NJW 2010, S.833.

13) Bock/Marlie, a.a.O., S.528.

14) OLG München, Beschluss vom 27.5.2010 – 2 Ws 404/10(LG München Ⅰ. OLG München, Verwertungsverbot für Verbindungsdaten, MMR 2010, S.793.

인터넷 유동 IP주소 요청의 법적 근거

Auskunft über dynamische IP-Adresse

LG Köln, Beschluss vom 14.10.2008-106 Qs 24/08[1]

Ⅰ. 결정요지

2008년 1월 1일 「전기통신감청과 그 밖의 비밀 수사처분의 새로운 규정을 위한 법률」(이하 전기통신감청법)[2]의 발효 이래 유동 IP주소(dynamic IP address, 동적 IP주소)[3]의 이용자에 대한 정보 요청은 형사소송법 제100g조(통신데이터수집)[4]가 아니라, 동법 제161조(검사의

---

1) 출처: NStZ 2009, S.352; CR 2008. SS.803-804

2) 이 법률의 소개는 박희영, 독일의 전기통신의 감청 및 통신데이터의 저장 등에 관한 법률, 법제 제607호, 법제처, 2008.7, pp.28-57 참조.

3) 인터넷 접속 시 이용자의 컴퓨터에 잠정적으로 할당되는 임시 IP주소를 말한다. 이것은 동적 호스트 설정 통신 규약(DHCP) 컴퓨터에 이용된다. 외부로부터 정보를 얻고자 하는 가입자 통신 인터넷 서비스는 대부분 동적 IP주소 할당 방식을 사용한다. DHCP 컴퓨터는 IP 통신 접속 시 동적 IP주소를 받고, 접속을 끊으면 동적 IP주소 풀(pool)로 회수된다.

4) 형사소송법 제100g조(통신데이터의 수집)① 어떤 자가 정범 또는 공범으로서, 1. 개별적인 경우에도 중요한 의미를 가지는 범죄, 특히 제100a조 제2항에 기재된 범죄를 범했거나, 미수가 처벌되는 경우 그 범죄의 실행에 착수했거나 다른 범죄를 통해 그 범죄의 예비를 행한 혐의가 있는 경우, 2. 전기통신을 수단으로 한 범죄를 범한 혐의가 있는 경우에는, 사실관계의 조사와 피의자 거주지의 수사에 필요한 경우에 한하여, 당사자가 모르더라도 통신데이터(전기통신법 제96조 제1항 및 제113a조는 수집될 수 있다. 제1

수사),[5] 제163조(경찰의 임무)[6] 그리고 전기통신법 제113조(수동적 정보제공절차)[7]에 근거한다.

문 제2호의 경우에 그 조치는 사실관계의 조사나 피의자 소재지의 수사가 다른 방법으로는 가망이 없고 데이터의 수집이 사실의 중요성과 적절한 관계에 있는 경우에만 허용된다. 위치정보(Standortdaten)의 실시간 수집은 제1문 1호의 경우에만 허용된다. ② 제100a조 제3항과 제100b조 제1항 내지 제4항 제1문은 이를 준용한다. 제100b조 제2항 제2문 제2호와는 달리, 사실관계의 조사나 피의자 소재지의 수사가 다른 방법으로는 가망이 없거나 본질적으로 어려울 수 있는 경우에 한하여, 중요한 의미의 범죄 경우에는 공간적·시간적으로 충분히 특정된 전기통신의 표시로 충분하다. ③ 통신데이터가 전기통신서비스제공자에게서 수집되지 않는 경우에는, 통신 종료 후에 일반적인 규정에 따라 특정된다. ④ 제1항의 조치에 대해서는 제100b조 제5항과 상응하게 매년 보고서를 작성하여야 하고, 거기에는 다음의 사항이 기재되어야 한다. 1. 제1항에 의한 조치가 시행된 절차의 수. 2. 최초 명령과 연장명령을 구분하여 제1항에 의한 조치 명령의 수. 3. 제1항 제1문 제1호와 제2호를 구분하여 각각 기본이 되는 범죄. 4. 명령의 시점까지 계산된, 제1항의 통신데이터가 요청된 달의 수. 5. 요청한 데이터가 전부 또는 일부 사용할 수 없어서 성과 없이 끝난 조치의 수.

5) 형사소송법 제161조(수사; 비밀수사에서 획득한 데이터의 사용) ① 제160조 제1항 내지 제3항에 규정된 목적을 위해서 검사는, 다른 법률규정이 그의 권한을 특별하게 규정하지 않는 한, 모든 공공기관으로부터 정보를 요청할 수 있고 모든 종류의 수사를 직접 수행하거나 경찰기관과 그 공무원을 통해서 수행하게 할 수 있다. 공공기관이나 경찰공무원은 검사의 요구나 지시를 충족시킬 의무를 지고, 이 경우에 모든 기관으로부터 정보를 요청할 권한이 있다. ② 이 법률에 의한 조치가 특정한 범죄행위의 혐의가 있는 경우에만 허용되는 경우에는, 이에 상응하는 조치를 근거로 다른 법률에 의해서 획득된 개인정보는 조치의 당사자 동의 없이 증거 목적으로 형사절차에서 그러한 범죄를 규명하기 위해서만 사용될 수 있고, 그 범죄의 해명을 위해서 그러한 조치는 이 법률에 의해서 명령될 수 있어야 한다. 형사소송법 제100d조 제5항 제3호에는 아무런 영향을 미치지 않는다. ③ 명령권한이 있는 관할 내에 있는 지방법원지원(제162조 제1항)이 조치의 정당성을 확인한 경우에는, 경찰법을 토대로 한 미공개 수사 과정에서 자기보호(Eigensicherung)를 위한 기술적 수단의 설치로 주거 내외에서 획득된 개인정보는 비례성원칙을 고려하여 증거목적을 위해서만 사용될 수 있다(기본법 제13조 제5항). 지체의 위험이 있는 경우 법원의 결정은 즉시 추인되어야 한다. 형사소송법 제160조(수사절차) ① 검사는 고소 또는 그 밖의 방법으로 범죄의 혐의를 인식한 즉시 공소를 제기할 것인지를 결정하기 위해서 사실관계를 조사해야 한다. ② 검사는 책임을 가중시킬 뿐 아니라, 감면시키는 사정도 수사하여야 하며 멸실의 우려가 있는 증거의 수집을 위하여 조사하여야 한다. ③ 검사는 행위의 법적 효과를 결정하는 데 중요한 사정에 대해서도 수사하여야 한다. 이를 위해서 검사는 사법보조를 받을 수 있다. ④ 연방법상 또는 이에 상응하는 적용규정에 모순되는 한 이 조치는 허용되지 않는다.

6) 형사소송법 제163조(경찰의 임무) ① 경찰기관과 경찰공무원은 범죄행위를 조사하여야 하고 사건의 증거인멸을 방지하기 위해서 지체해서는 아니 되는 모든 명령을 수행하여야 한다. 이러한 목적을 위하여 경찰기관과 경찰공무원은 모든 공공기관에게 정보를 요청할 권한이 있고, 지체의 위험이 있는 경우에도 정보를 요청할 권한이 있다. 다른 법률의 규정에 그의 권한을 특별히 규정하고 있지 않는 한, 모든 종류의 수사를 할 권한이 있다. ② 경찰기관과 경찰공무원은 지체 없이 그의 수사자료를 검사에게 이송하여야 한다. 판사의 신속한 조사행위가 필요하다고 보이는 경우에는 모든 수사자료를 직접 지방법원지원에 이송할 수 있다. ③ 경찰공무원을 통한 증인심문의 경우 제52조 제3항, 제55조 제2항 제57조 제1문 그리고 제58조, 제58a조, 제68조 내지 제69조는 동일하게 적용될 수 있다. 제68조 제3항 제1문에 의한 허가와 증인보조인의 참가명령은 검사가 결정한다. 그 밖에 필요한 것은 심리를 담당하는 자가 결정한다. 제68b조 제1항 제3문에 의한 경찰공무원을 통한 결정의 경우에는 제161a조 제3항 제2문 내지 제4문이 적용된다. 경찰공무원을 통한 전문가의 지시를 위해서는 제52조 제3항과 제55조 제2항이 적용된다. 제81c조 제3항 제1문과 제2문의 사례에서는 제52조 제3항도 경찰공무원을 통한 조사의 경우에도 의미에 맞게 적용된다.

Ⅱ. 사실관계

유명한 출판사를 소유하고 있는 고소인은 특히 듣기용 서적 (Hörbücher)을 제공하고 이를 위해서 자신의 인터넷포털을 운영하고 있다. 고소인은 소위 파일교환사이트(Tauschbörse)에서 허용되지 않는 저작권 침해행위를 하고 있는 수많은 성명불상의 사람들을 쾰른 검찰청에 고소하였다. 고소장에는 다음과 같이 기재되어 있었다.

고소인은 2008년 4월 9일 03:38:46(MEZ)에서 2008년 4월 14일 01:59:3(MEZ)의 기간 동안 아직 밝혀지지 않은 범죄혐의가 파일교환사이트 내지는 고소인과 무제한의 제3자의 수많은 저작물들이 인터넷상에서 다운로드받을 수 있도록 되어 있다는 것을 알게 되었다.

목록에 기재된 전체 저작물은 여러 번 진행된 조사기간 동안에 제3자가 인터넷상에서 불법으로 다운로드 받을 수 있도록 다양한 범죄혐의자들에 의해서 제공되고 있었다.

개별적인 범죄행위들은 각각의 페이지에 범죄증거와 함께 기록되어 있었다. 전체 범죄증거는 PDF 문서로 된 '범죄증거'라는 서류로 고소장에 첨부되어 있었다.

---

7) 전기통신법제113조 (수동적 정보제공절차) ① 상업적으로 전기통신서비스를 제공하거나 이에 협력하는 자는. 구체적인 경우에 제95조 및 제111조에 의해서 수집된 데이터에 관한 정보를 관할기관의 요청이 있는 경우 지체 없이 요청기관에 제공해야 하며, 이것은 범죄 및 질서위반행위의 소추를 위해서, 공공의 안전 및 질서의 위험의 예방을 위해서 또는 연방과 각 주의 헌법보호청, 연방정보기관 또는 군사정보기관의 법률상 직무 수행을 위해서 필요한 경우에 한한다. 제1문에 의한 저장의무는 형사소송법 제161조 제1항 제1문. 제163조 제1항. 공공의 안전과 질서에 대한 위험 예방을 위한 연방 및 주 경찰법의 데이터수집규정. 연방헌법수호청법 제8조 제1항. 주헌법보호청법의 이에 상응한 규정. 연방정보기관법 제2조 제1항 및 군사정보기관법 제4조 제1항에 의한 정보청구권을 근거로 하여 단말기 또는 이 단말기에 설치되거나 네트워크에 설치된 저장장치에의 접근이 보호되는 데이터에 관한 정보를, 특히 PIN 또는 PUK를 제공해야 한다. 다른 공공기관이나 비공공기관에는 이러한 데이터가 전달되어서는 아니 된다. 통신비밀을 토대로 하는 데이터에의 접근은 이를 위해 관련이 있는 법률규정을 요건으로 하여서만 허용된다. 이 정보 제공에 대하여 의무는 그의 고객이나 제삼자에 대하여 비밀을 유지해야 한다.

언급한 범죄증거들은 전체 1279쪽으로 특정한 날짜(초단위로 기재된 정확한 시간을 포함하여)와 함께 인터넷 이용자의 접근데이터, 즉 제공자, P2P 프로토콜 그리고 IP주소 및 교환되는 데이터의 정보(이름, 파일 해시, 파일 크기)들이 파악되어 있었다. 고소인은 교환되는 데이터의 정보로부터 본인이 판매하기 위해 내 홍은 예컨대 특정한 듣기용 서적이 문제되고 있음을 해시 값을 통해서 추론하고 있다.

고소인은 이 고소장을 통해서 검찰이 서비스제공자에게 조회하여 어떤 구체적인 유선접속으로부터 (유동) IP주소가 이용되었는가를 본인에게 알려 줄 것을 의도하고 있었다. 그런 다음 고소인은 접속소유자를 민법상 '방해자'(Störer)로서 경고하여 저작권 침해행위를 그만두도록 하고 싶어 한다. 고소인이 어떠한 방식으로 스스로 유동 IP주소를 조사했는지는 고소장에서 구체적으로 밝히고 있지 않다. 경험칙에 따르면 데이터의 수집은 이를 전문적으로 행하는 회사의 사적인 조사에 기인한다. 즉 이들 전문 회사들은 파일 교환 사이트에서 수익자로서 활동하면서 다른 참여자의 IP주소를 탐지한다.

쾰른 검찰청은 형사고소장 접수 이후 저작권 사건의 목적에 맞게 고소장을 다시 제출해 줄 것을 설명하는 메모를 전달하면서 고소인이 이에 맞게 고소장을 보충해 줄 것을 요구하였다. 고소인은 수사이행의 수락 거부에 대해서 이의신청을 제기하였다. 쾰른 검찰청은 고소인이 작성한 IP주소들이 목록에 작성될 시점에 누구에게 부여되었는지에 대한 정보를 도이취 텔레콤(Deutsche Telekom)이 검찰에 제공해 주도록 쾰른 지원에 신청하였으나, 지원은 이를 거부하였다. 지원의 이러한 결정에 대해서 쾰른 검찰은 항고를 제기하였으나, 지원은 이를 받아들이지 않았다. 항고는 효과가 없다고 한다.

Ⅲ. 결정이유

2008년 5월 30일 쾰른 지원의 결정에 대한 항고제기는 아무런 근거가 없다. 쾰른 지원은 형사소송법 제100g조에 의한 결정을 이유로 한 2008년 5월 26일 쾰른 검찰의 항고신청에 대하여 결론적으로 정당하게 각하하였다. 검찰의 항고신청은 허용되지 않기 때문이다.

쾰른 검찰이 요청한 정보는, 적어도 2008년 1월 1일 이후부터는 검찰의 서비스제공자에 대한 정보요청은 형사소송법 제161조, 제163조 그리고 전기통신법 제113조에 의해서 가능하다. 따라서 형사소송법 개정 전 제100g조, 제100h조 및 2008년 1월 1일부터 발효한 제100g조에 의해 법관이 명령을 내리는 경우는 더 이상 존재하지 않는다.

입법자는 2008년 1월 1일 이후 발효된 전기통신감청법률을 통하여 다음을 명확히 하였다. 즉 입법자는 본 사건에서 수집되어야 할 데이터는 전기통신법 제113조에 의한 사용자정보로서 귀속되어야지, 형사소송법 제100g조에 의한 통신데이터로서 자리매김되어서는 아니된다고 하였다. 2008년 1월 1일 이전의 법적 상황에 의하면 유동 IP주소 이용자에 관한 정보가 형사소송법 제161조, 제163조 및 전기통신법 제113조에 외한 정보요청에 근기히고 있는지 또는 형사소송법 제100g조의 기준에 따라서만 획득될 수 있는지에 대해서 논쟁이 있었다. 서비스제공자에게 요청하는 정보가 사용자정보인지 아니면 통신데이터인지의 문제는 아주 중요하다. 전기통신법 제3조 제3호에 의하면 사용자정보란, 전기통신서비스에 관한 계약관계의 근거, 내용의 형성, 변경 그리고 종료를 위하여 수집되는 통신가입자의 정보를 말하는 것으로써, 주로 경찰행정기관의 정보제공 요청에 대한 자료로 제공된다(전기통신법 제11조). 이에 대해서 통신데이터는 형사소송법 규정에 의해서만 요청되는 정보로서, 전기통신법 제3조 제30호의 법적 정의에 따르면 전기통신서비스의 제공에 있어서 수집, 처리 또는 이용되는 정보를 말한다.

유동 IP주소는 구체적인 인터넷 통신 데이터, 즉 인터넷 통신으로 발생하는 통신접속데이터와 관련해서만 어떤 자에게 귀속될 수 있다. 그러므로 구체적인 통신과정이 참여자의 성명 등의 귀속(전기통신법 제3조 제3호 및 제111조 제1항)과 분리될 수 있거나 기본법 제10조의 의미에서 통일적인 과정이 기본권에 상당한 것으로서 간주될 수 있어야 하는지, 그 때문에 전기통신법 제3조 제20호, 제88조, 제96조로 포섭되어야 하는지 그리고 오로지 형사소송법 제100g조로 포섭되어야 하는지에 대하여 논쟁이 있었다.

입법자는 2008년 1월 1일부터 발효된 전기통신감청법률로 이 문제를 해결하였다. 입법자는 논쟁이 된 데이터의 경우 전기통신법 제3조 제3호에 의한 사용자정보가 문제 된다는 점을 근거로 하여 이것을 판단하였다. 이것은 물론 현재 발효 중인 전기통신법이나 형사소송법의 규정으로부터 명시적으로 추론되지는 않는다. 이와 관련하여 오히려 전기통신법 제113b조 1문의 후단에서만 '제113조에 의한 정보요청의 예외로서'라는 문언이 첨가되어 있다. 따라서 이 문언은 어떠한 데이터가 전기통신법 제95조, 제111조, 제3조 제3호에 의한 사용자정보에 속하는지의 법적 상황을 항상 열어 놓고 있다. 그럼에도 불구하고 본 사안에서 법률의 해석은 인정된 해석의 방법으로, 위에 언급한 법적 문제는 이를 통하여 결정되어야 한다는 점에서 나온다. 따라서 법률 개정안의 입법근거와 발전과정을 근거로 하여 분명해지는 것은, 이 문언이 오로지 위에서 언급한 논쟁점을 규정하기 위해서 도입되었다는 점이다. 따라서 2007년 11월 7일의 법사위원회의 결정권고(BT-Dr. 16/6979, S.70)에서 다음과 같이 밝히고 있다. "연방상원(Bundesrat)의 제안 Nr. 20b로부터, 전기통신법 개정안 제113b조 1문 후단의 보충으로 규정된 것은, 제113a조에 의해서 저장된 데이터는, 가령 (유동) IP주소도 전기통신법 제113조에 의한 사용자정보를 요청하기 위해서 사용될 수 있다는 점이다. 따라서 본 사안에서 연방상원의 제안 Nr. 18의 요청을 고려하여 명백한 법률상 규정이 동시에 제정된 것이다. 이 규정에 의하면 특히 성명과 유동 IP주소와 시간을 이용하여 개별화되는 접속 소유자의 정보, 특히 성명과 주소는 전기통신법 제113조에 의한 수동적 정보수집절차에서 제공될 수 있고, 또한 이러한 정보는 서비스제공자가 저장된 통신데이터를 수용하고 있는 경우에 한해서만 가능하다."

따라서 법률은 이러한 보충을 통하여 연방하원에 의해서 결정되었기 때문에, 전기통신법 제113b조 제1문 후단에서 도입된 문언의 의미는 입법자의 의사이므로, 설사 그 문언 자체가 의도하고 있는 규정의 내용을 명백히 표현하고 있지 않을지라도, 법률해석을 위해서는 고려될 수 있다.

IV. 평석

통신진행과정이나 통신이전 단계에서 법적으로 보호되어야 하는 다양한 데이터가 생성된다. 독일의 경우 이러한 데이터는 전기통신법과 형사소송법 등에서 크게 세 가지로 나누고 있다. 통신비밀을 통하여 포괄적으로 보호되는 통신내용(Inhaltsdaten)을 포함하여 사용자정보(Bestandsdaten) 및 통신(사실)데이터(Verkehrdaten)가 그것이다.

내용데이터(Inhaltsdaten)는 통신의 비밀에 의해서 보호되는 통신의 내용을 말한다. 이것은 통신 진행 중에 형사소송법상 제100g조에 의한 감청명령에 의해서만 가능하다.

통신(사실)데이터(Verkehrsdaten)는 전기통신서비스의 제공에 있어서 수집, 처리 또는 이용되는 데이터를 말한다(전기통신법 제3조 제30호). 즉 전기통신과정에서 발생하는 데이터로서 통신내용을 제외한 것을 말한다. 이 데이터는 형사소추기간을 통해서 핵심 수권규정인 형사소송법 제100g조에서 정한 명령에 의해서 수집될 수 있다.[8]

전기통신법 제3조 제3호가 규정하고 있는 사용자데이터는 전기통신서비스에 관한 계약관계의 근거, 계약의 내용, 변경 또는 종료를 위해서 수집되는 통신참여자에 관한 데이터를 말한다. 즉 고객의 성명이나 주소 그리고 고객의 은행정보 등이 이에 해당한다. 이 정보는 전기통신서비스제공자를 통하여 형사소송법 제161조 제1항 제1문과 제163조 제1항(전기통신법 제1항 제2문)에 의한 정보요청을 근거로 하여 수사기관(형사소추기관)에게 제공될 수 있다. 이 경우 법관의 명령은 필요 없다.[9]

---

8) 이 명령은 우선 최고 3개월 동안(형사소송법 제100g조 제2항 제1문 및 제100b조 제1항 제4문) 내려질 수 있을 뿐 아니라, 개정 법률에 의해서 도입된 보관용 데이터저장(전기통신법 제113a조)으로 과거 6개월 동안도 내려질 수 있다. 물론 이 경우 보관용 데이터가 전기통신제공자로부터 저장되어 있는 경우에 한한다(이에 대해서 전기통신법 제113a조 참조). 하지만 지난 3월 2일 연방헌법재판소의 위헌 결정으로 보관용 데이터의 저장은 무효이기 때문에 입법자는 새로운 규정을 다시 입법해야 한다(이에 대해서는 박희영, 통신사실확인자료 보관 규정의 통신비밀침해에 대한 위헌판결, BVerG, 1 BvR 256/08 vom 2.3.2010. 최신독일판례연구, 로앤비(www.lawnb.com). 2010.3.8 등록, 1 - 13면 참조).

9) Graf, BeckOK StPO §100a, Rn 13 - 15, Stand: 01.03.2010.

특히 인터넷과 같은 네트워크상에서 컴퓨터와 다른 기기들의 유일한 주소를 확정하기 위해서 필요한 소위 IP주소와 관련하여, 쾰른 지법이 결정문에서 밝힌 바와 같이 IP주소가 어떠한 데이터의 유형에 귀속되어야 하는가에 대해서 지금까지 많은 논쟁이 있었다. 통신계약 기간 동안 접속중개자를 통해서 이용자에게 고정 IP(확정적으로 부여됨)가 부여되는 경우에는 전기통신접속을 위해 부여된 전화번호와 같이 취급된다. 그러므로 이 경우 IP주소는 사용자정보에 해당한다.[10] 이에 대해서 오늘날 대부분의 이용자는 인터넷에 접속하는 경우 각 통신서비스제공자의 주소 풀에서 소위 유동 IP를 할당받게 된다. 이 유동 IP는 인터넷에서 유일하게 하나만 존재한다. 그러나 접속 종료 후 새로 부여된다. 따라서 특정한 접속 소유자에게의 귀속은 특정한 시간이란 정보가 추가되는 경우에만 가능하게 된다. 시간과 결합할 경우 사용된 IP주소 외에도 이용자가 구체적으로 방문하거나 사용한 정보제공물에 관한 정보를 알 수 있기 때문에, 견해에 따라서는 이 경우 통신데이터에 해당한다고 볼 수도 있다.[11] 하지만 이러한 견해가 간과하고 있는 점은, IP주소가 일반적으로 해당하는 제공물을 이용하는 경우에 비로소 프로토콜되는 것이어서, 사용한 정보나 서비스는 이미 알려져 있고 접속 소유자와 관련하여 귀속의 문제만 남는다. 그러는 사이에 입법자는 유동 IP가 사용자정보에 상응하게 사용될 수 있고 형사소송법 제161조 제1항 제1문과 제163조에 의해서 정보를

---

10) Bär, Handbuch zur EDV – Beweissicherung im Strafverfahren, Rn 16.

11) LG Frankenthal MMR 2008, S.687. 이 판결은 OLG Zweibrücken에 의해서 파기됨(OLG Zweibrücken MMR 2009, S.45; CR 2009, S.42; LG Ulm MMR 2004, S.187; AG Offenburg MMR 2007, S.809; Bär, a.a.O., Rn. 16. 다른견해로는 LG Würzburg NStZ – ZZ 2006, S.47; LG Stuttgart NJW 2005, S.614; MMR 2005, S.711.

제공할 수 있다고 확정하였기 때문에,[12) 이 문제는 아직까지 상급법원의 결정이 없는 상태이다. 물론 연방하원(Bundestag)의 법사위원회의 전문가청문회에서의 제안에 반하여 입법자는 명백한 규정을 두지는 않았다. 하지만 이번 쾰른 지방법원의 결정은 입법자의 의사를 확인해 줌으로써 그동안의 논쟁에 종지부를 찍은 것으로 보인다.

우리나라의 경우 IP주소에 관한 법률규정은 통신사실확인자료를 규정한 통신비밀보호법 제2조 제11호 마목과 사목이 관계된다. 마목은 '컴퓨터통신 또는 인터넷의 사용자가 전기통신역무를 이용한 사실에 관한 컴퓨터통신 또는 인터넷의 로그기록자료'를 규정하고 있다. 로그기록자료에는 일반적으로 IP주소가 포함되어 있으므로 그것이 유동 IP이든 고정 IP이든 로그기록자료를 제공받으면 IP주소를 획득할 수 있다. 그리고 사목은 '정보통신망에 접속된 정보통신기기의 위치를 확인할 수 있는 발신기지국의 위치추적자료'를 규정하고 있는데, 이것은 IP주소를 염두에 둔 규정이라 생각된다. 정보통신기기의 위치를 확인할 수 있는 접속지의 추적자료에는 이용자의 랜카드번호와 IP주소를 생각해 볼 수 있기 때문이다. 따라서 수사기관은 통신비밀보호법 제13조 제1항에 따라서 전기통신사업자에게 법원의 허가를 얻어서 IP주소를 제공받을 수 있다.

우리나라의 통신사실확인자료 제공의 절차 규정은 2001년 12월 29일 제6차 개정으로 도입되었으나, 그 후 인터넷 로그기록과 IP추적 등 규정의 미비로 2005년 1월 27일 제9차 개정에 의하여 통신사실확인자료에 인터넷 로그기록, 발신자 위치추적자료, 정보통신기기의 접

---

12) BT-Drs 16/5846, 26, S.86(87).

속지 추적자료를 포함시켰으며, 통신사실확인자료 요구의 급증과 남용으로 2005년 5월 26일 제11차 개정에 의하여 통신사실확인자료 제공절차를 종래의 검사장 승인에서 법원의 허가를 받게 하여 그 절차를 강화하고, 통신사실확인자료의 보관을 의무로 했으며, 통신사실확인 통지제도를 도입하였다.

그런데 우리나라의 경우 IP주소는 법원의 허가를 받아서 요청해야 하는 '통신사실확인자료'에 해당함에 반하여, 독일의 경우 우리와 같이 원칙적으로 법원의 명령을 요하는 '통신데이터'에 속하는 것이 아니라, 그러한 명령을 요하지 않는 '사용자정보'로 보고 있는 점에서 차이가 있다.[13] 고정 IP주소는 일반전화번호와 같은 기능을 하는 점에서 우리의 전기통신사업법 제54조 제3항의 통신자료(구체적으로는 4호의 이용자의 전화번호)에 해당하는 것으로 볼 수 있다. 그런데 우리 입법자는 유동 IP는 통신사실확인자료에 포함시켜 법원의 허가를 받도록 하고 있다. 이러한 입장은 독일의 일부 문헌에서도 나타나고 있다. 하지만 독일의 학설, 판례, 입법자의 의도 등에 따르면 유동 IP는 법원의 명령을 요구하는 통신데이터의 수집이 아니라, 사용자정보로 보고 있다는 점에서 우리에게 시사하는 바가 크다고 본다. 이에 대한 연구가 필요하다.

---

13) 독일의 통신데이터수집권과 우리의 통신사실확인자료제공요청권의 비교에 대해서는 다음 참조: 박희영, 독일 형사소송법상 통신데이터 수집권과 한국 통신비밀보호법상 통신사실확인자료제공 요청권의 비교 및 시사점, 경찰학연구 제9권 제3호(통권 제21호), 경찰대학교, 2009.10. pp.33-61.

불법다운로드를 가능하게 한 링크에 대한
접속중개자의 책임

Accessproviders für Links auf rechtswidrige Download
−Möglichkeiten

LG Hamburg, Urteil vom 12.3.2010−308 O 640/08(nicht
rechtskräftig)

I. 판결요지

1. IP주소 또는 URL에 대한 접속중개자의 필터조치 및 차단조치는
   통신의 비밀을 침해한다. 통신의 비밀은 단지 법률상의 제한이
   있는 경우에만 허용되기 때문이다. 그러한 제한은 민법상 필터
   또는 차단조치를 위해서는 존재하지 않기 때문에, 그러한 조치
   는 법률상 허용되지 않는다.
2. 접속중개자의 방해배제책임은 요구된 명령과 관련된 의무의 이
   행가능성과 기대가능성의 조건이 있는 경우 개별적으로 결정된다.

Ⅱ. 사실관계

원고는 독일 저작권법상 음악저작물 이용권을 관리하는 단체이고, 피고는 독일에서 규모가 가장 큰 통신사업자인 도이치 텔레콤(Deutsche Telekom AG)이다. 초고속인터넷 접속에 있어서 이 통신사업자가 독일에서 차지하는 시장점유율은 50%이다. 접속중개자로서의 이러한 활동 때문에 이 통신사업자는 소송을 당하였다. 원고는 이 통신사업자가 제공하는 인터넷서비스를 통하여 그들의 권리가 침해되었다고 보고 있다. 즉 원고의 주장에 따르면, 이 통신사업자가 제공하는 서비스의 웹사이트에는 무엇이든 검색이 가능하여 찾을 수 있는 링크모음이 제공되고 있고, 이 링크를 통하여 그들이 관리하고 있는 수많은 음악저작물의 복제가 이루어지고 있다고 주장하고 있다.

Ⅲ. 판결이유

1. 원고의 청구는 기각된다. 다툼의 대상이 되고 있는 저작물에 대한 링크(URL)는 피고가 제공한 인터넷 접속을 통해서 이루어지고 있지만, 원고는 이 링크에 대한 접근가능성을 저지할 청구권을 갖지 않는다.

2. 피고는 데이터 통신의 필터링, 강제 프록시를 사용한 URL차단, IP차단 또는 DNS차단을 통해서 논쟁이 되고 있는 저작물에의 링크 내지 URL에의 접근을 저지할 의무는 없다. 본 재판부는 앞서 언급한 필터링 및 차단의 가능성으로 제한한다. 왜냐하면 다른 가능성은 주

장되어 있지 않고, 본 재판부의 인식수준에 의해서도 알려져 있지 않기 때문이다.

1) 웹사이트에서의 법익침해에 대해서 피고가 가해자(행위자) 또는 참여자로서 개입하였는지에 대한 책임의 근거가 뒷받침되지 못한다. 피고는 인터넷 접속중개자이고 그의 업무(서비스)는 타인정보를 수동적이며 자동적으로 전달하는 과정으로 제한된다. 즉 그는 고객에게 단지 인터넷에 존재하는 서비스제공물에 대한 접근만을 제공하는 것이고, 구체적인 내용에 관해서는 인식할 수 없고 또한 그러한 인식을 해서도 아니 된다.

2) 결론적으로 청구인의 요청이 목표로 하고 있는 인터넷에의 접근 차단을 접속중개자의 의무 요건으로 규정하고 있는 명백한 법률 규정이 없다. 따라서 피고의 의무는 단지 방해제거(배제)책임의 규정에 따라서 고려된다.

a) 비록 이러한 고려에 다툼이 있을지라도(vgl. Engel, MMR−Beilage 4/2003; Döring, WRP 2008, 1155; Gercke, CR 2006, 210, 214 f.; Marberth−Kubicki, NJW 2009, 1792; Schnabel, MMR 2008, 281), 기본적으로 접속중개자가 전달하고 있는 접속에 의해서 발생하는 권리침해에 대해서 그가 방해배제책임을 부담할 수 있다는 점에서 출발할 수 있나(Jan Bernd Nordemann, in: Fromm/Nordemann, Urheberrecht, 10. Aufl., § 97 Rdnr. 170 m.w.Nw.). 특히 접속중개자는 타인정보의 도과(매개)를 수동적이고 자동화된 절차를 규정하고 있는 텔레미디어법 제8조(TMG)에 의해서 정보의 내용에 대해서는 책임을 지지 않고, 동법 제7조 제2항 제1문에 의해서 전달된 정보를 감시할 의무도 부담하지 않는다. 이러한 면 책특권은 연방대법원의 판결('인터넷 경매 1' 판결 이후, GRUR 2004,

860 [=MMR 2004, 668 m. Anm. Hoeren], 증명되었고, '인터넷 경매 2'
판결을 통하여 예방적 부작위청구권으로 확대되었으며(Internetversteigerung
Ⅱ, GRUR 2007, 708 [=MMR 2007, 507 m. Anm. Spindler]), '여론포럼'
판결을 통해서 포럼 운영자에게도 확대되었다(Meinungsforum, GRUR
2007, 724 [=MMR 2007, 518])에 의하여 지적재산권의 침해가 있는
경우의 부작위청구권에는 물론 적용되지 않는다. 또한 텔레미디어법
제7조 제2항 제2문은 정보이용의 제거 및 차단 의무를 일반적 원칙들
에 의해서 서비스제공자들 사이에 차이를 두지 않고 이들의 무책임
으로부터 영향을 받지 않도록 하고 있다. 정보화사회의 저작권에 대
한 유럽공동체 지침 제8조 제3항(EU-Richtlinie zum Urheberrecht in der
Informationsgesellschaft-RL 2001/29 EG)과 이의 해설서 59번의 의도도
이와 상응한다. 따라서 공동체지침 제8조 제3항의 특별한 전환을 필
요로 하지 않더라도(so auch die Stellungnahme der Bundesregierung v. 6.11.2002
i.R.d. Umsetzung der RL-BT-Drs. 15/38, Anlage 3 „Zu Buchstabe d"), 방해배
제책임에 의한 해결 방법은 접속중개자에게도 기본적으로 개방되어
있어야 한다.

b) …접속제공자의 경우, 방해배제책임은 그가 권리침해를 인식한
이후에야 비로소 고려된다. 나아가서 일반 원칙에 의해서 고려될 심
사 및 행위책임은 법률상 및 사실상 가능해야 하고 기대가능성이 있
어야 한다.

aa) 피고의 서비스급부는 주장되고 있는 권리의 침해에 대해서 충
분히 인과적이다. 어떠한 행위가 충분히 인과적이기 위해서는, 그 행
위가 일반적으로, 그리고 특별히 특이하지 않고, 있음직하고 그리고
사물의 일반적인 과정에 따라 고려될 수 있는 상황하에서만, 문제가

되고 있는 방법을 성공적으로 수행할 수 있도록 적합한 경우이어야 한다(BGH NJW 2005, 1420, 1421 m.w.Nw.). 접속중개자가 고객에게 인터넷 접속을 중개하는 경우, 사물의 일상적인 과정을 통해서 인터넷상의 위법한 내용을 호출하게 된다. 판결의 대상인 음악앨범에서 복제한 음악을 위법하게 발견하거나 다운로드할 가능성이 있는 인터넷에서 위법한 내용물을 호출하게 한다. 이것은 원고의 음악목록(레퍼투어) 및 판결대상의 일부와 관련하여 필요한 상당성을 뒷받침하고 있다. 접속중개를 함에 있어서 사회적으로 원하는 활동이 문제가 되고, 인터넷의 접속중개가 인터넷에서 발생하는 독일법을 위반하는 모든 행위를 상당히 인과적인 것으로 보는 것은, 이러한 영업모델과는 일치할 수 없는 접속중개자에 대한 이의제기의 회피의 결과로서(so: Schnabel, Anm. zu LG Kiel MMR 2008, 123, 125), 일치할 수 없다는 견해는, 원인을 야기한 행위의 상당성 요건이 이 점에서 특정한 가치에 얽매이지 않음을 부정하고 있다. 이에 의해서 책임을 지지 않는 것을 방지하기 위한 교정수단은, 방해자로서 청구당한 당사자에게 각각의 법익침해를 중단(저지)하기 위한 작위가 어느 정도 범위에서 정당하게 기대될 수 있는가에 따라 한계를 설정하는 것이다(so schon BGH GRUR 1965, 104, 106 Personalausweise). 이러한 고려에서 또한 생각해 볼 수 있는 출발점은 중요하지 않을 수 있다. 접속중개자가 동의하고 바라는 활동에 내재되어 있는 원인야기의 기여를, 방해배제책임의 보호목적의 관점에서, 이러한 기여가 일반적인 생활위험에 대한 침해의 위험을 과연 높였는가 하는 취지로서, 이미 상당성심사에서 심사한다는 점이다. 유효한 평가는 앞서 설명한 연방대법원의 판결에 의해서 오히려 다음의 기대가능성 심사에서 이루어져야 한다.

bb) 따라서 접속중개자의 방해배제책임의 문제는 요구된 명령과 결부된 의무의 가능성과 기대가능성의 요건이 있는 경우 개별적으로 결정된다.

(1) 문제가 되는 조치들, 즉 데이터통신의 필터링, 강제 프록시를 적용한 URL차단, IP차단과 DNS차단은 기술적으로 가능하다. 이러한 결과는 피츠만(Pfitzmann/Köppsell/Kriegelstein)의 감정서, 청소년미디어 보호위원회의 위탁으로 행해진 막스플랑크연구소의 감정서(Sieber/ Nolde, Sperrverfügungen im Internet – Nationale Rechtsdurchsetzung im globalen Cyberspace?, 2008; im Folgenden: GA Sieber/Nolde) 및 사단법인 디지털 경제 연방협회의 위탁으로 작성된 법적감정서(Frey/Rudolph, Evaluierung des Haftungsregimes für Host – und Access – Provider im Bereich der Telemedien, 2008, www.bvdw.org; im Folgenden: GA Frey/Rudolph)에 서 나온다.

(2) 기술적으로 가능하다는 것은 물론 법적으로도 허용되어야 한 다. 본 사건은 이 경우에 해당하지 않는다. 오히려 기술적으로 가능한 조치를 수행하는 것은 피고에게 법적으로 불가능하다.

(a) 기본법 제10조 제1항의 보호는 전기통신의 각 방법과 형태를 규정하고 그 보호범위는 인터넷의 통신서비스에도 적용된다. 기본법 제10조 제1항은 직접 국가로부터의 침해만을 보호하는 것이지만(BVerwGE 6, 299, 300), 사인으로서 통신에의 접근가능성을 가진 기본권자에 대한 국가의 보호임무도 이로부터 도출된다. 이 경우 전기통신법 제88조가 통신비밀을 명백히 하는 단행법률로서 간주되는데(GA Frey/Rudolph Rdnr. 22 unter Bezugnahme auf BT–Drs. 13/3608, S.53, zu § 83 TKG a.F., der Vorgängerregelung zu § 88 TKG), 이 법률은 전기통신사업자(제공자)를

통한 통신내용의 인식과 억제(진압)로부터 통신참여자를 보호해야 할 목적을 가지고 있다(Schnabel, MMR 2008, 281, 283). 전기통신법 제88조 제1항에 의해서 통신의 비밀은 통신의 내용과 이의 상세한 상황, 특히 통신사실, 즉 누가 전기통신의 과정에 참여하고 있는지 또한 참여했는지를 보호하고, 그리고 이것은 통신이 연결되지 아니한 접속의 시도에도 적용된다. 이러한 보호는 기술중립적이고 또한 컴퓨터 통신 또는 그 밖의 단말기들을 통한 통신을 포섭한다. 보호규정의 수범자는 곧 전기통신법 제3조 제6호에 의한 제공자(사업자)로서 접속중개자도 해당한다.

(b) 문제가 되고 있는 필터조치와 차단조치의 경우, 접근제공자가 이를 이용하기 위해서는 통신의 상황을 인식하는 것을 전제로 한다. 이러한 인식은 통신의 비밀을 침해하는 것이다. 이것은, 기본법 제19조의 요청을 충족하는, 기본법 제10조 제2항 제1문에 의한 법률상의 제한에 의해서만 허용된다. 민사법상의 필터조치나 차단조치를 위해 그러한 제한은 주어져 있지 않기 때문에, 그러한 조치들은 법적으로 허용되지 않는다.

IP주소에 대한 차단조치의 경우 라우터가 설정되어서, 데이터는 특정 IP주소로 더 이상 전달되지 않는다. 그리하여 해당 서버에 있는 정보는 인터넷에 접속된 컴퓨터에 의해서 더 이상 호출될 수 없게 된다. Frey와 Sieber의 감정서에 의하면 IP주소는 통신의 상황으로서 파악되고 있다. 왜냐하면 이로부터 어느 컴퓨터가 언제 얼마 동안 누구와 통신했는지를 알 수 있기 때문이다(GA Frey/Rudolph, S.27; GA Sieber/Nolde, S.83; vgl. auch Schnabel, K&R 2008, 26, 30). 본 재판부는 이러한 결과를 따른다. 그 과정이 자동적으로 진행되고 서비스제공자의 직원이 이에 대한 인식을 했는지는 중요하지 않다(Schnabel, MMR 2008, 281, 284 m.w.Nw.). 게다가 여기서 의도한 대로 통신을 차단하기 위해서 해당 IP주소를 잡아내는 것은 통신의 과정에 개입하는 것이다. 이것은 통신의 비밀을 침해한다.

URL을 차단하는 경우 접속중개자는 이용자의 데이터교환을 프록시 서버를 통해서 자동으로 하게 한다. (강제) 프록시 서버에 필터 규정을 설정함으로써 어떠한 URL들이 더 이상 도달할 수 없도록 특정할 수 있다. 이 경우 이용자의 컴퓨터에 설정하는 것은 필요하지 않다. 따라서 Frey나 Sieber의 감정서에 의하면, 통신의 상황에 개입하게 된다. 왜냐하면 URL들은 특정 서버에 있는 정보의 소재정보와 이로 인한 통신의 상황을 전달하기 때문이다(GA Frey/Rudolph, S.28; GA Sieber/Nolde, S.851.). 그리하여 보호내용과의 관련도 URL들에 속하게 된다(GA Frey/Rudolph, S.28; GA Sieber/Nolde, S.85 f.). 본 재판부는 이 점에 찬동한다. 결론적으로 여기서 IP주소에 있어서와 동일한 방법으로 평가될 수 있다.

DNS를 통해서는 DNS서버에 DNS이름을 문의함으로써, 웹사이트의 URL에서 그것이 사용되는 것과 같이, 원하는 서버를 인터넷에서 호출할 수 있도록 하기 위해서, 여기에 속하는 숫자로 된 IP주소가 전달된다. DNS서버에 DNS등록을 설정함으로써 질문자가 DNS이름에 속하는 IP주소를 포함하지 않도록 하게 한다. Sieber의 감정서에 따르면 이 경우에는 통신의 상황과는 관련이 없다고 한다. DNS조작을 통해서는 공간적으로 떨어져 있는 통신의 전형적인 위험상황이 실현될 수 없고, DNS서비스제공자는 단지 이용자의 일시적인 통신파트너로서 통신의 비밀과는 관련이 없다고 하는 근거는 물론 설득력이 부족하다(Marberth/Kubicki, NJW 2009, 1793). 이에 대해서 Frey는 IP주소에서 DNS이름의 소멸을 목적으로 이용자에게 DNS서버에 질문하도록 하는 것은 이미 인터넷에서 통신서비스의 이용이며, 이러한 상황은 보호되어 있다는 점을 적절하게 고려하고 있다.

따라서 문제가 되고 있는 조치들은 명백한 법률상의 근거가 없으므로 법적으로 허용되지 않고 원고의 요청은 (법률상) 불가능한 급부를 목적으로 하고 있다. 입법자도 (간접적으로) 이와 마찬가지로 평가하는 것으로 보이는 점은, 「아동포르노 인터넷사이트의 차단법률」(Gesetz zur Bekämpfung von Kinderpornografie in Kommunikationsnetzen – BT – Drs. 16/12850)로부터 나온다.

(3) 전술한 법적인 불가능성과는 상관없이 청구는 또한 기대가능성에서 탈락된다. 왜냐하면 이의가 제기된 인터넷상에서의 권리 침해를 저지하려는 모든 근거는 피고가 잘 정리하고 있음에도 불구하고, 언급한 조치들 중의 하나로서 권리를 침해하는 내용을 가진 도메인에 대해 접근을 저지하는 것은 오늘날 접속중개자의 업무에 있어서는 기대 가능하지 않아 보인다.

(a) 기대가능성은 물론 문제가 되고 있는 조치의 요건을 갖추기 위한 재정적 비용을 방해하지 않는다. DNS차단의 관점에서 접속중개사는 이러한 요건을 「아동포르노 인터넷사이트의 차단법률」을 근거로 하여 어쨌든 갖추어야만 할 것이다.

(b) 그러나 기대가능성은 고려될 조치의 적합성 때문에 난관에 부딪힌다. 왜냐하면 저지하는 조치들을 우회하는 것이 쉬우면 쉬울수록, 피고로부터 그러한 차단의 설치는 더 적게 요구될 수 있을 것이다. 모든 저지조치들은 간단히 우회될 수 있다. 이러한 결과는

Pfitzmann, Sieber, Frey의 감정서에서 도출된다. 그럼에도 불구하고 저지의 정도가 너무 높아서 피고의 조치가 이익형량에 있어서 기대 가능하다는 점을 고려하는 한, 원고는 법원의 견해에 따라서 판결의 대상이 된 음악타이틀에 관심이 있고, (…) 현실적이고 잠재적인 고객의 범위에 속하는, 인터넷에서 활동하는 청소년이나 젊은 성인들의 능력을 과소평가하고 있다.

2008년 11월 12일 캄머의 선행판결(v. 12.11.2008 - 308 O 548/08 [= MMR 2009, 506(Ls.)])에서 재판부는 문제가 되는 DNS차단과 관련하여 사용가능한 이름서버를 가진 우회를 알려 주는 인터넷사이트를 몇 분 내에 찾을 수 있었다. 따라서 인터넷에서 활동하는 청소년과 젊은 성인들은, 그들의 접근이 금지된 이곳에 훨씬 더 빨리 접속할 수 있다는 점에서 출발해야 한다(NJOZ 2010, 443, 444 [= MMR 2009, 506(Ls.)]). 따라서 저지조치들은 당사자의 이익을 형량함에 있어서 피고에게 그러한 시설을 기대하기 위해서 충분하지 아니하다는 점을 보여 주고 있다. 「아동포르노 인터넷사이트의 차단법률」은 다른 평가를 야기하지 않는다. 입법자가 통신망에서 아동포르노의 척결을 위해서 DNS차단이 적절한 수단이라는 견해를 취하는 한, 이러한 견해로부터는 동일한 방법으로 민사법상의 법적 상황을 보호하기 위해서 개입하는 것이 접속중개자에게 기대 가능하다는 적합성이 불가피하게 도출되지 않는다.

3) 따라서 주장된 청구는 또한 방해배제책임으로부터도 그 근거가 있는 것으로 보이지 않는다. 본 재판부가 이미 위에서 언급한 2008년 11월 12일의 판결에서 상술한 바와 같이(NJOZ 2010, 443, 444 [= MMR 2009, 506(Ls.)]), 이들의 평가로부터 도출되는 것은, 인터넷사이

트의 차단에 관한 접속중개자에 대한 민사법상의 청구는 오늘날 집행될 수 없고 오히려 지침(BT－Drs. 15/38, Anl. 3 zu Buchstabe d)의 전환에 의한 2002년 11월 6일의 연방정부의 입장에 대해서 법률상의 규정이 필요하다는 점이다. 그러한 민법상의 규정을 대체로 의욕하는한, 접속중개자에게 명백한 규범을 확정짓는 것이 필요하다. 이를 근거로 하여 접속중개자가 언제 접근저지의 요건이 있는가를 확실하게결정할 수 있다. 나아가서 저작권법 제101조 제2항 제3문에 상응하게비용규정도 규정되어야 한다. 이번 판결에서 추가적으로 긍정되는 통신비밀의 침해를 근거로 한 차단조치에 대한 데이터보호법상의 수권과 기본법 제1조 및 제10조 제2항에 의한 법률유보가 필요하다.

Ⅳ. 평석

본 판결은 인터넷 이용자가 인터넷상에서 저작권을 침해하는 내용물을 이용하도록 제공한 행위에 대하여 접속중개자가 부작위 책임을지는가를 다루고 있다. 독일 법원은 지금까지 거의 통일적으로 접속중개지에 대한 방해배제청구권을 부정해 왔나.[1] 그러나 이번 판결은 다른 법원의 판결과는 달리 이와 관련한 기본적인 문제를 아주 상세하게 다루고 있을 뿐 아니라, 이러한 문제를 다룬 법률적 그리고 기술적문헌들을 대부분 평가하고 있으며, 그 결과가 판결문에 나타나 있다.

---

1) 예외적인 판결로는 LG Frankfurt a. M. v. 17.10.2007－2－06 O 477/07이 있지만, 여기서는 그 근거를 상세하게 제시하지 못하고 있다. 다른 판례로는 LG Köln, Urt. v. 12.09.2007－28 O 339/07－MMR 2008, S.197.

본 판결은 이용자가 불법적인 내용물을 인터넷에 제공함으로써 발생한 고객의 권리침해에 대하여 접속중개자는 기본적으로 방해책임이 있음을 인정하고 있다.

또한 본 판결은 텔레미디어법(TMG)의 면책특권은 책임과 무관한 청구권에는 적용되지 않는다고 한다. 텔레미디어법은 동법 제7조 내지 제10조에서 ISP의 책임제한과 면책을 규정하고 있다. 연방대법원은 지금까지 이러한 문제를 호스트 제공자의 책임을 규정한 텔레미디어법 제10조(정보의 저장)와 관련하여 판단해 왔다. 얼마 전 무선랜 사건의 경우에도 동법 제8조가 관련됨에도 불구하고, 연방대법원은 텔레미디어법 제10조를 적용했다(BGH, Urt. v. 12.05.2010 – Ⅰ ZR 121/08 –CR 2010, 458, m. Anm. Hornung). 무선랜 운영자는 접속중개자와 아주 유사한데, 호스트 제공자와 유사하다고 보았기 때문이다.[2] 그리고 재판부가 인용하고 있는 연방대법원 판례는 그 자체로서 이미 많은 비판을 받고 있다.[3] 따라서 이 판례는 더 이상의 근거가 제시되지 않는다면, 접속중개자에게 적용될 수 없다.[4]

하지만 이번 판결은 지금까지 이러한 문제를 다룬 합의부의 판례와는 달리 이러한 차단조치가 통신의 비밀을 침해하는가의 문제를 상세하게 다룬 첫 판례라는 점에서 환영할 만하다. 차단조치의 통신비밀침해의 문제는 문헌에서 이미 상세하게 연구되어 왔다(판결문 2. a) bb)(2)(a) 이하 참조). 이러한 사례들에서 전기통신법 제88조(통신비밀보호)가 고려되어야 한다는 판단은 올바른 결론이라 생각된다. 이것은 접

---

2) Nenninger, NJW 2010, S.2064 문제점에 대해서는 Hornung, CR 2007, S.88(90).

3) 이에 대해서는 Spindler, MMR 2007, S.511(513).참조.

4) 같은 판례로는 OLG Frankfurt, Beschl. v. 22.01.2008 – 6 W 10/08.

속중개자와 고객의 입장을 명확히 강화한다는 것을 의미한다. 명확한 법적 근거가 요구된다고 한 점은 기본권에 규정된 기본권 인용 규정을 존중하는 것으로서, 명확하고 법치국가적으로 요구되는 요건에 해당한다.[5]

　최근 독일에서는 인터넷사이트 접속의 차단과 관련한 접속중개자의 협력의 요구가 점차 높아지고 있다. 아동포르노 인터넷사이트의 차단 법률이 그 예이다.[6] 이 외에 저작권침해에 대해서도 저작권관련 단체들은 어떠한 형태로든지 접속중개자들에게 책임을 지우기 위해서 지속적인 노력을 시도해 오고 있다.[7] 하지만 이에 대한 법원의 결정은 명문규정이 없다는 이유로 이를 인정하지 않고 있다. 그러나 이번 판결은 기본적으로 접속중개자의 방해책임을 인정하고 있으므로 앞으로의 논의에 단초를 제공하고 있다고 생각된다. 따라서 이후 상급법원의 판례나 입법을 통해서 이 문제가 어떻게 해결되어 나가는지 주시할 필요가 있을 것이다. 왜냐하면 접속중개자의 차단조치는 헌법이 보장하고 있는 통신비밀의 보호와 관련되어 있기 때문이다.

　우리의 경우 접속중개자는 정보통신망법 제2조 제3호에서 말하는 정보통신서비스제공자 중 '전기통신사업법 제2조 제1항 제1호에 따른 전기통신사업자'에 해당한다. 전기통신사업자란 전기통신사업법에 의해 허가를 받거나 등록 또는 신고를 하고 전기통신역무를 제공하는 자를 말하는데(동법 제2조 제1항 제1호), 여기서 '전기통신역무'란 전기통신기본법 제2조 제7호에서 "전기통신설비를 이용하여 타인

5) Schnabel, jurisPR-ITR 17/2010, Anm. 4.
6) 박희영, 독일의 아동포르노 인터넷사이트의 차단 법률, 법제 제627호, 법제처, 2010.3, pp.6-23.
7) Koreng, Zensur im Internet, 2010, S.121.

의 통신을 매개하거나 전기통신설비를 타인의 통신용으로 제공하는 것"을 규정하고 있으므로, 접속중개자는 '타인의 통신을 매개하는 자'에 해당한다고 생각된다.

정보통신망법 제44조 제2항에서 정보통신서비스제공자는 자신이 운영·관리하는 정보통신망에 타인의 권리를 침해하는 정보가 유통되지 아니하도록 노력하여야 한다고 규정하고 있고, 제44조의 2에서는 정보통신망을 통하여 일반에게 공개를 목적으로 제공된 정보로 타인의 권리가 침해된 경우 그 침해를 받은 자는 해당 정보를 취급한 정보통신서비스제공자에게 침해사실을 소명하여 그 정보의 삭제 또는 반박내용의 게재를 요청할 수 있고(제1항), 정보통신서비스제공자는 이러한 요청을 지체 없이 삭제·임시조치 등의 필요한 조치를 하고 즉시 신청인 및 정보게재자에게 알려야 한다고 규정하고 있다.

그런데 이 규정은 정보통신서비스제공자에게 해당 정보의 삭제나 임시조치 등 필요한 조치를 규정하고 있으므로 타인정보를 제공하거나 정보의 제공을 매개하는 호스트 서비스제공자를 염두에 둔 것으로 보이므로, 타인의 통신을 매개만 하는 접속중개자에게는 그 적용이 어렵다고 생각된다.

한편, 저작권법의 경우 온라인 서비스제공자의 책임제한 및 면책 규정을 두고 있지만, 이 규정 역시 호스트 서비스제공자를 전제로 한 것이다. 따라서 독일과 같이 ISP의 책임제한에 관한 일반법률을 두고 있지 않은 우리의 경우 접속중개자에게 책임을 지우는 것은 어려울 것으로 보인다.

박희영(Dr. Hee Young Park)

부산대학교 법과대학 및 동대학원 졸업(법학박사)
독일 프라이부르크(Freiburg) 대학교 법과대학 박사과정(형사법 및 정보통신법)
부산대학교, 창원대학교, 부경대학교, 한국해양대학교, 동의대학교, 영산대학교, 울산대학교
등 강사
독일 막스플랑크 국제형법연구소 연구원
한국법제연구원 해외법제조사위원
로앤비 독일판례평석위원
한국인터넷진흥원 해외통신원

『독일연방헌법재판소 판례연구Ⅰ-[정보기본권]』, 한국학술정보(주), (2010.12), 박희영·홍
선기 공저
「형사소송에서 택일적 인정-독일의 논의를 중심으로」(부산대학교 박사학위논문, 1998.2)
「사이버음란물에 대한 형법적 대응방안: 전기통신기본법상 전기통신역무이용 음란물죄의
해석을 중심으로」
「인터넷의 유포범죄와 링크 제공자의 형사책임」
「인터넷 서비스제공자의 형사책임에 관한 연구: 독일의 개정 전자적 정보통신서비스법
(TDG)을 중심으로」
「사이버범죄방지조약의 발효와 한국 형법의 대응법규」
「사이버아동포르노그라피와 사이버범죄방지조약」
「P2P 서비스 이용자 및 제공자의 형사책임」
「인터넷에서 추상적 위험범의 장소적 적용범위」
「무권한 사진촬영에 대한 형법적 보호」
「단순해킹의 가벌성에 관한 비교법적 연구: 독일 형법 및 사이버범죄방지조약을 중심으로」
「독일에 있어서 사이버범죄의 형사법적 대응에 관한 최근 동향」
「소위 '몰래카메라' 촬영 및 유포에 대한 형법적 규제에 관한 입법론적 고찰-비교법적 검
토를 고려하여-」
「인터넷 금융사기 '피싱'(Phishing) 관련자의 형사책임에 관한 연구」
「사이버스토킹의 형벌규정에 대한 한국과 독일의 비교연구」
「독일의 컴퓨터 범죄 방지에 관한 개정형법의 분석 및 평가」
「독일 연방헌법재판소의 정보기술시스템의 기밀성 및 무결성 보장에 관한 기본권」
「사이버범죄방지조약의 형사절차법 규정의 평가와 현행 형사절차법 관련 규정의 개정방향」
「독일에 있어서 경찰에 의한 '예방적' 온라인 수색의 위헌여부」
「독일 형사소송법상 통신데이터 수집권과 한국 통신비밀보호법상 통신사실확인자료제공
요청권의 비교 및 시사점」
「공개 무선랜 운영자와 이용자의 형사책임과 형사정책 방향」

criminalpark@hanmail.net

독일형사판례연구 I

[사이버범죄]

초 판 인 쇄 | 2011년 3월 25일
초 판 발 행 | 2011년 3월 25일

지 은 이 | 박희영
펴 낸 이 | 채종준
펴 낸 곳 | 한국학술정보㈜
주   소 | 경기도 파주시 교하읍 문발리 파주출판문화정보산업단지 513-5
전   화 | 031) 908-3181(대표)
팩   스 | 031) 908-3189
홈 페 이 지 | http://ebook.kstudy.com
E - m a i l | 출판사업부 publish@kstudy.com
등   록 | 제일산-115호(2000. 6. 19)

ISBN   978-89-268-1935-7 94360 (Paper Book)
            978-89-268-1934-0 94360 (Paper Book Set)